理性與民主

張東蓀 著

貴州出版集團
貴州人民出版社

圖書在版編目（CIP）數據

理性與民主 / 張東蓀著 . -- 貴陽 : 貴州人民出版社 , 2024. 9. -- ISBN 978-7-221-18623-2

Ⅰ . B26

中國國家版本館 CIP 數據核字第 2024EV4535 號

理性與民主

張東蓀　著

出 版 人　朱文迅
責任編輯　馬文博
裝幀設計　采薇閣
責任印製　衆信科技

出版發行　貴州出版集團　貴州人民出版社
地　　址　貴陽市觀山湖區中天會展城會展東路 SOHO 辦公區 A 座
印　　刷　三河市金兆印刷裝訂有限公司
版　　次　2024 年 9 月第 1 版
印　　次　2024 年 9 月第 1 次印刷
開　　本　710 毫米 ×1000 毫米 1/16
印　　張　13
字　　數　78 千字
書　　號　ISBN 978-7-221-18623-2
定　　價　88.00 元

出版説明

《近代學術著作叢刊》選取近代學人學術著作共九十種，編例如次：

一、本叢刊遴選之近代學人均屬于晚清民國時期，卒于一九一二年以後，一九七五年之前。

二、本叢刊遴選之近代學術著作涵蓋哲學、語言文字學、文學、史學、政治學、社會學、目録學、藝術學、法學、生物學、建築學、地理學等，在相關學術領域均具有代表性，在學術研究方法上體現了新舊交融的時代特色。

三、本叢刊遴選之近代學術著作的文獻形態包括傳統古籍與現代排印本，爲避免重新排印時出錯，本叢刊據原本原貌影印出版。原書字體字號、排版格式均未作大的改變，原書之序跋、附注皆予保留。

四、本叢刊爲每種著作編排現代目録，保留原書頁碼。

五、少數學術著作原書内容有些許破損之處，編者以不改變版本内容爲前提，稍加修補，難以修復之處保留原貌。

六、原版書中個别錯訛之處，皆照原樣影印，未作修改。

由于叢刊規模較大，不足之處，懇請讀者不吝指正。

理性與民主　目次

理性與民主

張東蓀著

商務印書館發行

張東蓀著

理性與民主

商務印書館發行

目次

理性與民主

第一章 序論

本書是我在準俘虜生活中所寫的第三書。第一是知識與文化係在燕京大學授課時所寫。第二是思想與社會係出獄後半年所寫。本書依然是繼承前兩書中所說的問題而想從另一方面作進一步的發揮。而就中主要之點卻在於說明所謂民主主義不是一個政治制度，乃確是一種有特色的文明，就文明全體來說，當然亦把政治制度包括在內了。這種文明之特色又在於其自身能常有進步，卽能自己修改自己。西方學者稱之爲「動的文明」，又稱之爲「進步的文明」。於是「進步」或「社會進步」便在歐美成爲一個獨立的學問了。要研究何以有些種族其文化未嘗不高，但卻並無進步？因此他們很自己驕傲，以爲「進步」這個觀念只是在西洋文化上纔有的。白芝浩(W. Bagehot)更說的顯明：他說世界上種族甚多，而能進步的卻極少(見其書Physics and Politics)。就因此我們中國的文化被認爲靜的文明。姑不論我們的文明是不是靜止的，而我們今後必須要有進步則當無容疑。所以一個民族何以會有進步卻不能不大加研究。本來一個文化要其不流於滯呆與固定，而能常動，常能自己有發動力用以修改自己的弊病，這卻是一件最難的事。西方學者把這件事當作一個大問題來研究，原是極有烱眼的。不過這個問題只從政治學與社會學來研究是不夠的。如其照學問的分類來說，當然是把這個問題歸納在這一方面。但須知學問的分類本是爲了便利，人類的知識是根本上在於取得一個極大的綜合，部分的知識總是不能予人以眞正滿足。所以部分的研究乃是爲了瞭解全體，學科的分別只是由於想在劃分上使人方便一些而已，並不是把整個的知識切斷爲若干不相連貫的片段。所以我在本書又不能不涉及廣大的範圍。質言之，卽涉及哲學與心理學，在哲學方面尤其是關於知識論與名學，除此以外要講哲學又不能不牽涉及物理學的理論方面，與思想發展變化的歷史方面。至於心理學倘若論到個人以上的集團，心理則又必牽涉到社會學方面的文化論。故我此書的態度依然和前兩書一樣，是從各方面與各科學的交界處來會合以討論的。

並且本書的目的不僅在於要說明動的文明之要素或特徵是甚麼，乃兼欲說明人類理性在文化上之重要。我以爲文明所以能跳出呆板的窠巢與固滯的狀態而入於能自己進步之境，乃全靠理性，卽全視理性能否抬頭而定。如果我們要把社會進步當作一個題目來研究，想由其研究而成爲一種獨立的科學（雖然只是屬於社會學中之一門），則我們便不啻要把理性與文化之關係從歷史上作一個發展的研究。詳言之，卽看一看理性在人類歷史過程中如何自身發展與其和社會建設及文化沿革之關係。我未嘗不知要作這樣的工作必須是歷史學家。不過史學家卻還是不夠的。若說到社會學家恐怕亦還不夠。我今天以研究哲學爲立場的人來從事於此，自然不免於越俎。我很慚愧沒有充分的歷史學識，同時對於社會學亦不是有所擅長。只因這個問題卻是蓄在我心中多年，故不能不想求得機會以一吐爲快。

本書既取綜合與匯通的態度，則所有涉及的各方面自須一一詳述。而凡在前兩書所已說過的我不想再述，繼而覺得還是換一個說法來重述爲佳。這樣有兩個好處：卽一是如果讀者未見前兩書，亦不會覺得非看那二書不能了解；二是還本書對於前二書所說有所補充。所以倘使同時皆讀，必亦不會感到重複。

因爲本書的主題是和前二書的主題不相同。本書所注重的是在於人類的「講理」與人類的開化（換言之，卽人類能以自己改造自己，改去其惡性與野性而建立理想）之關係。外國學者亦很注重這個問題。但可惜雖有許多人論列到此，而迄今並未有十分適當的專書。這亦就是我所以要作此書的緣故。不過我們總是中國人，則對於外國人心目中所起的文化問題自不能不先從中西文化的比較觀來入手以企圖解決。我亦知道現代中國青年對於中國文化已早視爲等於外國文明而多不了解。尤其是近來由自炫心而驅發的考古著作，乃把中國舊有一切制度思想都弄得反而不明白了。對於青年們使其了解本國文化，不但沒有裨助，而反有障害。所以我亦講述中國文化，但決不取他們那一套態度。這一點已早在前二書中表現得極明白了。

此外我更有一點願在此聲明。本來一個主張只須看其內容，即其理論本身是否邏輯緊嚴與證據充足，並不必問主張者是怎樣的一種人。中國向來雖有「不以人廢言」一句傳說，但總不免有「聽其言而觀其行」之習慣。尤其近來中國情形，竟鬧到使人對於言論不生信仰，乃是因為言行太不一致的緣故。這又由於誤解所謂宣傳，以為宣傳就是說好聽的話，只求說得好聽而不管本人是否眞正相信。我常聽見有人以笑話來罵汪精衞說，「好話被他說盡了，壞事亦被做盡了」。其實還只是時流之言行不一致之一例而已。在程度上或有些差別。須知言行不一致者卻不止汪氏一人。這個風氣一開，極容易傳染，恐怕不必有名的人物，即初出而應世的青年亦都有些是這樣的。其實這樣的言行相違一旦成為普遍現象，則除那些愚笨的人以外，人們對於宣傳性的言論視若無物。對於言論不發生相信之心幾乎成為中國現時一個特徵。我今要作一個聲明，就是因為在此種環境中想要其言論不被人輕視，則必須是作此言論的。其人始終曾為這種思想來以身作則，奮鬬過一陣。我不敢說我曾經為民主與自由盡了多少勞苦，但我敢說在言論上和在行為上總是始終一貫的。從來沒有忽而這樣主張，忽而又那樣相反主張，在今天或今後出來高唱民主必定是一個時髦勾當。我敢說我今天來提倡民主不是趨時，不是湊熱鬧，民主思想在我心中數十年如一日。因此我敢自誇說，除張君勱先生外，國內最配在言論上對於民主來說話的恐怕就是區區小子了。我說此話並不含有下列的意思：即有些人以前並未主張民主，甚或曾主張過反民主，今日來大呼民主是不足重視的。我們對於這些人應得認為他們是覺悟了。所以我這個聲明只在表示我自己決不是趨時髦，卻絕對不含有詆毀他人的意思在內。換言之，即我的意思，只在求讀者了解凡我所說都是將蓄在心中多年的從心坎中吐出。

這裏卻又牽涉到一個對於民主的見解不同之問題。民主一個概念或名詞本有種種不同的涵義與詮解，即在歐美亦有種種不同的學說與觀念。我的觀點是把民主來解作一個整個文化精神之代表或總稱。關於這一點在以前似乎未曾有人注意到，即如梁任公先生一生為新中國而奮鬬，在前輩中我當然是最推崇他。因為他對於國家完全是出於眞誠，沒有私心。不過我遍覽他的文章以後，覺得他對於民主式的文化之眞髓尚未徹底了解。此外如國民黨在清末最稱為民黨，未嘗不高標民權。據我的看法似乎他們所謂民權不外就是革命之權利。在平時言論自由對於文化之促進，與民德之助長，他們有些未曾見到。所以革命與立憲兩派雖都在中國歷史上掀起一大運動，造成一大變化，而實際上因為他們都不十分了解民主的真義，並沒有把中國向民主的路途上推進一步。因為民主是一個整個的文明。至於政府的首領是世襲的君主制抑或是選舉的總統制乃不過末節的區別而已，並不關重要。從這點上看，革命派只知推翻君主，卻是始終未脫離中國歷史上政權轉移之老調。中國的傳統辦法本來是不把政權終久屬於一姓或一部分人，因為久必生弊，盛極而衰，自然必須更易新主。革命派之所以成功亦就是因為他們在表面上雖標揭民權新說，而暗中卻合乎中國固有潮流。立憲派只問政體而不問國體，在表面似乎較革命派為接近一些民主真義，無奈他們只從政府構造上着眼，而忽視關於社會文化全般的義理。不過我在當時（即清末）卻是贊成革命的，其理由卻與革命派所主張不盡相同，現在且不詳述，因為說來太冗長了。總之，革命派外表上新而內裏舊，立憲派外表舊而內裏新，兩者都是為當時的情勢所支配，只是為時代所產而不能產生時代。但是時代的輪子走得卻比他們快，到了今日，時代的要求又大換了樣子。

我本身雖始終是一個獨立思想者，但卻有一點特別的地方，就是從來不願在行為方面無故與人立異。所以在辛亥革命的那一年曾參加孫中山先生所組織的南京政府。後來政府解散，大部分人都到北京參加袁世凱先生所組織的政府，我則不願意參加。彼時孫中山先生組織國民黨，把凡在南京任過事的人一律作為黨員，我的名字亦在其列，但我亦未加承認。後來我的朋友以進步黨人為多，且較密切，我卻從未正式加入該黨，亦向不與聞他們的黨的活動。外間對我的這種態度不明白是我所知道的，但我亦並不希望人知。我以為一個人只要行心之所安就夠了。急於向人表白是現代人的一種作法。中國儒家的精神根本不是如此的。在民國十三年光景我和陳獨秀先生來往亦甚多，彼時他們雖明知我是贊成社會主義，但在組織共產黨的時候卻不敢來約我，因為他們亦未嘗不知我反對在這樣工業未發達的中國鼓動階級鬥爭的罷工與怠工。所以我始終是一個「非黨派者」。至於到九一八事變以後，忽然和張君勱先生組織國家社會黨乃純是為了國民黨的「黨外無黨」一句話而激成。

我既相信民主主義，當然是反對一黨專政。國民黨不許另外有黨存在，我們民主主義者便不能不另立一個黨，以表明我們的思想是自由的。目的不過如此。當時張君勱先生曾與我明白相約，說他日如國民黨有一天放棄了一黨專政，我們的黨便自動宣言解散。我對於這個誓言是始終留在心上，張君勱先生以後的行動如何我不敢說，至於我自己卻早已自知是不適宜於黨派生活的一個人。

我說這一番話只在表明我在言論界數十年卻是始終只說自己心中的意思，從來沒有替任何黨派作宣傳。本書亦就是把我多年蓄在心中的雖亦曾零碎發表過，而今再組織一下說出來。所以把這一些緣故作此聲明，固然知道是不合於著述的體裁，乃只是由於上文所說的那個理由（卽國人太把言論視為飾詞而言行太不相顧了）。

現在再重說到本書的體裁，本書亦和前二書相同，亦是分為兩大部分：第一部分是討論理性，第二部分是討論民主。在此乃是把民主當作一個啓發人類理性之制度。換言之，卽一種文明而含有一定的制度，可簡稱之為「制度的文明」。因為不僅僅乎是一個制度，乃於這個制度上附有許多社會條件與個人態度以及全般文化，故不得不把「文明」二字加上以成為制度的文明。我以為唯有這樣的制度的文明方足以啓發理性而助長之；亦唯有富於理性的民族乃能眞正澈底推行這個制度。二者本是互相因果與互相助長。所以民主如當作制度來看乃是初步的軌道；如當作理想來看，則是最後的目標。照最後目標來說，誠然是自古迄今沒有一個國家能臻於此，盧騷說：

" So perfect a government (democratic government) is not for man. "

就是因為人性有惡，所以不能有完全的民主，但雖不能完全卻不妨努力做到幾分之幾，愈多做一分便愈好一些。因此在初步上便不失為一個基礎或軌道。這個意思我在思想與社會書中論民主一章上已經暢論之了。

至於把民主當作一種行為上的訓練，則注重在於人對人的關係。本來社會結合的方式在專制國是與民主國大有不同。每一個人是一個意志的主體，但孤獨的意志往往反不能達到其所求，所以必須與他種意志主體相結合。他人亦是一個意志的主體，當然不能事事盡如你的意志，因為他有自己的意志，如果一人一意，十八十意，各不相同，不能結合，則社會便無由成立。可見各人雖各有其自己的意志，卻又必須與他人相折衷，相調和，以在異中求同，取得一致。在這個一致上遂建立了社會或羣體。專制的社會，例如專制國家與專制家庭，都是以一個人的特殊意志爲中心，而把其他一切人的意志皆從屬在其下以爲結合。所以只有他一個人的意志是自由的。這種自由卻不是民主式的社會結合所歡迎的，因爲只是放縱而已。民主式的社會結合是各人都爲意志的主體，但各人的意志都不能完全自由，必須互相調和，各各彼此承認，由異中求同，復由同中容異，以形成一個總體。這樣彼此互相承認的自由與大家調和在一起的意志，學者乃名之爲眞正自由。至於一人在上，任意胡爲，這不能算爲眞正的自由。因爲不是從高尚的人格出發。所以民主式的社會結合是人格者之集團，每一個人格者要與其他人格者相結合，必須於一方面承認他人與自己一樣，又於他方面自己甘心犧牲其侵及他人之任意的自由。可見民主是一個所以使人們結合，在異中求同的方式。倘使承認人類本來是沒有大差別的，則基於平等的原則，便不能不承認只有民主式的結合，是人類正當的結合。除此以外，皆爲病態。這種結合是先承認各人是其意志的主體，有獨立的自由，然後彼此作自由討論，互相調和，互相折衷，使衆多的意志爲之交織而形成一個總的意志。所以民主式的社會中，必須有自由討論的習慣，有肯與他人調和的性格，有在眞理前自甘讓步的氣量，有據理力爭而不傷和氣的胸襟。雖是一個社會制度，而卻包有人生觀及作人態度等等在內，故謂之爲一種文明。在這種文明中，當然亦會有程度上的等差：有的距這樣的民主標準較遠；有的卻稍好一些。這些不在討論之列；我們只須承認民主是可以有程度的，即足矣。其施之於中國，當然我們不能希望其立刻即實現到比較高度，但卻不可不即時踏入民主的軌道上。關於民主軌道在制度方面是憲法與選舉等等，非本書所要討論。本書只是討論那一些關於人生態度方面而已，可以說本書之目的在建立一個民主主義的人生觀與社會觀，亦就是從社會，歷史，哲學，與倫理學各方面以論述民主主義。俾大家知道民主主義是一個複雜的東西，僅從政治或法律或社會來講必都是不夠的。

以上所說是書中所要說的，讀者僅看此序論，必不能知其詳。因爲在以下數章，還得分別詳加討論。不過我要聲明一點：卽本書所言一大半是屬於常識的。本人深深感覺中國人的常識太不夠。有一些學者未嘗沒有特識；更有少數的人頗有深而窄的研究。只可惜他們沒有健全而豐富的常識作根底，以致其特識變爲飄忽的東西，甚且流於支離滅裂。於是對於養成醇厚的學風上便沒有太大的用處。我現在卽想力矯此弊，先從常識上求其圓滿與健全，使國人知道健全的常識，其價值實百倍於特殊的新研究。同時更應知道凡有新見解必與健全的常識相配合，否則只是怪論而已，胡說而已。本書根據此義，所以有些地方不求與人立異。至於在論中國之過去與將來一章中，頗有與時流所主張者相反之論點，則並非個人想創立新說，乃只是想從時下的怪論之潮流中復返於樸實說理的空氣下之常識的見地而已。

第二章　文明與進步

在第一章序論中已說明本書的主旨在對於人類何以必須有文明，文明何以必須進步等問題想從哲學社會學史學心理學等作一個綜合的解答。在未述這個答案以前，先解釋這些名詞，如「文明」，「文化」，與「進步」。因爲我對於這些問題的意見比較複雜，不是幾句話所能說盡的。所以先在本章上提出一個大概。讀者務必要有耐性，方能了解我的主張。

照普通的意思，「文化」(culture) 是比「文明」(civilization) 爲廣。文明只是文化中之一階段，即比較高級的那個階段。社會學家說原始的未開化人亦有文化，名曰原始文化，或稱原人的文化。但不承認就是文明。而只許我們這樣的生活與社會制度是文明。不過在中國文字上很難分別出來二者之不同。往往誤會兩者爲同義語。著者於此是採取西方的辦法，即採取社會學者的通說。雖則亦有人把文化指精神方面，但這個分別已早爲一班社會學家所屏棄了。所以本書亦不採用此種說法。至於進步卻必須與文明相聯，因爲文明是文化的進步。文化而有進展，遂變爲文明，即進到較高的一級了。可見進步只是文化之動態。關於文化，我在知識與文化一書中有一個定義(即界說)，希望讀者參覽，茲不重述。總之，我們得了文化的定義以後，由此便可得文明之定義，更由此而推得進步之意義。

按「進步」一名詞本是英文 progress 的譯語。而與此相連的卻又有兩個字：一是「變易」(change)；另一是「演化」(evolution)。演化是出於自然的，不有人爲之力在內。變易則是一個廣汎的名詞。(註一)

所謂進步，就是變化而向着比現狀爲較好的狀態以進。在此便含有兩個意思：第一是趨向於好(即善)；

(註一) "Progress means not mere change nor even change incidental to the orderly unfolding of resident forces as in the case of evolution, but change for the better"(C. M. Case Social Process and Human Progress. p. 5)

第二是這樣的變化是可由人力而致。由第一而言，乃是另拿「好」爲衡量的尺度。凡見有變化，就拿這個尺度量一量看。倘是好的，則便爲進步。如果不見得好，則雖有變化而仍非進步。由第二而言，這樣的好變化如其是自然而至，則應名之曰天演（或演化）。倘若因其是好而希望其早些變成，則必須加一些人工。凡人工可以加上去的卽就是人力有可以左右的。這兩個意思合在一起便顯出進步的眞訓來了。於是便知進步這個概念必須與下列三個概念連綴在一起，方有意義：卽（一）是「變」；（二）是「善」；（三）是「要」（卽我們能要使其成爲這樣）。

西方學者稱進步這個概念是只爲歐人所獨有的。這一點本來我亦是承認的。我在本書所以特別首先提出這個概念來討論，就是因爲他足以代表西方文化的特色。不過爲甚麼西方文化會有進步而其他種文化則無之，關於這其中的理由則說明卻有不同。例如大名鼎鼎的許濱格拉（Oswald Spengler）在他的西方之沒落（the Decline of the West）書中主張西方人所以能有進步觀念實由於他們獨對於時間觀念特別注重。（註一）

他把時間觀念的重視認爲是與進步觀念的發生有關，這固未嘗不可有此一說。不過倘使以爲只有西方人對於過去有歷史的觀念，這恐怕有些不妥。（註二）

但須知歷史觀念最重的恐怕還得要算中國人。我在知識與文化一書中曾提及到這一點。我以爲中國在古代是注重於「事」而甚於「物」。換言之，卽以事的概念吸收物的概念於其內。字典上說：事者爲也。「爲」字就是英文所謂 doing 。所以凡注重於這一方面的便是注重於 becoming ；中國人因爲注重於事（尤其是人事），所以特別注重於歷史。乃是想以歷史爲鏡鑑，把往事來作教訓。不過這卻暗中含有事之重複性。於是進步的觀念就被循環的觀念來代替了。因此我敢說進步觀念誠然只是西方所常有的；但其所關聯的那些觀念如變

（註一）"Western history was willed and Indian history happened (p. 133) Without exact time, measurement,......Western man is unthinkable" (p. 134)

（註二）World-history is our World-picture and not all mankinds (p. 15)

化，如時間，如善，如目標等，卻都未嘗不是中國人已早有的。可見進步不是一個單純的觀念，同時亦不完全是由這些觀念拼合而成。我以爲西方之所以有進步觀念未嘗不是由於同時亦有進步的事實。事實與觀念是不能分先後的。我們很難分別出來先有進步觀念然後造成進步事實，抑或先有進步事實然後聯成進步觀念。若把二者合起來講，白芝浩(Bagehot)說的好：『進步與不進步之分別乃是一個極大的祕密，迄今未爲科學所揭穿』。(註一)

這乃是因爲西方人生長於其中，自然而然對於進步反而莫明其故了。所以我們現在必須加以說明：說明這個緣故的人，我以爲仍舊推白芝浩。他主張人類的進步不在於能造成規則生活，而反在於能突破固定的習慣。(註二)

他的結論是：『當文明開始是由造成規則生活而成。迨後來規則愈固定，便致變化減少，進步只在於雖有規則而不十分呆板的情形始爲可能。』(註三)

根據此義，所以他又說，專制生於古代社會正猶民主之生於近世社會(despotism grows in the firet societies just as democracy grous in modern societies)。

(註一) "The difference between progression and stationary inaction is one of the great secrete which science has yet to penetrate."

(註二) "The great dfficulty which history records is not that of the first step but thut of the secoad step. What is most evident is ot the difficulty of getting a fixed law but getting out of a fixed law; nof Cementing a cauke of custom but of breaking the cake of Custom; not of making the first preservative habit but of breaking through it and reaching samething better" (Physics and Politics p. 53)

(註三) The beginning of Civilizativn is marked by an intense legality;...... but that legality if it goes on kills out the uariability implamted by nature Progress is only porrible in those happy cureer where the force of legolity has gone far enough to bind the nation together, but not far enough to kill out all varieties and destroy nature's perpetual tendency to change." (p. 64)

因爲二者都是應乎時代的需要。據克魯泡金(P. A. Kropotkin)在他的互助論(The Mutual Aid)第三章上講，所有原始人羣大概都是固守着一個共同的習慣，並且人人都是爲了這個共同體而存在。可見人類愈是在團結之初愈需要服從與忠盡（卽精誠團結）。在此我們又可知白芝浩所謂專制是適於初期亦不盡然了。原來人類初期的社會所需要的只是團結，服從，與守法。倘使專制而能改此，則專制便應運而生。不過亦不能一概而論，專制反多是後起的。專制並不能養成團結與守法。故我以爲人羣與人羣之間倘使沒有併吞，則決不會有專制發生。專制是起於統治異族。專制之在政治上乃是和在經濟上的奴役制度同時發生的。社會主義者主張原始社會行共產制，這確有相當的眞理。但在政治方面原始人行共和制（卽民主制）亦是有證據的。所以我們暫把專制與民主的討論移到後章，而本章只限於討論進步與其緣故。

我固然亦承認進步觀念只是西方所獨有的。但普通所謂「西方的」一語是把「古典的」除外。直言之，卽不把希臘羅馬以及中古各種文化包括在內，而只從近世算起。我則以爲這樣的說明決不足以解釋進步之所由以起。要向遠古來追求，勢必仍溯及希臘文化。不過單獨只就希臘文化本身亦並沒有進步觀念。須知西方文化大概來自兩大派：一卽是希臘文化；另一是希伯來文化。希臘文化是偏於解放，偏於趨向歧異，偏於側重反覆思考，偏於現實。希伯來文化則是偏於固守，偏於「尙同」（此乃借用墨子的話），偏於出世。在西方人的身上却是兩種文化都同時發生力量。發展科學與哲學是希臘文化之賜，而養成宗教的熱情用以濟世救貧，則又是出於希伯來的文化。這兩個文化却在一點上相會合了，就是：希伯來文化重視靈魂，而希臘文化則注重知識。於是於兩種文化混合調協以後，便在這個整個西方文化本身中乃含有互相衝突的兩種因子或要素。現在就列舉如下：

以下所舉並非詳盡，不過表示其趨勢而已，但卽此已足見這兩個相反的文化因素之一班了。須知在下面所示並非把甲代表希臘文化，乙代表希伯來文化。例如機械論就可是一元論，而不必與多元論相結合；所以在下表所示的只是西方文化整體中潛伏有兩個相反的因素而已。我們只可說因爲其文化的來源有不同，遂致其中有不調和而常衝突的趨勢。並且須知卽在希臘文化本身中就本有這樣的相反的思想基型。所以西方文化只須含有

甲	乙
機械論 (Mechanism)	目的論 (Teleology)
現世主義 (Actualism)	超世主義 (Transcendentalism)
經驗論 (Empiricism)	理性論 (Rationalism)
唯物論 (Materialism)	唯心論 (Spiritualism)
實在論 (Realism)	理想論 (Idealism)
主智主義 (Intellectualism)	主情主義 (Sentimentalism)
多元論 (Pluralism)	一元論 (Monison)
決定主義 (Determinism)	自由主義 (Free Will)
自然主義 (Naturalism)	人本主義 (Humanism)
無神論 (Atheism)	有神論 (Theism)
進化論 (Evolutionism)	求恆論 (Sternalism)

希臘文化卽會把思想基型上的異彩與雜多建立起來。不過希臘文化中的互異的思想因素卻不如上表所列的那樣複雜，這是不能不聲明的。

我主張西方文化之所以有進步就正由於其內部有這樣互相衝突的因素在那裏常相激盪着。爲甚麼兩種因素相激盪就會發生進步呢？乃是唯由於此等處乃會使人們的「智力」(intelligence)得超出其普通的界域。同時亦唯有把智力使其超越於普通水平線以上，乃始能把固定的習慣打破。因爲不打破固定習尙與風俗之藩籬，則不會有進步。我作此說可謂與白芝浩完全相同，不過我更從西方文化的構成上加以補充而已。

須知文化是人所造，但文化卻又回過頭來用以造人。人造文化是爲了需要。文化造成以後，人們生長其中，漸漸爲文化所潛移默化，不知不覺遂反爲文化所束縛，這就是囿於其中了。有些種族在最初創造文化時未嘗不燦爛，迨後來因爲在其中生活有了惰性，便習慣成性而化爲固定的了。其文化乃一成不變，從此停滯。這就是西方學者所稱的「靜止的文明」。假定一種種族而不與外族相競爭，則只有此種靜止的文明亦未嘗不足應付一切，以遂其生命，無如其他種族會來定要與之相交通，則靜的文明一旦與動的文明相遇，便不能不相形見絀，而在比賽上遂退居於失敗。中國的情形就是如此。中國人在沒有火車輪船的時候亦並未嘗感到大不方便；等到一旦有這些西方文明的交通工具以後，倘使再沒有了，便覺得大大不行。在這一點便可明白進步的文化在人生幸福上是有何等關係了。讀者請不要誤會：以爲我主張開化的人是比未開化的人快樂多。在西方雖則「幸福」(happirness) 與「快樂」(pleasure) 兩個名詞是有密切關係，但仍不失爲兩個意義。西方學者多主張幸福是以快樂爲測定的標準。關於這一點不在此討論。因爲我在拙作道德哲學一書中批評快樂論一節已經有所論列了。總之，倘使把快樂認爲屬於主觀的，則可說文明人的快樂未必眞超過野蠻人。所以把物質文明例如火車輪船等交通工具單獨抽出一件事來而看其與人生幸福的關係乃是毫無道理的。野蠻人所以不感到無火車的苦痛乃是由於他們沒有遠行的需要。可見凡是一種文化都有其整全的背境。離了其全境便失其形態。若不顧此義而硬要在不同的背境中之兩種文化上抽出一二件事來比較，則必是毫無意思。我們可以說比較文明人快樂多抑或未開化人快樂多，這乃是一個可笑的問題。所謂進步（即進步與否）卻決不有待於此問題之解決。不過亦須聲明一句話：就是雖說進步的標準不由幸福來完全決定，幸福亦不能完全與快樂相符；然而進步畢竟離不了幸福，幸福亦不能沒有快樂。用所謂「必然條件」(necessary condition)與「充足條件」(Sufficient condition) 之分別來說，則可以說快樂是幸福的必然條件，而非充足條件；幸福是進步的必然條件，而非充足條件。因此我們討論進步亦決不是把幸福與快樂完全抽除拋在外邊。既是必須把幸福與快樂包括在進步觀念以內，則討論幸福與快樂勢必牽涉到幸福與快樂的主體。須知幸福與快樂的主體就是具體的個人，而決不能是抽象的「法人」（即以團體當作一個人格來看待）。這種法人例如國家，教會，公司等在實際上只是個人的集合。不過須知這些集合而成的團體亦只是爲了人生幸福而始造成的。所以本章除了討論進步觀念以外，還得討論到國家與進步之關係，即國家之創造在人類文化進步上居何等意義，亦就是追問人類爲甚麼要有國家。這個討論且容列在後段，因爲現在尚須接着一說進步觀念之內容。

西方文化上之所以有進步觀念，如上文所述，決非偶然。但嚴格言之，此觀念雖爲西方所專有，然而其起源亦在十六世紀以後。（註一）

進步觀念卽在歐美亦是後起的，這一點恐怕是西方學者一致承認的。如果進步觀念只限於在十八世紀末十九世紀初乃有的，而人類文化卻遠在紀元前二三千年光景已早開始了，豈非人類在一個很長很長的期間從無進步麼？我以爲這是觀點的不同，卽觀點的轉換。須知變化是不可否認的事實，而對於這個事實的解釋有不同。倘從循環的觀點來看變化，則把一切變化都可看作周而復始的現象。倘從降落的觀點來看變化，亦可把一切變化都認爲反不如其未變以前的狀態。所以進步的觀念乃是一個價值判斷，是對於現象的解釋，而不是對於事實的描寫。同一的事實（卽變化）可以視爲由壞向好而變，便是進步。亦可認由好而轉變壞了，所以不是進步。大抵在未有進步觀念以前，卽在西方亦都是只有循環與降落等觀念。降落觀念是把天國置在邈古之先，後來降爲人世。中國思想大部份有這種情形，在我個人以爲所以各民族都有這樣的降落觀念，其故正和進步觀念在晚近始出的緣故有相通之點。

原來人類在文化上有進步並不由於有進步觀念，更不須先有這個觀念。人類之有文化，就在於能製造器具，動物只能使用其天然器具（卽本來賦在他的身上的）。照生物學家來說，這就是人比動物來得進步了。所以我說進步與進步觀念乃是兩件事。人類能創造器具，遂能克服自然，學者名此爲人對於自然之征服(man's conquest of nature)。人類所以能克服天然本是由於自己造出文化來。但不料文化出來卻又回頭來克服了人，此卽所謂文化對於人之征服（culture's conquest of man）。文化把人克服了有兩方面可言。一方面是把人類的野性化除

（註一）"It may surprise many to be told that the notion of progress which now seems so easy to apprehend, is of comparatively recent origin. (J.B. Bury, The Idea of Progress, p. 6)

了，卽所謂變化氣質（此乃借用宋儒的話）；另一方面是把人類囿着在文化中，而使其生活與文化一致，這亦可說就是所謂習與性成。俗謂習慣是第二天性，亦是此意。因為人性與文化合一了，則人在文化中生活便不覺有任何阻滯。於是文化便把人從此縛着了，人乃永困在文化的範圍內。所以文化初起一到相當程度以後，便不會再有進步，就是因為人們因習慣而安於此中，不思改革。

就人為文化所困而言，卻和化除野性不同。可說一個是好，一個是壞。所以文化克服人類的結果在一方面是把人的本改了大半，在他方面卻是另換上了一套拘束或桎梏。人們又須百尺竿頭更進一步，想法子有以揭破這個桎梏，自謀解放。這卻是另外又一種的努力。白芝浩說，社會的初結成須要嚴格的守法性，而其後要使文化進步，則又靠能不墨守成規。這一番話乃異是至理名言，亦就是指這些意思而說的。

我雖不是人類學家，亦不是社會學家，但卻對於人類的文化發展抱有一個與衆不同的見解。我亦早知道把文化劃分為呆板的幾個段落以作單線的進展，這是不切於事實的。所以摩爾剛(L. H. Morgan 見其書 Ancient Society. ch.1)分為三大段落之說並不可信。不過我卻願意亦從大體上來分段。我以為有史以後到近一二百年為止是一個段落。這個段落好像很長久，其實不過二千餘年。有史以前則又是一個段落。自然這個分別不是嚴格的。若照人類學家的說法，所謂舊石器時代是在紀元前二萬年，至於新石器時代亦有六百年。凡此都是本書不欲涉及的了。至於我為甚麼以有史為標準而劃分期限呢？這亦未嘗不是根據社會學家的見解。（註一）

但於此以外卻須尚有進一步的說明。我以為最古的歷史大概是記載戰爭。戰爭之起源則是由於移民，卽一個人羣或部落移動到他個人羣或部落的住在地。有史以後的這個第二期在一班學者謂之曰「文明」之成立期。但須知文明一詞與人類幸福並不見得是嚴格的正比例。亦許文明的成立而與人類幸福的增加並無甚麼相應的關係。所以我們不必把文明一詞使其具有人類幸福的增進之必然的涵義，而僅視為一個中立的意思。換言之，卽

（註一）the difference between simple and culture people is the difference between those who have not and those who have a recorded history, "(Hobhouse, Social Development.p 217)

既不有好的意思，亦不有壞的意思。假使把文明一詞只限於這樣中立的意思則可說文明是由於下列四件事會合在一起而方才開始的。所謂四件事即是：（甲）移住，（乙）戰爭，（丙）奴隸的制度之創造，（丁）集權政治之建立。這四件事乃在實際上無異於一件事，因爲都是聯在一起而分不開的。不有甲部落或種族遷移到乙部落或種族的居住土地上，則甲乙兩部落不致有戰事。所以凡是戰爭無不是含有侵佔性的，而有侵佔性即是屬於經濟方面，故無一戰爭不是經濟的。奴隸亦就是起於這種性質的戰爭。社會學家已早告訴我們這個道理了。（註一）

奴隸乃是由俘虜而變成的，這恐怕是一班社會學家所同意的了。奴隸成立以後，對於工作，則可以把自己不願意做的都交給他做。這便是利用他人的勞作。（註二）

由此則於願意的分工（即家庭中男女分工與長幼分工等）以外，乃產生所謂榨壓性的分工。在經濟狀態上毋寧謂之起一大變化。「社會階層」(social strata) 便由此而造成。不過社會分爲若干階層並不純由此而起。這便要說到集權政治了。社會學家無不承認最初的政治形態決不是集權於一人之手。（註一）

後來由這樣的初民式的類似民主政治一變而爲集權主義的君主制度乃是由於因民族移住而起的戰爭。換言之，即因戰爭的緣故乃在需要上逼迫得不能不改變政治方式。凡是一個民族向外拓殖，以擴充其領土，則其政治無有不趨向於專制的。所以集權的君主專制政治總是出現於大國。用中國舊有的名詞來說，即是所謂「兼併」。雖然不限一個種族兼併他種種族，但一寨吞併他寨亦是情形相同。只有在這樣的兼併或吞併上政治乃會變爲專制與集權。盧騷(J. J. Rousseau)說，土地廣大則宜於採用君主制度。這一句話不是講其當然，乃不啻

（註一）It appears that slavery began historically wih the war captive" (Sumner, Folkways, p. 262)

（註二）" the simple wish to use the bodily powers of another person as a means of maintaining to one's own ease is doubtless the foundation of slavery," (Maine, Ancient Law, p. 164)

（註三）"One-man rule is almost entirely absent in the most primitive communities "(A. M. Togzer, Social and Social Contin iuties, p. 199) „The despot is unknown to the most crude societies" (ibid, p. 215)

敍述實事。但從事實來說，又不免有些倒因爲果。須知不是先有了廣大的土地然後去選擇政體，而以君主制認爲合宜；乃實際上只是在開拓土地的過程中，政治組織自然而然會變到集中權力於一人之手中去。如果政治組織不變，則其向外的侵略戰爭便不得成功，土地遂亦無法變爲廣大了。可見這不是土地與政治結構之比例上的關係，乃只是由於一件事實而自然演化成功的。這個事實就是種族的移住與因此而起的戰爭。不但我們所謂的「文化」是由這個事實而起，並且所謂的「國家」(State) 亦正是由此而生。馬克斯派 (Marxists) 所主張的未來社會不要國家亦就是根據此論。這種國家觀是我所完全贊成的。原來國家之特徵即在於有強制力，換言之，即由強力鎭壓以維持秩序。於此所謂秩序就只保持社會之有各階層，換言之，即使有各階層的社會維持其現狀。（註一）

所可惜的就是他們沒有把這樣平實的道理說得十分明白。因爲他們的目的根本在於革命（即掀起革命）。所以他們只說到那可以燃起革命情緒的程度爲止。後來反而有一派社會學家如庾波羅微企 (L. Gumplawicz) 與本漢茂 (F. Oppenhimer) 等人卻能透闢。比較上是純注重在事實之剖視，而並不想滲雜喚起革命之用心與其策略在內。我嘗在思想與社會雜誌中指明馬克斯主義是學理與策略之混合物。我個人甚愛其學理方面，不過我覺得他爲要遷就策略（即爲務求學理與策略之合一之故）的緣故，往往把學理沒有弄到十分圓滿。我亦未嘗不諒解這樣做的苦心，就是志在使學理不變爲空譚。無如我們既講學理，便應在學理範圍以內求邏輯的緊嚴與事實的確切。倘使把邏輯再弄得嚴緊一些，把事實亦使其更切合一些，則自然而然會與策略離開了。二者不能兩全乃無可奈何的。我的辦法就是只把學理方面加以擴充與改正，而不計及其影響到策略上是好是壞。

（註一）"The state presupposes the public power of coercion separated from the aggregate body of the members" (Engels, the origin of State p. 115) 馬克斯自己亦說："Political power proporly so-called is merely the organized power of one class for oppressing another "(Communist Manifesto)

後來的社會學家庚氏之人羣爭鬭論 (Der Rassenkampf)，與氏之國家論 (Der Staat) 當然是比較上於學理方面更爲充足些。據說德國大心學理家翁德 (W. Wnndt) 亦主持其說。(註一)

社會學家贊成此說的人很多。但此說內容卻亦有一些弊病，致受人攻擊。索羅鏗 (P. Sorokin) 教授在現代社會學學說 (Contemporary Sociological Theories p. 482–487) 上有簡明的介紹與詳細的批評。他的批評分七點，此書閒有中文譯本，讀者易於參閱，故我在此不必複述。不過他所批評的各點，倘使我們把庚氏的主張加以修正，則必都變爲無足輕重的了。第一、就社會階層 (social strutification 即把平等人羣分爲上中下若干層) 而言，庚氏以爲由於兩民族的戰爭，勝者變爲社會的上層，敗者乃退居於下等地位。此說之前提在於必須承認凡國家之形成無不由於兩民族因戰爭而後混合爲一。據索氏言，戰爭只能將本有階層的社會爲之加甚，而並不創造階層。且國家之造成亦不限於兩民族的合併。凡此所言都極有理，不過須知我們講人類的文化與其變遷發展卻有一個原則，就是所謂「需要者事實之母也」。一切無不是從當前的需要逼迫出來的。我以爲在同一的民族中，因爲對外戰爭的緣故可以從需要逼迫出嚴密的組織來。在這樣的組織上有發號施令者，有服從者。就在這一點上卽可演爲社會的上下階層。所以不限定是敗者爲下層階級，勝者爲上層階級。而社會之有階級以戰爭爲其誘起的原因則是不可否認的了。至於戰爭之起源，則由於人有羨慕他人所有而起要掠之心。(註二)

第二據索氏所引，英國社會學家 Hobhouse, Wheeler, Gingbery 三人調查二百九十八種未開化民族，其中竟有九種完全不知戰爭爲何物。我以爲這正是我在上文所劃的文化分期。我名我們的文明爲第二期，至於那個無戰爭的文化則屬於第一期。不過這只是大概的分別而已。若就各種族的特殊情形而言，有所住在地的地上

(註一) " the political society first came about and could originate only in the period of migration and conquest (見 Oppenheiumer, the State, Preface 所引)

(註二) " There are two fundamental opposed means whereby man mequiring sentences is inspelled to obtain the necessory means for satisfyiny his desires, there are work and robbery, ones own labor and the forcible of propriation of the labor of theirs (ibid. 24).

出產物不同以及氣候不同等等，則其文化決不能有單線的發展。所以把呆板的分期而強勉加於各個不同情形的種族上乃是一個削足適履的事。我之分別為兩期亦只是儱侗言之，並不願仿照摩爾剛與馬克斯派立一個普遍的公式，以為任何民族，其文化的發展歷程都須經過這樣固定的若干段落。因為我不求公式之建立，而卻只求其特徵之尋出。

對於第一期與第二期有何特徵以為分別的標準，我亦有特別意見。若照物質文化上之器具的發明而言，原是堆積的。有的是同時發明的，有的是因文化交流而傳播的。就人類而汎觀之，確是很難因此而劃分期限。於是我便另在一方面着眼了。現在姑妄提出我的這個未成熟的主張如下：既是暫不涉及物質文化，則勢必要在心理方面而求得一些痕迹。我以為原始人在心上不自覺的深淵中潛藏有一個「鬱結」(Complex，此乃佛洛德派 Freudians 所創的名詞），這個我名之曰「死之威脅」(Death-menace Complex)，或稱之曰死的問題之威脅之鬱結。因為把死當作一個迷惑的問題梗在心中。其實這是人人所有的，並不限於原始人，亦並不是原始人對此特別感覺着。這乃是人類從其求生的本性上所必然遇着的問題，亦就是人人自然會感着苦悶的一件事。於此所謂求生，亦不是謂其出於自覺的要生；所謂感到苦悶亦不是說都自覺得有這樣的苦悶。乃是說求生並不自知是求生；苦悶亦不自覺是為了這個而苦悶。但這樣的情形卻在暗中支配了人們的心理，於是其影響便出現於文化上。未開化人種的各種宗教性風俗，例如怕鬼，信運氣，信靈魂不死，信一切物皆有靈魂，信有造物的主宰等，無不與此心理上的鬱結相關。甚而至於殺老的風俗與吃人的風俗亦未嘗不是對於死的一種看法。因為土人以殺老為敬老，乃是一種解決這個「死之威脅」的辦法。不但此也，且如生殖器崇拜亦未嘗無關。生殖器崇拜乃是由於崇拜生命。然而人在生時決不會感到生之可貴，必是由於見死而方會貴生。（註一）

（註一）"The savages fear the irregular, not the regular...... such a shock in experience of life was death. Man wa just striven to re lection by the wonder and mystery of death (Sumner and Keller, the Science of Society, vol. II p. 773)

我以爲不僅是原始人，其實凡人類皆然，都是對於死感有極大的驚奇與恐怖，因爲有死始乃感着生命的奧妙。於是在最粗淺的方面是崇拜生殖器，以此象徵生殖作用，又以生殖作用代表生命的奇妙，再由此一轉而變爲祖先崇拜。因爲祖先是自己本身生命的來源。更一轉而變爲造物主之信奉。乃是以爲一切物都由一個地方生出來的。最後抽象了一下，竟變爲「本體」(Substance)。這乃是由巫術(magic)而變到宗教。由宗教而變到玄學（卽形而上學）。但其根底卻是一線相延，總潛伏有這樣的心上鬱結之作用在內。因爲人會突然而死，便又自然感到「怪異」。甚而至於以怪異來解釋一切現象。原始人的文化始終不離於此（見Sumner, Folkways, p. 11）。我並且以爲把死當作怪異是由於怕死，不僅怕自己會死，乃是對於父母的死發生了煩惱。此外如禁忌(Taboo)，如圖騰（Totemism），亦都可以解釋爲與此有關。故桑氏總名之曰，“Spirit—environment”。徵諸東方諸民族的迷信，如信鬼，信符籙，信卜筮，信神，信天堂地獄，信災異等等，何嘗不是都出於這樣的不自覺的心中暗結呢？我嘗說解釋文化必須抱定那個「需要者事實之母也」的原則。有些需要是有機體上的要求，如飢則不能不食，寒則不能不衣。還有些需要是起於心情的不安。爲了滿足這一類的需要，便須造出一套觀念來，同時又把觀念具體化爲風俗儀式。人們遂生活在這些風俗儀式中竟不覺得有何不安了。我們倘把人類文化全史來看，必會發見人類是最會自己騙自己的。所幸他（人類）倘能自己揭破這個自己蒙騙。這卽是本書所要討論的，現在且不多說。這種風俗儀式就是桑氏所稱的“mores”。此字似可譯爲「風尙」，或較「民儀」爲佳。桑氏的此字是把思想方面的，例如道德原則與人生觀等，亦包括在內。這便和我在思想與社會書中所言大體相同了。他說人之生活於此「風尙」中正好像生活於空氣中一樣，自己不覺得有「風尙」其物亦和不覺得有空氣一樣（見Folkways, p. 76）。但我對於這個東西還想作進一步的分析。因此我以爲可作兩方面來看。一方面我名之曰需要，他方面我名之曰「造作」。造作一詞似可說正與英文artifact相當。所謂風尙或民儀乃是需要與造作之混合物。需要是潛伏在根底上，造作則表現其外貌。從這樣的分別來說，我們又可借意大利社會學家潘蘭陀(Pareto)——的名詞，而於前者名之爲“residues”，後者名之爲“derivatives”。

這兩個字我曾勉強譯爲「隱根」與「顯枝」，明知其不十分確當，然而卻想借來說明我自己的意見。因爲潘氏的學說並不是完全如此，所以我亦不過衹是借用名詞而已。根據這一點，我遂又有兩個意思，一個就是我所謂的利用說，我在思想與社會書中已提出來說明了，可惜還有待於補充。另一個是我所主張的核點說，此說與前說完全相連，直不啻是一個意思；此說已曾在思想與社會書中提到了，不過我們想在本書上加以詳盡的說明。讀者倘能比較觀之，當知我現在的意見是比以前更加重一些。凡此兩端都要在下文表現出來，現在且回來討論所謂死之威脅那個心上的鬱結之隱然發現於文化上的道理。

凡人類都有對於死之威脅之感，不獨原始人爲然，此點前已言之。此事以何徵之？徵之於鬼神等迷信爲各種種族所普遍具有。佛拉采（J. G. Frazer）早有發見。（註一）

佛氏研究今日所存的各種未開化人，並發見其中頗有若干民族竟不知有「天然的死」，而以爲凡死都是由於魔術（即妖術）所致。須知他們不發見有天然的死，正由於他們不知有「自然法則」。這原毫不足奇。須知自然法則只是對於外界現象的一種解釋。同一現象（或同一事實）可能作各種不同的解釋。例如死可作解釋爲妖怪把靈魂捉去了；又可作解釋爲復歸於本體了，正好像水上的波自己平落下去一樣；又可作解釋爲有機體的自己衰毀，最後至於無法維持了。凡此種種解釋本來可以因文化全境的配合與否，由人們自己決定其採擇。我們現代人所以不採取妖怪說與靈魂說的緣故，乃是由於我們現世的文化全境中，此種解說配合不上去。換言之，即科學各門都極發達，尤其是生理學生物學以及病理學生物化學等等。而在原始文化的時候對於死的現象亦不能不有解釋。那時的解釋當然是這種靈魂脫離軀體之說最爲合適。因爲人們倘能信此便可立得安慰，對於一個奇怪的現象尋得一個解釋。姑不問這個解釋是否眞理（即不限定此解釋眞能解決其祕密）。而人們在心

（註一）It might be hard to point to any single tribe of men, however savage of whom we could say with certainty that the faith (faith in, the survival of personality after death) is totally wanting among them (The Belief in Immortality and the worship of the Dead, vol. I, p.25)

上卻總是塡滿了一個空隙。因爲心上有空隙，生活便不大舒服。所以我嘗說懷疑不是人所喜歡的；永久的懷疑尤爲人所不慣；懷疑了一些時，最後必找到一個暫時的答案，姑且把心安着。就是因爲懷疑是一種精神緊張的狀態，令人彷徨失措。而解決卻可使心放鬆了，得着平息。原始人必是不慣於精神興奮，而急於求得安坦。於是這種妖術的死因之說，便自然而然人人相信了。其未發見死有自然的原因亦正坐此弊。美國唯用論派(pragmatists)有一句名言：即「思想是被阻格後的行動」。原來外來的刺激與反應的行動之間眞是間不容髮。刺激一來，行動卽發出。只有行動被阻止而不能立卽發出之時，思想乃起而代之。原始人的情形更是行動被阻格時極少，所以他們不需要有甚麼思想。只須有個粗淺的觀念，以塡着了心上疑問的空隙便足了。這些都十分顯明，似無須多述。

不過我要說的卻尙不止此，我用「鬱結」一辭是取佛洛德等人的精神分析學派的意思。一個心理學家說：鬱結乃是：『壓抑下的意念與感情相結合之一簇』。

(" a general term for a constellation of affectively toned ideas which has been suppresse d".)

(G. Murphy, An Historical Introduction to Modern Psychology, p.322)

在此所謂鬱結是文言，而白話則爲「結子」，結子就是疙瘩，特不是在肉體的疙瘩，乃是在心上的疙瘩。自己不覺的卻常常出來作怪。不過我用此名詞卻亦有不同尋常處，卽普通大概是一個變態心理學上的專門語，而我今則改爲常態心理學上的名詞。須知人類對於死總是有畏懼的。我所謂死之威脅之鬱結當然是以恐懼爲中心。不過凡是鬱結都有三義：一是不自覺，卽並不自己覺得是如此；二是假扮出現，卽不以本來姿態出現，而假扮成別的樣子；三是由於被抑壓下去。這三點請加說明。

就第一而言，人當其在幼年及壯年沒有看見死人時，當然沒有對於死之驚異的感覺。但經驗多了以後，自會發生，便不知不覺關乎本身有此恐懼。所以人們常說貪生怕死是人之恆情。

就第二而言，就是這種隱藏着的怕死心理乃幻爲各種意念發出來，在表面上卻不是怕死。甚且這些意念又實現爲具體的風俗與儀式。例如最顯明的是靈魂與鬼這兩個觀念。靈魂觀念之創造乃是專爲了身體毀滅後尙有存在而設。埃及木乃伊之風俗就是想保存尸體以便將來靈魂再來投入其中。

至於第三卻與普通所說的那些鬱結有不同之點。照佛洛德的原義，凡是一種意念而不爲社會所許，本人便不得不將其壓抑下去。例如看見友人之妻甚美而動邪心，這是不爲道德所容的，所以必須壓制下去。但怕死之心卻與此不同，並不是由於不爲社會所公許。乃只是不爲自然事實所容許。人們不但希望自己長生，並且盼望自己的親戚朋友乃至自己所屬的那個人羣，個個人都不死。事實上卻作不到。這無異乎受了打擊，自然的打擊和用力的壓抑同樣在心上可以印成一個隱藏的痕迹。於是在心上不知不覺便造成了一個鬱結。又由這個鬱結發現出一大串的風俗或文化。這個特點雖不限於在我所謂第一期文化中，然而卻是在第一期中較爲顯著。在我所謂第二期中亦有此種情形，並色彩亦頗不淡，不過卻另有一個特點足以將其抵消。我名這一種爲生之威脅之鬱結，或稱爲生的問題之威脅，亦卽生計問題之威脅。其詳容於下段說明之，因非詳說不能明白。至於恐懼爲宗教的中心，心理學家大概已早承認了。（註一）

不過心理學家所說的是對於外界可怖的自然力（如暴風雨及洪水猛獸等）而言，而竟沒有把對死威著可怕之心理包括在內，這不能不說是一個遺憾了！總之，這個死之威脅與生之威脅，兩種鬱結都是變態心理學家所說的「自我鬱結」（ego complex）與「畏懼鬱結」（fear complex）之混合物。其中有自我鬱結的成分，亦有畏懼鬱結的成分。不過在生之威脅鬱結中自我鬱結的成分爲多而已，下文當詳論之。

我們的話又應得回頭來說到第二期文明之特徵及其與第一期所以分別的緣故。在前面已說過，我所舉的第一期文明特徵，並不限於在第一期中，乃是一直存留到現代。但確是追到第二期開始，這個死之威脅之鬱結，

（註一）"His (savages) emotion took the complex form of awe (a tertiary compound of fear, wonder and negative-self-feeling); that is, he not only feard these powers but humbled himself before them." (Mc-Dougall, Social Psychology p. 305).

便漸漸失其重要性了。第二期文明之特徵我認爲是生之威脅之鬱結，已曾言之。其所以死之威脅之鬱結在人們的不自覺心理中漸漸不佔重要地位的緣故，就是因爲人們的心中大半爲生之威脅之鬱結所佔領了。卽文言所謂「無暇及此」是也。今要說明生之威脅之鬱結是什麼？必須重提上文所說的那些移住，戰爭，奴隸，與專制等情形。這些情形完全是相連的，因爲本來只是一件事。在這一件事上，我尙忘卻說及兩點：一是人口的增加；二是土地的私有。民族的移動大半是由於人口增加，這是最淺顯的。但爲了移動必致引起對於土地特別重視之心理；於是後來奪取他種民族的所在地以後，土地私有制度遂就出來了。我所以主張民族移住與戰爭以及奴隸制度專制政治土地私有制度等合倂在一起而成一件事。這件事就是第二期文明之所由起，亦就是所以別於第一期文明之點了。換言之，卽在第一期文化內容中，以關於死之解釋佔大部分；在第二期文化內容中，以關於生之問題佔大部分。關於土地私有與文化起源之關係一層，靈騷已先我而言之。（註一）

接着我要插一段關於私有財產的話，雖不緊接本題，然而似有一討論之必要。財產是一個廣義名詞。一班一知半解的人把財產與資本混爲一事，這卻是大錯。須知資本是在最後發展上始有的，現在不必討論。我的財產，卽是指我所有而言。我所有就等於把我放大。換言之，卽「我的」是「我」之擴充，而附屬於我。一個人生活在此不能是僅僅一個我而已，必須尙有許多許多的「我的」以圍繞其左右，供給其使用。所以有人卽有財產，無財產卽不能成爲自足的人格，甚而至於不能生存。關於這一點，容俟下章再行提出論列罷！不過卽此已足證財產在本質上原是私有的，卽屬於個人的。可見反對私有財產乃是一種儱侗的話。如顧名思義言之，便可說根本上不通。故我們只能反對土地私有，而不能廢棄一切私有財產；卽決不能打倒私有財產制度，而只能把土地私有制度廢止。至於資本則是用以取得利息，不是爲了使用，所以有歸公之可能。這一段話，雖不關本文，然爲了關於財產觀念之誤解起見，不得不在此一提。

（註一） The first man who, having enclosed a piece of ground, bethought himself of saying this is mine, and found people simple enough to believe him, was the real founder of civil society (J. J. Rousseau, the Origin of Inequality, 2nd part)

其實關於財產問題的討論亦未嘗不與我所謂生之威脅之鬱結有關。所謂生之威脅就是對於生存的努力常感著困難而言。原來不獨人類爲然，凡有生命之物，都得設法以維持其生命。生物生活一天必有所耗費，而爲了補充則必更設法吸收。所謂生存直是一個新陳代謝的作用而已。雖然這個作用是自然的，換言之，即生理的，但其取得的資生之具則不屬於生理範圍。此理至爲淺顯。任何生物不能不食，而人於食以外尙有住與衣。食所以療飢，衣所以禦寒，住所以避風雨。這些都是資生之具，而這些資生之具卻非由努力（即勞作）不能獲得。因爲都不是天然的，而必須加以人工。必紡織而後有衣，必建築而後有屋。中國熟語所謂利用厚生就是說將天然物料而加工以達人生的需要，使生活上得較大的滿足。但因爲生活本有代謝，所以這些資生之具造成後不能一勞永逸，而必須不斷的供給。牧畜，種植（即農業），製造（即工業），都由此而起。中國舊日的名詞稱之爲「生計」，即對於使生活得以延長或使得遂其生的那些打算與事務。故生之威脅就是生計威脅，以後亦多用此名詞。在外國則謂之爲 self-maintenance 或 maintenance of life。（註一）

於此即暗示有所謂「原始的貧困」（primitive poverty）。在這樣狀態上人必須努力方得支持其生存。這個原始的貧困本來亦就是一種威脅。因爲具有一種逼迫力，就是驅使人們不得不工作。不過這卻不始於第二期文化，乃是與人類俱始的。須知人類對於這些資生之具之製作既出於不得不然的強迫，當然就不是完全願意。在不願意之中便自然會想到愈省力愈好。於是遂有最小勞力最大獲得之原則。這個原則是出於人之天性。我並不是說人之天性是好逸而惡勞。關於這一點，克魯波特金曾提出勞動是人之本性說。（註二）但這只是片面。

（註一）"The struggle for existence rests on the fact that nature gives us only raw materials; we must work to get at them and adapt them. The competition of life is due to the fact that the natural supply of means of sustenace is limited"(Sumner and Keller, The science of society, p. 97)

（註二）"Work, labor, is a physiological necessity, a necessity of spending accumulated bodily energy;" (Kropotkin, Anarchist Communsm)

換言之，即這句話只道得一半。人類誠然亦好動，但他願意作的工作只是他所喜歡的，而不是所不喜歡的。貧生之具之製作，例如耕田，織衣，造屋，造舟等等，不見得都是人所歡喜作的工作，或則反可說是不願意作的工作。既是不喜歡，則其爲出於強迫乃是無疑了。在這個情形之下，便會發生一種心理：即爲免去自已的費力而想到搶奪他人已工作了的成果。從這個搶與奪的動機上乃發生了戰爭。不過被搶者亦不是無抵抗的。他甚且能預知有人會要來搶，於是先作起防務來。同時須知搶亦不是太簡單的，必須有武器，有組織。防更是需要這一些東西。換言之，即搶與防都反而需要多做的出產品，亦即需要大量的勞力。本來是爲了省力而想搶別人的，迨後來卻爲了從事於搶，又要防別人來搶，乃反而大費其力。不過人類自始在這一點上是笨不堪言的，直到今天還無悔悟。因爲攻人的戰爭與防禦的武備上需要大量的勞力，於是社會上便生有所謂「耗費」(waste)。又因爲有了耗費，於是人們即在同一的羣中，而所收入遂致不復平勻，及有所謂第二次的貧困。普通所謂貧困都是指這個第二次的而言。所以有人說：貧乏只是文化的產物。(註一)

這就等於說貧困是一種「社會病」，只有那個有階層的社會方患此病。柯爾說：貧乏是病象，奴隸是病因。(註二)

這是指二次的貧困而言。這種二次的貧困乃是人造的。關於原始的貧困，社會學家都知道不是人造的。(註三)人類的最笨的地方就在於方在努力於解除原始貧困漸漸有些成功之際乃忽又自造這個人造的貧困。但這個人造貧困卻是更大的一種威脅。不僅在這個有階層的社會中下級社會人民常感貧困的威脅，並且即在上級社會的人們亦時時會感到有掙扎的必要，不然便會由富裕而墮入窘迫。換言之，即貧者要想自拔於窘境，無時不在掙扎中；而富者要想常保其現狀，亦必不斷用其掙扎。這些掙扎的背後都是由於有個生計問題在那裏逼迫着。所

(註一) Poverty is a condition of civilized man only (S. G. Smith, Social Pathology, p. 42)

(註二) “Poverty is the sympton; slavery the disease” (G. D. H. Cole, Self-government in Industry), p. 111)

(註三) It(poverty) is there; it is the zeroline from which all else is reckoned. (Sumner, The Science of Society. p 95)

以由原始的貧困逼迫着人去努力工作，而由社會的貧困却又逼迫着人雖有充分的勞作而仍不能免於生計的威脅。(至於中國情形，則於二次貧困中當殘留有原始貧困。故問題複雜了，容下章論之。)於是在這個文化期中和在原始時代並無二樣。學者以為原始人在當時必是時時刻刻受着猛獸與暴風以及洪水等外界的威脅，殊不知在文明時期，人們所受的威脅亦復甚大：雖不是猛獸而是同人，雖不是暴風而是強權，雖不是洪水而却是生計。原始人對於暴風猛獸是一天到晚提心吊膽的；文明人對於同人與金錢亦是一天到晚提心吊膽的。換言之，這都可說是生存競爭。學者說這樣的競爭有三種：一是人對自然(即天然事物)而爭；二是人羣對人羣而爭；三是個人對於同一人羣中其他一切人而爭。我以為文明人的生存競爭是關於自然方面漸減而關於人事方面漸增。即由個人對於羣中其他人們而爭以擴大至於對他種人羣而爭。所以在文明人的生活上，其掙扎的苦痛與勞瘁決較原始人為甚，這是我們都知道的。在這種生存競爭的掙扎上把人都訓練到失其天眞。世人嘗說社會是一個大染坊，人們到了其中自會染了色彩而改其本性。關於人之本性為善為惡當於下章討論之。

在此我却承認人們的機詐狡滑殘忍偽善等等確是由社會所訓練而成。普通所謂「閱歷」與「人情世故」都是指這些社會訓練而言。總之，關於原始的貧困，可由從事生產或生產增加以解決之，可說是生產問題。關於人造的二次貧困，則只能將分配重新整理乃得解決，所以是分配問題。有人故意把二者混為一談，這是錯誤的。至於說到人性因社會變態而改，我將另提一個意思而為本書始終所主張者。

這個意思就是我在思想與社會上所提出的那個「狡黠」說。人們以為社會之有不平由於強凌弱，或富壓貧。我則於此以外特提出黠騙愚一層來。於是我們共得三點：即(甲)強凌弱；(乙)富壓貧；(丙)黠欺愚。我主張三者總是混在一起的，而就中尤以丙為甲乙之骨幹，決不可分離。原來強弱是指膂力(即體力)而言。但體力的相差終是有限。古語所謂萬夫不當決是一種虛擬的話。所以在原始時代，人與人之戰爭以膂力勝，迨後來一有了組織，則個人的體力便不是決定的標準了。在組織中發號施令者居上，而發號施令的指揮者其體力不必一定要比服從命令者為強。只須其聰明力高超一些，能有機智便行了。可見強凌弱中仍然含有黠騙愚。至於富壓貧更爲顯然。須知富者能維持其財產乃是由於社會有秩序。倘一旦變亂起來，富者立即被搶刧，便變爲窮人。可見富者之致富不是專靠其本人的力量，所以富者之壓制貧人，不是以其金錢，乃是由於社會組織上處於有利的地位。至於何以會把自己弄到有利的地位，當然更不是由於有錢，乃是由於有狡點的智慧，能把金錢利用得厚積起來。於是我們可以歸結一句：即無論以強凌弱，抑或以富壓貧，而其內幕總離不了以點騙愚。人類社會之不齊(即不平等)根本上是由於天賦的智力有等差。這乃是所謂「生物上的不平等」(biological inequality)。這是出於遺傳。科學家對此不能從個人的觀點把智力低下者亦變爲聰明，而却能從社會的觀點使「低能者」(the feeble-minded)斬其子嗣，遂不遺傳，免得此類人蕃殖起來。這是題外之話，暫且不談。我在思想與社會上曾說明所謂狡點並不含惡意與貶意，乃是採取中立意思。老實說，狡點與智慧本是一物。美國社會學家瓦德(L. F. Word) 就見及此。(註一)

其實這一點是大家都承認的。因爲智慧的初開本是利己的，換言之，即智慧本是生物之適應環境的一種工具。這種工具都是爲了避害趨利之用的。關於智慧之性質，我將於理性一章中還要討論到；凡在彼處所言者在此處即不重述。狡點與智慧即是同一的心理上能力(mental ability)，則我們便可說凡智慧之初出無不就是狡點，因爲狡點只有聰明人能之。有了聰明，倘用之於不關自身利害的地方，便會發爲理性，這些當然容在理性章去論列了。我在思想與社會上又曾提出一說，即主張狡點是使社會發生階層之原因。歐美社會學者研究社會階級之造成多認爲是由於能力有不同。

在此所謂「能力」(ability)一詞當然涵義較廣，但至少智慧是其中的最主要的要素。智慧而用於利用他人或其他情形以達自己的慾望即就是狡點。須知想方法以利用物力是所謂「發明」(invention)。但想方法以利用

(註一)" In the subjective forms of intuition these acts are usually such as to deceive some other sentient being and cause such being to do what it otherwise would not have done..... by cunning, sagacity ..... these forces are made to impel in directions that will be advantageous to the intuitive agent." (The Psychic Factors of Civilization, p. 195)

人力亦何嘗不是一種發明呢？利用他人的體力以圖自己省力，遂成爲奴隸制度。（註一）

可見人類發見利用天然物以遂其生以來，自會把利用物力的智慧移用於利用同類上。利用同類就是由於同類的愚，不了解是被利用。須知利用物與利用人大不相同：因爲被利用的物與能利用者不是相同的。人則不然：被利用者與能利用者旣同是一樣的人，於是你能利用我，我又何嘗不能利用你呢？只許你利用我，不許我利用你，則必須有一套「說」（mores 卽流行的觀念），正好像酒一樣把我灌得醉昏昏的，甘心被你使用而不反抗。其故卽由於你太聰明，能利用酒來痲醉我；而我實太笨，竟會作繭自縛，自作自受。所以我主張人類的一切不平都是出於以黠驅愚。奴隸的發生卽由此而出，盧騷早看破奴隸制度是由欺騙而成的。（註二）

不過話又說回來了，利用他人體力的智慧（卽狡黠），只是智慧用於不當罷了。實際上仍是同一的智慧，倘從進步的觀點來說，我們不但不咀咒狡黠，並且要感謝狡黠，因爲狡黠與智慧本來絕對是一件事。

話似乎說得太突飛了，現在仍拉回來，再說第二期文化之特徵。照上文所說，這種文明直不啻是病態社會。不過這種病態社會亦有其優點。中國人的老話說「有利必有弊，有弊必有利」，這句話用在此處似尙可通。先就戰爭言，戰爭可以養成對於全體的忠誠與効死。次就專制政治言，這樣的政治便於號令統一，自易於造成強有力的組織。再就奴隸而言，有奴隸便可有強迫的工作。強迫的工作一出，便會把大部分或一部人的好逸惡勞改變了，於是生產量乃可大增。這些都可說是弊中的利。文明的進步未嘗不就在於此。所以在文化上有些壞事反而會生出好結果來。因此我們只好作超然的觀察與中立的批評了。這其故是由於社會本身就含有這樣

（註一）“ The taming of fire and the domestication of aminals are followed by the enslavement of man.” (Sumne and Keller, the Science of Society, p. 221)

（註二）“The word ’ slave ’ and ’ right ’ contract each other and are mutually exclusive. It will always be equally foolish for a man to say to a man: “I make with you a convention wholly at your expense and wholly to my advantage; I shall keep it as long as I like, and you will keep it as long as I like.” (The Social Contract, Chapt. II)

矛盾性，有一個學者說：「社會本身就本含有病」。（註一）

又有一個學者稱現在的這個文明為「醜文明」(This Ugly Civilization 是一部書的名稱)，我的論據雖和他們二人不同，但却很同意於這兩個名詞（即病社會與醜文明）。我們的社會誠確是病社會，而文明亦確為醜文明。生在這個社會這個文明之中，在在受着威脅，處處感到逼迫。把生計問題懸如撲燈蛾的燈一樣，使大家向着盲目地去撲；又好像從戲園裏散出來一樣，大家只知往前擠，總想擠到了他人的前頭。在一班習慣了這種生活的人們反不覺有何不安，只知得一些微利便沾沾自喜；多占人一分便宜，便引以為豪。其實這都是那個生之威脅之鬱結在裏作祟。我們往往看見大富翁反而吝鄙不堪，這是由於他的不自覺的心理之深淵中仍藏着生活窘迫的遺痕。在生活的戰場上，勝者其創痕依然作怪，至於敗者更是憔悴以死了。這種病社會醜文明不但把人弄得顛倒昏迷，並且還使人失去其本性。所以有些明眼人看到這裏便不由得不提倡所謂社會主義了。社會主義的發生是針對此病症而起。關於社會主義，容以後再說，現在只是提到而已。至於何以這樣病社會中還會有反對的思想發生，這却由於這個社會雖是病態，然其中尚容許理智在暗中滋長。由這一線的光明遂得透露天光。這一點須加發揮，容下文詳之。

這種生之威脅之鬱結不僅是常存在心意之中，乃且發為各種制度。就中最顯著者即是資本之發生。須知資本是由於獲得物之漸漸堆積。特須聲明的就是所謂資本之發生並不指近代資本主義而言。資本之發生遠在資本主義以前。資本主義是一種產業經營的方式。（註二）

這種成本計算的會計法與複利計算的會計法都是晚近的產物，所以資本制度，倘嚴格言之，實在是後來發

（註一）"Society is sick. This sickness has its roots in the very constitution of society itself." (A. J. I. Kraus, Sick Society, p. 10)

（註二）"A rational capitalistic establishment is one with capital accounting." (Max Weber, General Economic History, p. 275)

達的一種形態，決不是有資本卽就有資本制度。我們現在且只談資本，在上文曾提到土地私有制。土地一且屬於私有，往往卽變爲資本。尤爲資本的土地私有是由於佔領，而不和其他出產品一樣由於堆積。故土地私有制如完全廢除了，則資本制度之弊害不啻已去其大半。至於堆積的物品既出於本人勞力，雖是厚積起來不使用，亦決不爲害。所以資本如只是勞作的積餘，則不但不是壞的，反而是很好的。因爲人們能有蓄積之心乃由於預見將來的匱乏。所謂「秋收冬藏」便是以備不時之需之用。迨到後來把自己所蓄積的又拿出來給別人換取其勞力。這便是購買勞力。到了有這樣的情形發生，勞作始變爲商品。所以就個人來講，資本愈厚必致使社會愈趨於不公平；但就人羣全體來說，卻是資本愈厚積愈好。在此資本便是所謂富了。我們明白了個人資本並不等於國家的富則便知個人貪圖獲得品之蓄積，雖其根本是由生計威脅的鬱結在暗中作祟，卻後來竟演爲榮耀了。就是以多財爲榮。這個心理是與生計威脅的鬱結息息相通。於是在這樣的風氣下人人都想發財。英國經濟學家湯乃 (R. H. Tawney) 著有 The Acquisitive Society 一書卽將此種社會分析無遺。但須知「貪得」並不是人類本性，心理學家有認爲這是一種「本能」(instinct) 的，我們則以爲不無認錯。當對於死後有鬼之迷信甚深時，財物的蓄積幾不可能。因爲其人死了，他的所有皆須焚燒，以致沒有遺產。可見堆積並不是資本之直接的起源，只有等到把勞力來當作商品來買賣以後，方始乃有贏得利息的資本。而勞力變爲商品卻不是單純賣方與買方的關係，乃是基於社會全體組織上有逼迫窮人不能不出售其體力之殊特情勢。所以是社會組織上的問題，而不僅是經濟上的問題。在經濟上買賣是一種契約，無所謂不公道；而在社會上則有使窮人不得不出賣其勞作之情勢。倘此情勢可除，豈非問題卽可解決麼？勞作之商品化決不是經濟學上的「必然」。把這個問題提出來加以詳細分析，我們當然要感謝馬克斯 (K. Marx)。他的餘剩價值說自是千古不磨的眞理。不過我在思想與社會中曾說及此點，以爲這只是資本制度發達後的一種剝削方式。但剝削卻不限於這一個方式。在近代資本制度的產業經營方式未發生以前，剝削是由政治上的強權而施行的。所謂治者與被治者間之關係幾乎完全是剝削的關係。用餘剩價值來作經濟的剝削還不失爲剝削中之最文雅的一種。至於用高壓的政治力來強迫人們勞作，又無代價以收其產品，在歷史上在在都有此例。而且故意掀起戰爭，用此名義，以行剝削，尤爲顯見。關於這些，我在下文當擬再加討論，現在只說剝削是一個廣義名詞一點爲止。總之，資本之發生由於畜積成爲癖習，乃是由於生計威脅的鬱結所演成的變態心理。

這種不自覺的心上鬱結影響到社會上各部組織只有經濟學家曾稍見到，反而心理學家却並未發覺。最好笑的是佛洛德派關於貪財與收藏物品之心理的說明。他們以爲這是起於孩兒時對於自己所排洩的糞起一種感情，並由此經過後來的抑壓作用，乃致演成此種怪癖（見 Freud, Collected Works, Vol. II）。此種奇論毫無左證。倘有學者從事反駁，我則以爲不值得。明明有生計壓迫之現象在目前，他們不知取來以說明此種變態心理之結成，而反遠求於兒時弄糞之偶然事態。可見現代學者有一個通病：就是好奇，以爲語不驚人則不能出名。他的追求眞理常爲好名之心所左右。倘使雖確有所見而不足以使人動聽，他們必定亦不挺身出而主張。這種情形正由於這樣的社會（卽大家在其中都是爲生計而掙扎）而使然。我們從學者的這種情形更證明這個社會是浸沒在生計威脅的鬱結所造成的文明中。因爲學者旣同在此社會中，當然不能例外。不過外國學者確是還好些，因爲他們的社會還有些和中國不同的地方，卽比較上理性確實抬頭一些。中國學者在輓近時代幾乎無人不如此，眞可爲之浩嘆。因此我嘗告誡我的學生，謂凡要建立一個義理必須有兩條件，二者不可缺一。第一是前人所已言不必再說，第二是說出來了以後必須使人都覺得確是如此，只是以前未有人道破罷了。換言之，卽一是新鮮，二是平實。這兩點會合爲一，實在不容易。在外國學者中亦只有十八世紀的那幾個大思想家能之，如洛克（J. Locke），我們讀其書必覺得在在都是平淺的事實，但在他以前却未有人說破。盧騷的著作亦是如此，可見故意立異是學者受了社會影響而生的一種病。前在燕京大學時看見一個美國人的著書名爲 Scientists Are Human (Watts)，他就見到這一點。想在科學家的思想中從事於發現其所受的社會影響。不過這本書却未能達到這個目的，故我不欲據此討論下去。總之，我取生計威脅來作一個心上的鬱結要比佛洛德派平實得多。

生計威脅的鬱結發現在經濟方面，如奴隸之發生，與勞力之商品化等等，已如上述了。其他方面如政府之變爲專代表剝削者，與法律之變爲專維持這樣剝削關係之秩序，亦可類推而明。本來政治與法律是一件事。法律是在人羣中表現生活的規則的。政治則是維持這些規則的。從必須要有規則而言，規則是需要，規則必須有待於維持，故維持亦是一種需要。所以我在思想與社會上曾提出一種理論：即我們這樣的社會是由兩方面而成：一是需要，二是利用。需要又可分爲兩種：即生物的需要與社會的需要。須知社會的需要乃只是生物的需要之延長與擴充。因爲任何需要倘溯其根原必至推到生物方面。人是一個羣居的生物；合羣是人的本能。生活且是互相依靠的，但在這個互倚的社會組織中却可以有人想出特別法子來以利用之，而達其私慾。迨至利用的情形一起來以後，因爲利用的人多了，遂致把社會原有的組織之意義與形式都弄得歪曲了，不僅弄得歪曲而已，並且添加了許多許多不必要的與不相干的。這些不必要的結構與不相干的制度一出來以後，社會便整個變了形相與性質。

所以我們今天的社會形狀是一半由於利用而成，並不是完全出於眞正的需要。至於何以會有利用呢？當然是出於人們爲了生計的威脅而逼出狡黠的智慧來。就智力講，是出於天賦。故有些天賦智力不高的人們遂被人利用了，爲他人作牛馬而不自覺。這不是人與人之關係，乃是由於利用者能造出一種制度來。制度之創造又不能純出於利用與狡黠，必是同時根據於切實的需要。以政府的存在而言，政府處理爭訟本是不可缺少的，但設爲監獄制度却不是不可少的。（註一）

於是我們知道監獄之設立根本上爲了豢養一班獄吏，同時在國家收入上添了一筆開支，爲行政者滿足其榮耀而已。對於犯人可謂絲毫無裨益，既不足以感化，又不足以警惕。關於這一點，有統計可以證明，有事實可以作

（註一）"As to the third objection which maintains the necessity of a government for punishing those who break the law of society ...... the more we study the question the more we are brought to the conclusion that ...... no punishment no prisons and no hangmen can dimenish the members of such deed (anti-social deeds)," (Kropotkin, Anarchist Communism, p. 31)

例。我們的制度上，像這樣的東西，從表面上看，總以為是個需要，而迨至詳細分析以後，便恍然知其為一個贅疣的，實不在少數，監獄不過其一例而已。

本書對此不想多討論，至於所以提到這一點，乃是由於想藉此證明人類的社會組織上有許多制度完全是不必要的。無政府主義以為政府就沒有必要。我則以為這一派的功勞在把「社會」（society）「人羣」（community）「國家」與「政府」四個概念分開，而各予以相當的內容。政府的權限加重，並不是自然的，乃是由文明的病態所推演。我嘗說有許多事情在常人以為是必然的與自然的，而其實不是如此。貨幣亦是一例。如果全世界各國都決定不用金銀，則金銀便可廢。英人道葛拉斯（C. H. Douglas）即發明一種「信用制」（creditscheme），亦就可以說是代替貨幣的一種建議。政府亦何嘗不是這樣呢？政府之必有誠然是出於某種需要。無政府主義者亦不是主張完全無組織，因為無組織即無規律，無規律則人羣一天亦不能存在。所以無政府主義依然要政府，不過完全除去其強制性。使人羣之發為組織完全由於自由自願，乃是純粹的自治，亦可說是最高度的自治。我之述此義並不是要表明我亦是一個無政府主義者，乃志在從中立的觀點證明政府倘只指組織而言，則確是需要而不可缺少。

但後來根據這個需要而為之推波助瀾，使政府之權擴大，則却是由於有梟雄起而利用之，其唯一的利用方法是惹起對外的戰爭，戰爭在人類生活上可說是絕對無必要，然而在人類歷史上我們却盡看見戰爭。孟子在古代亦早窺破此中的把戲了，他說：

『今之事君者皆曰：我能為君辟土地，充府庫。今之所謂良臣，古之所謂民賊也。我能為君約與國，戰必克。今之所謂良臣，古之所謂民賊也。』（告子章）

政府以奪人土地，取得榮耀以驕人民，便可使其權藉此集中且提高。故政府權力加大是政府中人所希求，而並不是被治者所願意。要取得被治者的同意必先造成一個環境在其中有不得不然之勢。於是不願意者雖想反對而亦不可能了。這却莫妙於對外戰爭。可見人類的一切制度總是有個「隱根」即不可缺少的需要，而另外却又必有外殼，是由於利用這個需要而添加一些不相干的與不必要的。有些制度是不可缺少的需要，與加上去的利用幾乎同其範圍；有些則不然，內中所存的不可缺少的需要實在很微，而加上去的不必要的利用却現為五花八門，範圍極為廣大。不過我們必須知道決沒有單純的利用而其根底中不暗含有需要的；同時亦沒有一個根本的需要不被人利用以添上許多枝葉的。所以我名此外殼為「顯枝」，以與隱根相對。此兩名詞是由意大利社會學家潘蘭陀所啓示，即是其 residue 與 derivative 二字的譯語，不過我的意思與他並不完全相同，乃只是借用而已。

至於若問人類何以會有「利用」這個現象呢？我在上文已經予以答復：即因人們天賦的智力不齊；有些聰明的人當其智力初發動時必是發為狡黠，對於本來是需要上不可缺少的社會組織設法利用而造出許多添枝添葉來。等到這些顯枝的制度出來了以後，須知制度是有重造人性的力量，人們反而為制度所薰習與融化了。因此由習慣而生自然，由自然而成惰性。雖有很多的人呻吟於這個不正當的制度而竟無法推翻；雖有人明知其不合理，縱使有所反對，但因為大多數人已安之若素了以後，不會再領受新奇的議論了。我作此論在表面亦好像和一班社會主義者一樣，同是咀咒我們這樣的文明。實則我却是用冷靜頭腦，作中立性的說明。從另一方面反可說賴有這狡黠的人們乃使社會起變化，歷史有進展。所以我提出狡黠說不含貶義。我以為乃是由於其他大多數人太愚笨之故。這句話却須加以解釋。須知所謂愚笨並不是指天稟的智力不高而言。在一個人羣中本來智力高超的居少數，但智力太低的却亦不會很多。普通人總是不願用心去想，凡事總是擇那個阻礙少的去做。這條定律是所謂最小抗阻之原則(law of least resistence)。並且必是不願時時注意，因為注意則必使精神緊張，常在緊張狀態中活着，則人必覺不舒服。因此總是愈少用注意愈好。這是減少注意之原則。根據這兩個原則，人們的行為遂易發為習慣與模仿。習慣是在神經的連絡中造成了固定的通路，以後乃總在這個老路上行走了。模仿雖不是本人已曾做過，然而却做起來不必用心，只須照着一個榜樣去做就夠了。所以人們總是囿於習慣中，而怕有所改變。因為一有改變便須刻刻留意，大感緊張，不覺平順了。人們又是總喜歡模仿，因為不知不覺就仿效了他人，他人又仿效另外的人，有時會反而仿效自己，在大家互相模仿中風俗與儀式就成立了。風俗一成立，則人們

便在其中生活着，同時亦便爲風俗所困着了。所以法國社會學家泰德 (G. Tarde) 有見於此，成立社會模仿說。（註一）

可惜他沒有把習慣連在一起來說明之。他所謂夜遊狀態亦就是催眠狀態。把社會現象用催眠來作比擬，這乃是法國學術界之一大貢獻。本來模仿是出於暗示。在一方面因爲人們比較上容易接受暗示。這就是所謂「可暗示性」(suggestibility)。人人雖皆具有此性，但因辨別力的強弱而有不同。催眠學家說，小孩與婦女比較上容易催眠。這就是因爲這些人比較上智力弱些。智力弱是大部分由於不習慣於精神集中。須知精神集中必須由訓練而得。沒有這種訓練的人自然不容易有深透的辨別力。因爲精神不集中的緣故，所以容易受暗示。社會學家就以爲兩個人談話即有受動與主動之分。當其爲受動時，不啻在不知不覺中已爲他人所支配了。

我們根據上述的道理便知社會之演成這樣的狀態乃是由於人性本來有這樣的缺點。所以社會的病態是由於社會本身而致。（註二）

這句話我以爲是很對的，不過我的解釋却比他更進一步而講到心理方面來了。倘使承認此說，則我們若以爲在以前還曾有個未生病的社會，即健態的社會，這必是我們的誤會了。我決不是這樣的悲觀論者，但我同時亦不是像馬克斯派那樣相信有個正反合的程式，只要接着前進，則光明便可到來。先說我的意見，然後再批評他們。

要說我的意見必再迴溯及上文。我把文明分爲兩期並不是主張一期完了以後再接上一期，乃只是說在某一些時間上某一些徵候特別顯著能了；等到這些時期過去以後，那些徵候依然存在，不過稍稍淡了些而已。第一期

（註一）“ Society is imitation and imitation is a kind of somnambulism (The Law of Imitation, p. 87)

（註二）“ Inequalities in the distribution of power, resulting in deficient power and superpower, throw a flood of light upon the gaping wounds of the sick society…… society is constitutionally diseased at its very root.” (Kraus, Sick Society, p. 110)

中以死之威脅之鬱結所幻現的各種風俗與制度爲其特徵；第二期中則以生之威脅之鬱結所幻現的各種組織與狀態爲其特徵。不過二者尚有一個不同點，即死之威脅既幻現爲各種風俗儀式以後，死之威脅便減少了。質言之，即宗教起來以後，關於生死問題的解決，至少對於一班無深奧知識的常人是予以相當滿足。因此他們在不自覺的心理上對於死之畏懼亦平淡了不少。而生之威脅則不然，因爲人人對於生存而掙扎，又因爲由掙扎而幻現出各種制度，例如戰爭與奴隸制度以及土地私有等，以後却反而把生計更弄得困難，競爭更弄得加緊。眞可謂自古已然，於今爲烈了。姑拿戰爭一項爲例來說。有許多學者以爲是出於「爭鬬本能」(the instinct of pugnacity)，遂主張難以避免。但有人統計二九八種未開化民族其中竟有九種完全不知有戰爭其事(見Hophouse, Wheeler and Ginsberg, The Material Culture and Social Institutions of the Simple Peoples, p. 231)。可見格鬬（即打架）是一件事，戰爭又另是一件事。戰爭是出於組織，必有計劃，有用意。凡爭鬬而出於單純的憤怒決不能有社會的集合性。所以戰爭是由文明本身上的缺點而逼迫出來的。這與人類天性上的爭鬬本能（即天性好鬬）並無直接關係。換言之，即戰爭只是一個社會病，並不必求其根底於人性上。（註一）

這乃是統治階級爲了被治者的反對，遂以向外發展來鼓動其感情，移轉其視線。可見在近代國家往往以戰爭爲統治者固位之手段。因爲藉此可大辦宣傳，另定教育方針。所以戰爭除了防禦的不計以外，無不是侵略的。乃是由於利用人類的缺點而起。這些缺點當然亦可把爭鬬本能（即好鬬的天性）包括在內，不過却不是純由這個好鬬的天性而發出來。我敢說侵略決不是人類天性。沒有一個整個兒的人羣(即民族)，其中人人都是好鬬的。所以所有的對外戰爭在發動者一方面都是由於國內有一部分人想借此而取得優越的地位。我在知識與文化書中曾指明「支配慾」是現社會所造成的第二天性。我以爲在這樣的生計威脅的文化中人們會養成支配的慾望。根據此慾遂想在本國內取得優越權勢，乃不惜掀起對外戰爭。所以凡對外戰爭都有國內的政治社會原

（註一）“The same social forces that make civilization make war.” (S. Nearing, War: Organized Destruction and Mass Murder, p. 78.)

因。關於戰爭的性質在上文已經提到，現在卽不再說。總之，在近代大規模的戰爭中，誠如尼氏所說，是有組織的破壞與大範圍的屠殺；其結果必是兩敗俱傷，同歸於盡。人類在這個情形下，其苦痛決數十倍於在原始時代文化未開的狀態，所以決不能說文明人比野蠻人幸福些。

至於人類天然有可被利用的缺點實在甚多。可暗示性是一個，自不用說。又如總是擇那少阻礙的路去走，不慣於常在精神緊張中，而務求使注意減少。這些在上文都已說過了，但却尙不止此，關於「思想的勢態」(the mode of thinking)一點上，我們雖是文明人，却具有原始人的思想勢態(the primitive mode of thinking)；我們雖是成年人，却亦具有兒童的思想勢態。所謂思想勢態就是「想法」，亦就是俗話所謂頭腦。文明人而有野蠻人的頭腦，成年人而有兒童的頭腦，這恐怕是學者們大家公認的事實罷。姑舉一二例言之；如原始人總是把名稱當作實物，但今天的文明人又何嘗沒有此弊病呢？又如兒童的思想上有所謂「直遂法」(transduction)，但成年人而未受名學訓練者又何嘗不是如此呢？關於這些原人思想格局與兒童思想格局將在下章討論，現在只是舉例而已。除了這兩方面以外，尙有最顯著的，就是所謂羣衆心理。羣衆心理有弱點可被人利用，本來是公認的。因爲一聚集而成爲羣衆，則各人的理智控制力便弛了。其自我中心的鬱結反得放大，遂會公然把一時的自私心變爲公意而出現。不過這種羣衆心理是指大衆集會的心理表現而言，並不指平時散在的人民。因爲人民不必聚會在一起，其意見便自健全公正些。此外還有所謂健忘，須知忘記乃是一種心理上的保護作用。精神分析派(psycho-analysts)先窺此理。心上的傷痕用忘記將其泯滅，這乃是一種「補償作用」(compensation)。凡是最不痛快的事最容易忘却，就由於此。在這些心理以外，我還有一個意見，以爲人類的生活是可有若干層次的。人類有適應性，可由較高的一層移至較低的一層而依然能適應其環境。譬如一個富人一旦破產而降爲貧人，只有在他初降落時感覺苦痛。等到長久以後，便對於新環境又安之若素了。因此之故，人民往往得受高壓，甚至於亡國，亦都會有法子對付。這是人生之彈性，從歷史上看，一個民族，其彈性愈富，在好的方面是可以不會滅亡，在壞的方面却是常在他人壓制之下。卽在民族本身的內部亦然，就是在一方面是尊制總會被推翻，而他方面却是專制又容易再出現。這些都可留在下文再說，現在只注重在表明人的本性確有許多方面可被利用。所以需要是出於人性，而利用亦是出於人性。不過後者是出於人性在組織上所有的弱點而已。因此我們便知在這樣社會中所有政治上商業上的成功者無不是心理學家。不過他們精通人們的心理不由於詳讀心理學書，或由於閱歷，或出於天才，或二者兼之。他們儘可不讀一本關於心理的著作，但能猜透某些人的心理或大衆的心理。我以爲還其中確另外有一種學問，從一個人的歷史來推測其性格，更由性格以推測其將來的行動。中國人舊日所謂閱歷不外乎揣摩外間人們的心理，而所謂涵養又不外乎根據這個揣摩的結果來控制自己的情感流露。最粗淺的揣摩法是以己度人，自己要錢，以爲人亦要錢；自己好色，以爲人亦好色。須知人生在世上除了如何利用物質以外，就是如何對付同人，對付同人之中即包含利用同人。本來人性上確有可利用之點，於是由利用而竟演爲制度，遂成所謂文明了。在外國方面，我們常常聽見說，外交家製造戰爭，凡成名的政治家都是最會利用人們心理上的弱點的。在中國則雖流氓土匪亦必都是善揣摩人心的，否則即不能成功。中國謂之「御人術」（即駕御人的方法），即是指此。可見在這樣文明中人類的不幸大半由於人的自造，而背後推動力却總不外乎生計威脅之鬱結。

我在上文已說過，我並不因此悲觀，所以不悲觀之故乃是由於即在這樣的病社會醜文明中亦尚有兩點，是可爲光明之基礎的。第一點是機器之發明，第二點是理性之抬頭。請分別述之。機器的前身是用具。（註一）原來人類發明用具（如刀如棒等）是補天然的自身器官之不足，同時對於克服外界的困難時更爲便利。人類能使用器具正是人類所以異於禽獸的地方。順着這個方向而大發展起來，遂又發明機器。所以機器之與人生可說很有益的。因此我說機器的出現確是文化進步的一個徵候。關於機器發明了以後可以節省人力，可以增加產量，這些顯見的事實我不想多說。不過有一點必須附帶一述，就是近代有些學者詆毀這個機器文明。在這些

（註一）"It is usual to say that the tool is a simple machine and machine a complex tool, but in fully developed machinery there is more than elaboration of the tool." (A. B. Brown, the Machine and the Worker, p. 13)

人中以許滂格拉(Spengler, Man and Technics)與朗伯羅索(Gina Lombroso, the Tragedies of Progress)爲最。他們所述的那些缺點如工作單調，毀滅個性，大量出產，增加消費等等確都是事實，不容否認。不過我以爲有些缺點是出於社會制度而不直接與機器相干。有些缺點雖在於機器身上，却由於不善使用機器。這原與上文所說的需要與利用二點完全相合。機器之出現是出於需要，卽人類確有節省人力而大量出產之需要。至於今日盛行的那樣機器文明，則又確是由於人們爲了因生計威脅而伏的貪得心，藉着社會制度本身上有缺點，遂起而利用之，以演成這樣的局面。所謂機器文明或稱「工業主義」(industrialism)乃是由機器生產與資本制度合併而成。但機器生產是需要，資本制度是利用。所以我主張凡利用而苟追溯其根底，無不發見有需要潛伏在其中。同時凡需要亦無不可被人利用以演成弊病與罪惡。我相信此種說法較用正反合的方式來推斷資本主義的將來爲更切實些。就是說需要是決不可廢的，而利用却可加以改革。我們不必說從社會革命把資本主義的機器移至將來的非資本制度的新社會中是一個「消留」(aufheben)。這種黑格兒(Hegel)的奇怪名詞實在對於我們眞正了解社會歷程毫無幫助。我認爲這種態度是「不科學的」。科學的要點在分析與觀察，而不在預先空懸一個公式以便硬嵌在一切地方。所以黑格兒的正反合公式是形而上學的辦法，科學決無借用之必要。馬克斯主義的價值如果刪去其倒用黑格兒公式一層，亦依然不變。反之，加上這個正反合的公式，雖作唯物的解釋，然却是反把其中的精華掩蓋了，甚至於汚瀆了。這些話已出題外，請卽此勒住，而仍歸本題。總之，機器文明之病是在社會制度，並不在於機器本身。從機器而言，乃是只有益而無害的。最淺顯的是有了機器以後，人類的生活會頓然改觀。在其中自以「社會的裕餘」(social surplus)之更進一步爲最。所謂社會的裕餘固然不是純出於物質方面。如馬力增加之機器發明，而在組織方面如分工與統籌等亦都是有關係的。但却不能不承認自機器出現以後社會的裕餘確走上了一個新階段。卽原始的貧困之威脅居然完全擺脫了。這一點就是我們中國與英美德各國的不同。他們已走到完全脫離原始的貧困之階段，而中國不然。日本與俄國雖都較中國爲佳，而其一班人民的生活程度尙未臻此。可見必須把機器生產普遍用於生活必要上，然後方可使社會的裕餘增了一級。在這一點確不能不感謝機器的發明。

既提到社會的裕餘，我們又要多插幾句旁枝的話。所謂社會的裕餘是指勞力所得而為了需要，致其消耗以後尚有些多餘而言。特並不是說一個人的，乃是說集合一羣中各人的總積。關於此點，有 N. L. Sims. Society and Its Surplus 一書可參考，茲不詳述。我的意見亦和一班學者一樣，以為社會若沒有裕餘，就是沒有財富，則決不會有幸福，亦不會有進步。而一切積蓄，亦無不是由於勞力得來。故我極端贊成馬克斯派與孟格(Menger)之說，一切價值的來源只是勞作。至於天然物力可供利用者當然不可抹煞，然必須加以人工方能滿足需要。故在第一期文明中，天然物力可供用者隨處皆有，而所加上的人工卻因為智力未突破其水平線，以致達到相當程度為止。

在這樣的情形下，生活的逼迫（即生存競爭的逼迫）並不十分激烈。於是人們反為死之威脅之鬱結所籠罩了。由此發現出種種儀式與風俗來。有時這些風俗反而障礙生產的努力與其堆積。迨到了第二期文明，我們反而要感謝這個生計威脅的鬱結，因為由此乃製造大量的社會裕餘來。例如「閑暇」這亦是一種裕餘。我以為第二期文明的開始是由於戰爭，而商業亦可附在其間。商業好像是平和的，然而卻並不與戰爭相反，有時且更相依隨。所以自從戰爭與商業起來了以後，社會便有了階級。有了階級以後，閑暇的分配亦大不同了。我們可以說人類本來有個原始閑暇；可惜這個原始閑暇是為原始貧困所征服，而竟至退到很小的範圍了。等到閑暇之重新分配以後，便有比較上更多閑暇的人，即有錢的人。同時那些作勞工的人卻更少了閑暇。閑暇在有錢的人身上並不發生功用，而在用心的人卻大為需要。所以社會的裕餘在這一方面必須有合理的分配。此是後文所要討論，現且不談。總之，第一期文明因為對於那些死之威脅所幻現出來的風俗儀式又造出許多的「解說」，這些解說卻把人類的智力與推理都封住了，以致在思想方面永是在軌道中困着。第二期文明因為社會組織上起了變化，遂逼得人們對於死之威脅無暇顧及了。於是思想遂致活動了一些。又因有生計問題在那裏逼迫着，使人們更不能不運用其天賦的智力。所以解放智力一點而言，第二期文明雖是病的文明，卻在此處未嘗無功。我嘗說知識是一個怪東西，一旦有了，決不能再重返於無。人類一開化了就不能再回到渾渾噩噩的狀態了。知識與理性都是由聰明而得。最初發現的聰明雖是狡黠，然而後來却會改就正途，變爲理智。所以第二期文明是有罪又有功的，或可說功卽由罪中蛻出來。

說到這裏，我們又要接着討論機器的發明了。機器的發明是靠着智力。人類智力的發達却有許多條件，這些條件之中有些是屬於社會的，例如在上文所提到的閑暇。須知科學家大半是所謂閑暇階級。其次則是敎育。敎育是把前人所積留的經驗由系統化了以後變爲單簡的訓條，用以傳之於後世，便使後世的人總可比前人聰明些便當些。因爲吃一次虧便學一種乖，所以由敎育的力量可以把人弄得更智睿些。關於理智我將另章討論，現在只是提到理性之抬頭以明對於前途所以有樂觀之故。在上文已說過，機器之發明與理性之抬頭二者均足以增進人生幸福。但須知二者仍只是一件事，因爲機器是靠着理智而發明的，所以我們不妨把兩項合併爲一，就是只留理性這一項卽夠了。可以說人類只要有理性便自會有其樂觀的前途。本章講進步而主旨卽在闡明人類的文明雖有第一期第二期之分，而幸而有「理性」這個一線之光，遂由黑暗中漸漸冲出；到了現在已有萌芽在第二期以外，幾乎要開始第三期了。第二期的生計威脅把第一期的宗敎與迷信性的文化遮撥了，冲破了。於是第二期乃開始。在第二期中幾乎完全是病社會與醜文明，乃幸而其中漸漸把理性擠出來，擠出來，逼出來。並且愈擠愈出，愈擠愈大，愈逼愈多，從一個狹小夾縫放出理性，却不料理性回頭來猶如探海燈一樣而仍照在這個夾縫的本身。理性的功用並不全在於能爲未來設想，要建設一個合理的社會與合理的人生，乃反而在於能對社會的病態與人性的缺點爲之戳穿，爲之揭破。這些花把戲，看來好像很美觀，却都被揭出其內中的黑幕。理性在這方面就等於所謂「懷疑的精神」(sceptic spirit)。這些容在另章中詳述之，今且不多說下去。總之，懷疑的智力就是所謂「解放」。解放並不是單指社會方面從束縛上放開而言，乃同時亦兼謂在思想方面從固定的軌道或固定的範圍上冲破。在這一點上我們却要感謝希臘時代的幾個大哲學家，他們的功績不在能創立一個學說而已，乃是在能立異。換言之，卽能在舊說以外建立一個正相反對的新說，同時使新舊兩說並立於大家之前。我在本章之首即陳列希臘文化之特色在有相反的對立學說或思想。須知有對立的思想即有對立的範疇，有對立的範疇即可使思想趨於多樣。我主張進步的根本動力就在於思想有多種多樣，同時並立。因為這些多樣的思想不能調和與不能統一，而又不能不設法調和之，統一之，於是在這個鼓盪中便有了進步。換言之，即進步就在矛盾的思想之又相反又調和中乃能出來。須知人類在知識方面根本有統一的趨向，由於這個一元化的天性，人們總想把多種思想化而為一，同時使文化而出於異種思想者亦改變為在同一系統下的。因為文化統一了，則於行為上便利，所以總是常有統一的傾向。以統一的傾向而活動於不同的思想基型之上，必致有調和又有衝突；有時調和後再衝突，或衝突後再調和，這就是所謂鼓盪。只在這個當中乃發生有進步。須知人類一造有文化，文化一有定形，即容易故步自封。因為人在一個固定的文化中生活，即一切依着習慣走，自然是順便，而不感麻煩。倘使換了一個在變動中的文化環境，便時時刻刻要注意，則生活即緊張起來了。人們為了怕緊張而求鬆適，乃總是把自己封在固定的一個圈套中，要突破這個圈套必須是這個圈套本身先有些破綻。換言之，即是本來不十分固定，倘若一種文化而本身十分圓滑，則必致很難被衝破。所以在人類的所有各種文化中，我們要感謝希臘人，就是他們居然能製造了一個本身有變動性的文化，換言之，他們所造出來的這種文化在其內部具有矛盾性或相反的思想範疇，因此乃使這個文化本身不致十分固定。社會學家研究「進步」的甚多，却少有人注意到這一點。關於文化的起源，自是以英國史學家登比（Toynbee）之「挑戰與反應說」（theory of challerge and response）為較中正。其說謂環境向人挑戰，人應之以解決其困難。不過環境有特殊與普通之分，除了特殊地勢以外，大概是普通的。故此說依然只是一個汎論，決不足以解答何以會有進步這個問題。至於文化流通說（theory of confusion），謂異種文化流入以後在本文化上起有變化。此說亦只見一面，固然文化交流可以促起變化，但變化却不一定就是進步。所以我在這些學說以外另提出一種新說，名曰思想基型之多樣說（variety of thinking patterns）。換言之，即一種文化使在其中的個人，每人的思想基型都富有彈性。其所以有彈性之故則由於不同的範疇甚多。統觀世界上所有的數十種文化，只有希臘文化能辦到這樣。今日西洋各國能有進步就在於曾經吸收了希臘文化。中國的吃虧亦就在雖則晉唐之際吸收了印度文化，然而却從沒有機會吸收希臘文化。世界上有許多事完全由於機會，這就是其一例了。

總而言之，第一期文明之弊在封閉，卽自己把自己蒙閉着了，不能突破而得進步。第二期文明之弊則在偏枯。只在病態中擠出一線曙光，就是爲了生存競爭不能不用腦力。腦力於其初發的時候只成爲狡黠，但狡黠却是智慧的前身。而機器之發明亦正因智慧發達而起。機器出來了，社會的力量更可厚積了，生活亦安定了，於是生存競爭不行於生活問題而行於貪得的組織上。在那裏更需要較多的智慧，所以資本制度是第二期文明中之最後的一段。在這一段上亦有其貢獻，卽功績。

詳言之，卽使社會裕餘更多，俾得有些人更有專心研究。並同時因爲需要腦力較多，學術隨跟着發達起來。在這樣的情形下，理性亦就漸漸抬頭了。所以理性之出現，第一是由打破第一期文明之封閉性，第二是由第二期文明之病態所擠逼而出。第二期文明本不與理性相干，無奈其前進却不得不把理性擠出來。理性之出，不是人從主觀方面的情願而自動爲之，乃是在客觀方面爲情勢所迫而不得不然。所以我們固然一方面咀咒這個病社會與醜文明，而在他方面，取中立的看法，却亦不能不說作社會進步主因的理性就是從這個偏枯的社會組織中脫穎而出的。換言之，卽沒有這樣的社會病態恐怕理性還不會被擠逼到非出現非發展不可的樣子呢！既然理性出來了，所以我說我對於社會與文化之前途不悲觀。這樣的情形在近來尤著，須知第二期文明到了晚近一二百年已稍稍自己變化了。這個一二百年直到今天爲止，我名爲第二期文明變到第三期文明之過渡期。須知進步的原因固不在最近始現。然而歐美文化上眞有進步的却只在近二三百年內。但卽在這個進步的文明中自身尚有許多的糾紛，足爲進步的阻力。所以近二三百年雖確有了進步，然仍不免有矛盾，故只可名爲過渡時期。我們今天還在這個過渡之中，此後尚有數十年或百年亦未可知。總之，第三期文明尚未正式開始則確敢斷言。德國繆萊亞(F. Muller-Lyer)著有社會發展史(The History of Social Development)，亦主張於高度（或後期）資本主義以後，轉向社會主義，有所謂黎明期(p. 331)。在（一）未開（二）野蠻（三）文明以後而爲第四。並謂此種黎明期內容如何，除婦女完全解放以外，因尙未實現，故不能知其詳。似與我所見有大體上相類似處。題我則以爲在這個過渡期中除關於婦女一項以外，尙另有一些端倪。蘇聯的辦法雖不足以完全代表我所說的第三期文明，然至少却總可得其象徵於幾分之幾。換言之，卽在方向上大體必是朝着同一的目標進行的。我們切不可把蘇聯初革命時的情形來作準。英人韋伯 (S. Webb) 著有 Soviet Communism 一書，原書有副題曰："A New Civilization?" 其後於一九三七年改版竟將問號删去，其言曰：

"What we have learnt of the developments during 1936-1937, has persuaded us to withdraw the interrogation mark." (p. 1214)

我們可以說自從這樣的新俄國出現於世界，人類確是開始走入於第三期文明的初步了。在這一次世界大戰尤可證明。俄國的歐洲國土已曾經大半爲德國佔據，但從未聞有任何漢奸政權與傀儡政府出現，這不僅是經濟的成功，乃是政治的成功，並且亦必是文化的成功。雖則如此，却尙不能卽說這就是第三期文明的正態。我們還得拭目以看其將來更有進一步的改善。但這不是本書所要說的了。讀者在此當可明白我的見解雖則亦把文明分爲三期，但却決不應用正反合之公式。詳言之，卽我不把第一期文明爲正，第二期文明爲反，今後的第三期爲合；同時我亦不以爲正之後必有反，反之後必有合。至於何以第二期會由第一期而出，我則答以生計逼迫。何以會由第二期又脫出第三期呢？我則答以由於所擠出的理性。總之，第一期是以死之威脅爲中心而結成的迷信文明，第二期是以生活威脅爲中心而幻出的競爭文明，第三期則必將是以理性爲中心的理想文明。其順序是出於客觀的自然演化，而不需有預定的旣定公式。故我此說可名爲科學的共同主義。馬克斯必須取正反合之演繹公式，則顯然是玄學的共同主義，共同主義四字卽 Communism 之譯語，而譯「共產」似乎太偏於經濟方面，而把文化，政治，以及其他皆不計及，恐怕有失原意罷。這卽 Scientific Communism 與 Metaphysical Communism 之分別是也。揣馬氏的用意，所以必要這樣的公式不外想藉此以保證將來。因爲正反之後必有合，故原始共產與近代資本之後，則社會革命必然到來。其目的只在堅人信心。我則以爲我們現在的社會旣把理性逼出來，這個理性就是我們的左券，不勞外求。理性在我們身上，把握卽在我們身上。又何必需要這個高懸在上的既定公式呢？老實說，這個公式的推動決沒有理性那樣力量大。我此說或可名爲「智力的史觀」(intellectualistic interpretation of history)。因爲智力之使用首先在製造機器，故又可名爲「技術的史觀」(technical interpretation of history)。但却決不是「唯心史觀」(idealistic interpretation of history)。就是因爲這樣的智力史觀是與唯物史觀不但不相反，且復相合。正因爲人類的智力是由其客觀的物質環境一步一步逼迫的發展出來的。關於理智，容後詳之。

第三章　人性與人格

本章主要在討論人格。人格是 personality 的譯語，僅靠這個譯名是不能知道其意義，因為中國確沒有這樣的一種概念。雖不是完全沒有一些相似或相通之點，但在其意義的全體上確無有相當者。中國所有的是「性格」，此在英文則為 character，一轉而為俗語的「脾氣」。此在英文又有一個字是 temperament。這些都與人格相關，後當討論及之。

因為我們要討論人格，所以必須討論及「人性」。人性之西文字是 human nature。在未闡明人之本性究竟是甚麼以前，我們還得說一說前章所論列的文化進展何以必須牽涉及人性問題。就是在這樣的討論中當然會牽涉到一個問題：試問上述這樣的病社會與醜文明究竟是人之本性呢，抑還是由於違拗本性而成的呢？倘出於本性，則中國式的性惡論便有了相當根據。倘使違反本性，則又何以會把本性弄得這樣歪屈呢？究竟本性的本來樣子又是甚麼呢？中國思想界自始即把這些問題看得很重。雖未從實驗方面去研究，然亦專心一志想求得一個解決。可以說中國思想在歷史上對於這一方面不能不算有些貢獻。江恆源的中國先哲人性論上說：

「性的問題在中國發生最早。」（一頁）

這話是很對的。所以本書在本章上討論人性與人格時所採取的態度是：（一）從思想史的立腳點述中國人對於人性問題之見解而與西方人不同的地方；（二）述西方人的人格觀念之由來；（三）述我個人對於人性上許多困難問題之嘗試的解答。雖是從這三方面來論述人性與人格，然而主要點仍在闡明中西文化之所以不同。並且從此有以證明要文明進步必須有精神自由，要精神自由必須有人格成立，三者是不可分的。所以本章仍兼取社會心理學與文化史的觀點，而不限於純粹哲學。

請先從中西思想之不同點來論之，中國沒有「人格」觀念，但卻有「人倫」觀念。人倫觀念與人格觀念只有一點相似，即人倫是講「社會關係」(social relation)的。所謂君臣父子兄弟夫婦朋友都是表示社會關係中的「他位」(status)。離了關係，則地位即不存在。而人格亦不僅是心理學上的觀念，乃同時是社會學上的觀念。可以說是一個「社會的觀念」(social concept)，只此一點比較上相類而已。

關於人格，若就觀念上嚴格來說，則不能不說是西方所獨有的。其故由於西方的人格觀念是以「自我」(self)爲其中心，而自我又以「覺着」(consciousness)爲中心，遂把人格的涵義弄得極複雜了。中國未嘗沒有「自我」(即「我」)這個觀念。例如孟子上有責斥楊朱的話，云「楊氏爲我，是無君也」。在此所謂我却不等於英文的 ego (或 self)，而乃等於英文的 individual。所以中國雖有自我觀念，却不將其重視，亦決不視其爲屬於善的方面，毋寧是置於排斥之列。所以中國的人倫觀念與西方的人格觀念大不相同。就是因爲中國的人倫觀念絕不以自我觀念爲其中心。這個緣故是由於中西哲學上的宇宙人生觀有根本上的不同。我在此要提醒今日學者們一件事：即在科學未發達以前西方人的思想亦和中國的情形是差不多的：即都是由哲學來決定之。因爲哲學是一切思想之總匯。哲學的態度能以決定「理智的文化」上的所有一切，科學即在其初期亦必是受這樣的哲學精神所支配。我們可以說在初期只有哲學左右科學，決無科學支配哲學的事。中西文化之不同決不僅在一方發明了科學，他方尚未有此，乃是由於在科學未出世以前雙方的哲學態度即有不同。

在未詳述中西哲學思想不同以前，先要聲明一點，就是西方的人格觀念並不是很早就有的。我在前章上說明文明進步的動力在思想方面必須感謝希臘人，因爲只有希臘人能把不同的思想使其對立在那裏，而不強辯統一；同時因有異說，遂得在思想基型上立有多種不同的範疇。我在本章當然要跟着討論「人格」這個範疇。不過人格這個概念若照字面來說，在希臘時代却尚未具有。因爲希臘文並沒有這個字，只是拉丁文方有，即 persona 是也。羅馬人有 Persona est natural rationabilis individua substantia 之說(Boerhius)。這可說是由於基督教的思想所推演而致的。雖然如此，但新約聖經上亦尋不着這個字。不過若說某些書上沒有某字即斷定其時尚沒有某種思想，這是一件很笨而且危險的事。希臘的「辯士」派(sophists)從不提出「自我」這個名詞。但他們的思想却無往而不是表明自我之重要。所以拿字的有無來斷定思想的發生與否在思想史的研究上是一個要不得的方法。卽此一端已足證中國時流的考據法已漸入歧途，外國學者就不如此。新約上雖無「人格」這個字，但外國學者却決不說這個思想在那時尙無法尋到其根基。所以我們可不因名詞而對於思想發生問題。不過關於人格這個觀念，我們却可說這亦決不是純粹屬於基督教，換言之，卽不純是希伯來文化的產品。須知人格觀念乃是基督教教義經過吸收希臘思想後融化了而始發生的。換言之，卽是希伯來文化與希臘文化的混血兒。在此我要插一段關於文化交流的問題之討論，但細說仍須留在第七章。我們用人格觀念所代表的思想卽足證明希伯來文化與希臘文化交流是相長而不是相消。這個消長的緣故是深堪玩味的。在中國隋唐時代印度文化入來，亦是相長，所以後來乃有宋明理學。但須知在隋唐以前却經過一個魏晉的談玄時代，談玄時代所談的雖是老莊，然而却與佛理頗有接近。於是我們便得了一個定理：就是兩個文化交流時，必於其相類似處方能融會，必須有融會方能產生新文明。關於人格正是基督教與希臘哲學的相類似點或稱相接近點。在這個接近點上乃相會合以融化爲一。中國之能吸收印度文化亦正由先有老莊爲之導線。因此我將在後章上主張儒家思想與西洋的民主精神有相似點，就可由此一點的接近而把民主主義迎接進來。這是後話，現且不提。總之，人格觀念是在兩方文化上一個重要的概念至少可以代表西方文明若干特徵。我今天要講西方文化上的人格觀念還不僅是想拿中國來作比較以明其相異而已，並且亦想從其異中求同，俾得發現中西文化可以有接軌之點。至於討論到人性乃是由於人格而牽涉到的。

西方人的人格觀念至爲複雜。有自心理學來研究的，有自精神病學來研究的，有自神經學與生理學來研究的；有自社會學來研究的，有自哲學來研究的。此外在歷史上亦有關於人格的研究；甚至於用精神病學來研究歷史上的政治人物。因此之故，關於此字之定義遂極不一致。本書不欲把這些意義有出入的定義一一列舉出來，因爲我只志在求有以說明人格觀念爲西方文化的中心；同時西方的民主主義是建立於人格觀念上的；並且在中國惟有儒家思想在其與西方文化極不同之中居然亦有一點相近而已。

先從心理學上講，須知普通心理學根本上即不討論人格。因為普通心理學完全注重分析，正好像解剖學一樣，決不講究人身全體，而只研究眼耳手足肺腎等各部分。心理學之所以如此乃是由於採取自然科學的方法。（註一）

這樣的自然科學方法與態度用於研究人格是不合適的，因為人格總是一個「複合體」(complex)。其中至少有一個核心是特別的。縱使把核心亦抽象起來，然而此核心與其周圍各成分的結合亦必是獨特的，所以獨特性 (uniqueness) 一詞是表現人格所不可少的。不過我們雖知道每一個人格有其獨特性，然却並不因此遂謂人格是不可分析的。須知凡綜合都是可以分析的。分析與分散是兩件事。分散了無以見其全，這自是一個弊病。但因為要保存其全體，遂不加分析，這亦必無法進行研究。所以我們於一方面承認人格是一個全體，是一個整個兒的東西，然於他方面却又承認這個整個兒的東西可以加以分析。於是我們的研究態度便可有三種。第一種是純粹用分析，想發見若干「普遍道理」(generalities)，用幾個概括名詞來表現出來，而決無餘留不盡之處。這個方法是心理學家所用的，因為心理學家照他的歷史來訓練亦只能使用此種方法。第二種是以特別的人與特別的環境為對象，不純用分析而多用觀察。這即是所謂「個件研究」(case study)，就是因為其中很難尋出普遍之點，不得已方想這樣的方法。不過這樣個件却可作為某種情形的代表。所以社會學家因不能用實驗遂即以個件當作實驗。第三種是與第二種差不多，但却注重於發見「類型」(type)，可名之曰類型的研究，其用於人格即為「人格類型」(personality-types) 之研究。例如德國的須濮朗格 (Spranger) 分人格的類型為六種，在這三種態度，自是以個件研究比較上最注重於殊特，至於類型則介乎特殊與普遍之間了。本書既不專研究人格，當然亦不採取任何態度。換言之，即不於三者之中任擇其一，而乃只取一個態度，曰思想史的敍述態

（註一）" Experimental procedure in the physical science depends upon isolating a small number of varieties, keeping everything else constant and studying how changes in one facter after other factors " (A.D. Ritchie, the natural History of Mind, p. 102)

度，亦即只從人格觀念之發展過程上作一個比較的敘述而已。

人格觀念之發展乃形成為所謂「個人主義」(individualism)。通常以為個人主義在歐洲是十八世紀的產物，這乃是錯誤的。須知個人主義之萌芽乃遠在希臘文化中已早有了根基。因為個人主義是以「個體」為最後的實在東西。不把個體所集合而成的總體認為能離個體而存在，能一反個體的性質而獨有其價值與意義。換言之，卽這樣注重總體的思想在希臘卻始終沒有成立。所以我敢說個人主義之注重人格實由希臘而開始。後來西洋文明走上個人主義的路乃是由於吸取希臘文化，又更加以改變而發揮之。須知個人主義完全是一種哲學，我們非在哲學上求其根底，決不能在文化全部上明白其意義與功用。不過西文的 individualism 譯為個人主義，在此處完全是襲用一班流行的譯語，並不包含說這樣的翻譯很適當。我亦明知道這個譯名不甚妥當，只是苦於無法改變而已。現在且不討論譯名，容卽說一說希臘思想上側重「個人價值」(personal value) 之點，同時取中國思想上的抹煞個人之處用為比較。

希臘文化上個人地位之重要是由於其「城市卽國家」之性質使然。因此其「市民」(citizen) 的資格卽不曾表現人格的完全。其市民與國家之關係亦是從人格的圓滿而出發。有一個學者述此義很透闢，其言如下：

「在他們的(希臘人)眼中，最好的個人卽是最好的市民，這兩個觀念非但不衝突，而且幾乎不易分別。當亞里斯多德將國家界說為相似之人為達到最圓滿之生活而組成之集團時，彼不但以為社會乃一個人達到此種理想之工具，且以為此種理想卽包含羣衆生活之功能在內。」(狄更斯希臘人的人生觀)(註一)

在希臘思想上，個人為國家而犧牲是無人提倡的，因為他們根本不了解在個人以外尚有總體。總體決不離

(註一)其原文如下："The best individnal, in their (Greek) View, was also the best citizen;the two ideal not only was not incompatible, they were almost indistinguishable. When Aristotle defines a state as an association of similar persons for the attainment of the best life possible, he implies not only that society is the means whereby the individual attain his ideal, but also that that ideal includes the functions of public life"

個人，個人之人格圓滿只在於其必須參列於總體內，所以總體的本質根本是道德的。這種思想當然與後來十八世紀的自由思想不同。但若有人以爲可以作爲德義式的全體主義(totalitarianism)之根據，則是大錯特錯。總之，希臘思想可以發展爲後來的民主思想，而決不能演變出全體主義來。

反之，中國思想却雖有全體主義之姿勢。中國思想始終不離乎「天」這個觀念。天是指全宇宙或自然界全體，而人却包括在內。同時天又兼含「本體」之意。因此「天」「人」兩概念不是對立的，這句話並不是說天人之間無問題。須知天人問題乃只是等於西方哲學上的個體對於全體之關係之問題。西方思想上關於部分對全體之關係有種種說法。可見西方思想上有此問題。中國關於天人之間的問題亦有種種不同的解答，然而無論如何，全體總是包括部分，所以天總是在人之上的。這便和西方思想上自然與人之對立頗有不同。西方人對於自然與人之關係有主張人只是自然的一部分，必須順從自然法則，亦有主張人能克服自然，把自然界認爲可利用者，而不是宰制人類者。前者是所謂自然主義，後者則爲人本主義(naturalism and humanism)。可見西方人把人與自然之關係並不納入全體與部分之關係之範疇內以限制之而求其解決。中國不然，乃是把天與人之關係只限在全體與部分之關係之範疇中而解決之。關於這一點，張季同似亦有所見到，他說：

「關於人與自然之關係，中國哲學中有兩個特異的學說，即天人相通論與天人相類論。」

「中國哲學講天人相通或相類實爲與西洋哲學不同之點。西洋哲學講天人對立，於是注重克服自然；中國哲學講天人相通或相類，於是注重天人調協。實際上天人本爲一體。雖本爲一體，而其間却有對待。雖有對待，又不失爲一體，天與人乃對待而合一。」(張岱年著中國哲學概論稿本第二編第二章)

這一段話是很對的。不過我以爲天人相通論與天人相類論並不是並列的兩說，乃是一說之補充或變化而已。換言之，即天人相類論只是天人相通論之補充說明或追加理由。查天人相通論似以孟子爲開始，而實則在孔子已早含其萌芽。如論語上有：

「天生德於予，桓魋其如予何！」

「五十而知天命。」

這些都證明孔子亦是主張天與人可以打通的。所以到了孟子便有盡心卽知性，知性則知天之主張。天人相類論似自董仲舒而開始，實則不外乎他想對於孟子的天人相通說給予以所以然的說明。換言之，卽以為天人所以能打通，正由於人之生下來，其形其性都與天相彷彿，卽與天相副。此種思想在西方却不是絕無的，尤其是中世紀的神學思想上確有些人主張人是一個小宇宙，而宇宙是一個大的人。總之，這是把宇宙（卽天）當作一個「有機體」(organic whole)，這個有機體是由多層的小有機體組織而成。但是這樣的有機體中却是部分的性質由全體而決定。換言之，卽部分無自性，而以全體所賦予的職司為其性質。在這一點上部分與全體根本卽相通。所以天人相類論只是天人相通論之更增加的一種理由而已。而天人相通論總是以天以主，卽把天當作本體。這種思想顯然與西方的個人主義大不相同。

我嘗在政治方面追求哲學思想的原因，曾主張一切哲學大部分只是政治思想之變相。根據此理，我們亦可推求中國思想何以只會有天人相通論之故。大凡一民族由土地的擴大而致散漫時候，在政治上是需要團結與統一。在文化與政治上需要統一時候，在思想上自然主張總體為重之學說會佔勢力。同時主張尊重個人之思想便無機會得以產生。中國在歷史上雖曾經統一過，但却從未因為統一已成鞏固乃致統一的需要變為低減。因此之故，統一的需要一天不低減，思想遂永遠偏於主張加強向心力一方面。自晉以後，外患時起，尤為加重這種思想之外境的原因。

在中國，其情形是如此，我們且看西方如何。須知與理智相伴的文化總是抵不住那個與蠻力相伴的文化。所以希臘文化到了中世紀就沈沒下去了。中世紀的思想又何嘗不有些很與中國相似的地方呢？大概中世紀思想是注重於神之天國，至於人世只不過其副本而已。因為上帝高臨於上，人們須皈依於神，所以是神為主，而人為從。在這一點上，便形成近乎全體主義的思想，同時亦是有類於有機體的主張。德國的蓋爾開述此最為切

當。（註一）

這種思想是以宇宙爲一個大的人格，而以人爲一個小的宇宙。二者雖相副，却不僅是有大小之分，尙有完全圓滿之程度上差別。宇宙是一個大的人格，即是神，其人格是最圓滿完成的，即所謂全智全能是也。至於人，則縱使各個人之間其人格的圓滿完全有不同，然而無論如何總不能達到圓滿完全，以與神相等。但人却必須努力以實現其人格之圓滿完全，以神爲目標，求有以接近之。所以這種人格思想無寧謂爲「神格」。蓋以神爲最圓滿完全的人格，而爲一切自然人之榜樣與目標。這便是以神之人格置於人之人格前面，而將人之人格隸屬於神之人格下以吸收之。換言之，即側重點反在於神，並不在人，人之重要性便居於次要地位了。這種思想在中國亦何嘗沒有呢！中國有所謂「聰明正直之謂神」等句，本有把神當作人格之最圓滿者之意。至於天，亦是有知而能察，有意而能令，有怒而能降罪，顯然是與人格相彷彿。詩經尙書上此類證據甚多，玆不具引。可見中國古代思想亦是屬於這樣一類的。

所以我在上文說西方人的人格觀念不僅是從基督教而出。如果把這句話再伸展一下，即可說西方的人格思想在表面上是由基督教的精神以演出，而在實際的內容上却是由希臘哲學的精神而形成。換言之，即是希臘精神之假扮的出現。我在上文說人格觀念是希臘文化與希伯來文化的混合物就是指此。亦就是說，在表面上充分表現希伯來文化的精神，而在內容上却依然以希臘精神爲骨幹。根據此義，我們就可得一個暫時的結論：西方文化中所以注重人格，乃是由於希臘精神在暗中復活起來。關於這一點，蓋爾開亦說：

（註一）"Political thought when it is genuinely medieval starts from the whole, but ascribes an intrinsic value to every partial whole down to and including the individual ...... its peculiar characteristic is that it sees the universe as one articulated whole and every being whether a joint-being (community) or a single-being as both a part and a whole = a part determined by the final cause of the universe and a whole with a final cause of its own" (O. Gierke, Political Theories of the Middle age, p. 7)

「在純中世紀式之思想以外，吾人隨處均可發見古代及近代觀念之根源，此等成分之滋長遂促成中世紀社會體系之解體，及國家之自然權利說之形成。」（同書八十七頁）（註一）

他把古代近世列爲一組，以與中世紀對立，這乃是最有道理的。同時他以爲中世紀思想本身包含有古代文化思想的要素在內。這個古代文化的要素却在中世紀文化中作起怪來，於是演成自身的蛻變。由此則古代思想這一部分便脫穎而出，乃造成近世文化，這都是不刊之論，無待重述。我要說明的却只是人格觀念與自我觀念相結合之一點，在這一點上即足證是西方宗教的神學思想與希臘哲學的精神相會合了。何以言之？須知自我觀念確是起於希臘文化上。換言之，即人格觀念而以自我觀念爲中心的，又這樣的自我觀念是以自覺爲基礎的，必是由於希臘哲學上懷疑的精神所啓示。所謂「自覺」(self-consciousness) 即是自己覺得自己的存在。自己的存在必須自覺得方爲眞有。所以自己的存在和自己覺得自己是一件事，因爲自己若不覺得自己即等於自己不存在。換言之，即有我就是我自己覺着，倘若我自己不覺着即等於沒有我。於是我便以覺着爲中心。不過還有隨着我而爲我所覺者。換言之，即於能覺的我以外倘有被覺的我，這個被覺的我就是我的身體。或可說一個是「心我」，一個是「身我」。這樣一分乃與舊來的靈魂觀念便合流了。所以人格觀念雖決不是直接發生於靈魂觀念，但却不能不受靈魂觀念的間接影響。因爲靈魂觀念發生最早，幾於原始人種無一種人無之。靈魂觀念有一個特點，即靈魂能出入於軀體而不死滅。不過最初的靈魂觀念亦不限於此。我們姑以此義爲正訓來說明靈魂觀念之性質及其影響。須知據我推想，靈魂不死之思想其來源有二：一即是由於怕死的心理，不過這個心理是不自覺的，並且是集合性的不自覺（即由於一羣人之不自覺的心理使然）；另一是由於想保留個人的價值於永久。後一點比較重要，因爲人生若沒有繼續的存在，則勢必歸於斷滅，斷滅即是將價值打斷。價值中斷即等於

（註一）其原文如下：“Everywhere beside the formulation of thoughts that were properly medieval we have detected the genesis of antique-modern ideas, the growth of which coincides with the destruction of the social system of the middle age and with the construction of nature-right theories of the state.” (ibid, p. 87)

無價値。所以人生的意味在於其價値能垂永久。於是這三個概念（卽人生，價値，永久）必須連綴在一起，而不可分開與缺少。倘人生而無價値，卽不會失其爲人生；倘價値而不爲永久則便等於價値不成立。因此之故，雖明明是人身總會死滅，而在思想上却必須主張有靈魂可以不滅以爲其補償。這完全是一種心理上的補償作用。倘沒有這樣的補償，則人們活着便覺無味而感厭怨。這是講靈魂不滅。須知靈魂若在身軀以外，而出入其間，則靈魂觀念對於人格沒有甚麼太大的關係。其關係的所在只在於靈魂附着於身體中，卽所謂「在身體中的靈魂」(the embodied soul)。因爲靈魂在特殊身體中，所以靈魂有特殊性；又因爲身體含有特殊靈魂，所以身體有特殊性。故特殊性只起於靈魂與身體相結合一點。因爲有特殊性，所以遂有「個性」(individuality)。須知個性觀念是人格觀念之根本。個性不發生則人格觀念卽無由以出。只有個性觀念演出以後，方會把人格觀念造成。法國社會學家涂爾漢關於人格觀念與靈魂觀念之關係已早有見到，所言與我相合。（註一）

照他這樣說，乃是又把「自主的意志」(autonomous will) 加進去了。但須知他並不反對以個體（或個體化）爲人格之基本，乃只是以爲僅有個體（或個性）之觀念尚不夠而已。必須在個體觀念以上再加進其他的要素。這是社會學者注重集合性的一貫作風。我則以爲從人類思想發展的順序來說，個人注重反而在後。所以觀念而具集合性的是在先，個性化却是後起的。人格觀念必是經過個性觀念出來以後才會起來的。靈魂觀念有助於人格觀念之造成，照涂氏所講，似已無問題。我則僅從其個性化之一點上對於其基礎加以補充而已。社會學家

（註一）"The idea of the soul was for a long time, and still is in part, the popular form of the idea of personality So the genesis of the former of these ideas should aid us in understanding how the second one was formed" (E. Durkheim The Elementary Forms of the Religious Life, p. 265).

不過涂氏不完全從個性方面來說，他以爲

"......Individuation is not the essential characteristic of the personality. A person is not merely a single subject distinguished from all the others. It is especially a being to which is attributed a relative autonomy in relation to the environment with which it is most immediately in contact."

說：

「在物理界中有機原則之作用與在社會中者有顯著之不同，蓋在物理的有機體中係全體決定部分，而在社會中則部分係基本的，集合以成全體。」（霍布浩斯社會之發展）（註一）

須知這樣以部分為根本而集成總體之思想依然是後起的，並且是由於有人格觀念而始出來的。我們於一方面可以承認社會學家此說是真理，而他方面則必須發見此種說法依然是西方的傳統思想。換言之，即是西方文化的產物，富有西方人對於社會的態度。因為西方人在數百年來造成了人格觀念，在這種思想的空氣中以研究社會則當然會把部分看得比總體為根本些。所以我們要了解西方文化當從其概念發展的史迹上着眼，不可只看目前的這個思想狀態。我們若從其反面來看，即可以中國人的思想作一個對照。中國沒有「社會」這個觀念，卻有「人羣」有「國家」這兩個名詞。這兩個名詞與「社會」一詞都有大同小異，姑不具論。現在主要的是說個人的重要性。在中國思想上，所有傳統的態度總是不承認個體的獨立性。如問個人存在的由來，必追溯到其父母。儒家在這一點不但不反對，並且還想作改正後的維持。照這種思想來說，總是把個人認作「依存者」(dependent being)。不是指其生存必須倚靠於他人而言，乃是說其生活在世必須盡一種責任，即無異為了這個責任而生。質言之，即人無不是由父母而生，則人對於父母不僅是報德而已，並且就等於父母本身之延長。所以必須繼其業。於是一轉即不啻為了父母而始有我。因我之生出是由於父母，故我必為了父母而始存在。在這種思想的社會中，祖先崇拜是最顯著的風俗。中國人幾乎家家都有「家譜」，亦正由於祖先崇拜的習尚特別厲害。這種思想是反映這樣的社會組織。我嘗說中國的社會組織是一個大家庭而套着多層的無數小家庭。可以說

（註一）原文如下："There are great and permanent differences between the operation of the organic principle in physical world and in society which may be expressed broadly in the formula that in physical organism the whole is primary and in the main determines the parts, while in social relationships the parts are primary and combines to constitute the whole." (T. Hobhouse, Social Development, p. 67)

是一個家庭的層系 (a hierarchical system of families)。所謂君就是一國之父，臣就是國君之子。在這樣的層系組織的社會中，沒有「個人」觀念。所有的人不是父，即是子。不是君，就是臣。不是夫，就是妻。不是兄，就是弟。中國的五倫就是中國社會組織，離了五倫別無社會。把個人編入於這樣的層系組織中，便其居於一定的地位，然後課以那個地位所應盡的責任。如為父則有父職，為子則有子職，為臣則應盡臣職，為君亦然。孔子說，君不君，臣不臣，父不父，子不子，雖有粟，吾得而食諸。就是說，君臣父子夫婦等若各不合於其地位，則即為無秩序，無組織了。須知社會的存在即等於其組織，無組織就沒有社會了。而組織又就是把個人加以編制，使各居不同的地位。不同的地位由自然而成的則便是家庭。在一個家庭中不僅男女有別是出於生理，即長幼之分亦是成於天然。用這種天然的區別來反映在社會的組織上，則社會便變為由各種不同的人們配合而成的了。我們可名此種社會組織為「層系的社會」，以層系組織為其特色。但須知「層系」(hierarchial system)只是組織之一種，却不限於所有組織必須採取此種形式。中國人對於這一點是不了解的，以為社會組織只有這樣一個方式。換言之，即沒有五倫即不復成為人羣。其實不然。例如現代的公司，以及軍隊的編制，都可以說是不採取層系式的。近來看見一本書是 Emotion as the Basis of Civilization, by J. H. Denison 1928。此書所論與我頗有相暗合處。書中論民族所以結合之道，著者以為民族統一之方式有二：一曰父子式 (patriarchal system)，二曰兄弟式(fratriarchal system)。所謂父子式即是上下式，而兄弟式即是平等式。(但在中國，兄弟却不取平等的意思，乃是兄長弟幼，依然是層系式的，故此處所謂兄弟，直等於朋友或同胞，不襲取中國傳統的意義。)他又名前者為由於「父子觀念」(father-idea)而成，後者則由於兄弟觀念(brother-idea)而成。(註一)

他關於父子式的民族結合，則舉中國為許多例中之一例。

(註一) "These two types differ not only in form but in essence. In one (patriarchal), individuals are bound together by their relation to the father. Even if they have no sense of unity with each other they remain together because each feels his unity with a common ancestor ..... In the fratriarchal type, the authority of the father is disregarded and the members hang together because of a sense of union with one another." (Emotion as the Basis of Civilization, p. 9)

道是說父子感情之緊結是出於天然而不自覺。惟中國不然，乃由於有人在理論上作此提倡。於是中國的父子式不純是感情的，乃變為思想上的了。我在知識與文化書中亦曾討論到這樣的社會組織，其反映在思想格局上是如何的。不僅這樣的層系式社會組織有影響及於人們的思想格式，並且有影響及於道德觀念及宇宙觀的哲學。中國的道德論注重「動機」而不講結果，就是由於這樣觀念最適宜於家庭。所謂父子之間不責善是也。詳論非此所許，今且只述思想格局上的關係而已。我以為拿「空間」與「時間」二概念為例，便可顯見有些相關聯的地方。先言空間，中國思想上始終沒有「勻同普遍的空間」(homogeneous space)，而只有方向不同的處所，如東西南北中央等。我們遂可說中國人不注重空間之有數量性 (quantitative character of space)，而只注重空間有「性質」(qualitative nature)。於時間亦然，只承認有春秋冬夏等季節，而未發見有永流無間的時間。可以說中國人只見到「期間」(periodicity)，而不見到「時流」。這亦是只承認時間之有性質上不同，而不注重於時間之有數量上差別。凡此諸點，法國葛蘭乃 (Granet) 已詳言之，故不再述。這兩個例顯然證明是這樣的父子式社會組織將其層系的方式映在人們的思想格局上了。換言之，即思想格局是受了社會組織的影響，其特點居然都表現出來了。此外我在知識與文化上又提到中國思想的範疇是以「本」「末」兩範疇為最重要，最顯明。亦就是反映這樣的層系式社會組織。以上是討論中國社會組織的特點，用以表明其與人格觀念之關係。話似乎說得太遠了，現在須再回到本題。

關於兄弟式的民族結合，該書著者是以希臘為其一例，他說：「雖然大多數原始民族均係父子式的社會，但有一些部落在很早即採用兄弟式。」（第一九三頁）

「由希臘人所種植之兄弟式之種子似乎在不同之枝幹開不同之花。」（第二〇一頁）（註一）

（註一）其原文如下：" Although most primitive groups were organized on the patriarch plan, there were certain tribes that at a very early date adopted the fratriarchal system. " (p. 193)

" The seed of fratriarchy planted by the Greeks seemed to bear a different flower on every branch. " (p. 201)

該書著者所言在大體上固與我相同，不過我的立論還有些不同。我在上章把文化分爲幾個時期：在第一期中我主張是沒有民治與專制之分別的。社會學家與人類學家主張原始人沒有專制與暴政，這是可信的。所以若說原始社會都是採取父子式的結合，這是不合於事實的。須知這樣的結合依然是起於第二期，詳言之，即由於後來有了大社會之組成之需要；而由這個需要以逼迫出來。且我與該書著者有很大的不同處，即我並不承認社會組織本身上眞有父子式與兄弟式之很大的不同。換言之，即我雖亦主張有父子式與兄弟式之分別，然却以爲這樣分別並不完全在於社會組織本身上，毋寧說是在於對於社會組織之「說」上。再換言之，即是在「傳說」(tradition) 上的，而不完全是屬於社會結構本身 (social structure itself) 上的。又可說屬於心理上概念上爲多，而屬於實際的情形與制度反而較少。我相信社會組織旣根據於人性，則在大體上必是差不多的。只有不同的說法可以把大致相同的社會變爲有顯著的不同。所以著者以爲中國哲學鼓吹父子式的團結，這是對的，不過中國實際社會却不見得就是純粹的父子式組織，西方亦然。希臘的傳說注重個人，亦不能說希臘社會完全是一個「個人自由集團」。我們明白了思想與實際情形之距離，然後方可以談文化。須知人類在其有走入了大社會的需要的時候，自須設法更加團結，以求統一，這是一件事；而其所設的法却可有多種，這又是一件事。二者不可併爲一談。因此思想與實際情形便有了距離，雖有距離却仍不失爲有如影隨形之關係。關於父子式與兄弟式，倘把思想與實際情形之關係亦加進來，則可說父子式的思想把社會組織引向這樣的方式去，兄弟式的主張把實際社會使其趨於平等化。所以父子式是一種「說」，却可由此說而使社會變爲層系式。兄弟式亦然，乃是一種思想，要想使社會結合建立於同等地位之個人（即同胞）之上。這些都是所以使社會結合之道，倘不完全就是社會結合的現實狀態其本身。我在上文說父子式社會組織反映在思想範疇上之樣式，並不是說這樣的社會產生了這樣的思想型態，乃只是說二者同表現一個事實。並且在這個事實上還得分兩方面來看。即一方面與其說是「理想的模型」(ideal pattern)，毋寧說是極端的情形 (the extreme case)；他方面與其說是「現實」(actualities)，毋寧說是未完全的（或讓步的）情形 (moderate case)。換言之，即實際情形總是對於其所懸的概念要有些折扣。實際的父子層系的社會對於理論上父子層系的主張總有些不足或折扣。我們明白了這個道理，便知該書著者把這樣的結合方式歸之於「情感」（emotion）顯然是有些錯誤。這樣的結合當然有情感以伴隨之，但決不僅是感情上的事，乃是關乎所謂「文化基型」（cultural pattern）。在其中，誠然有情感爲之作用，却亦確有概念爲之模楷。此外更有習慣以演成定形。因此若注重於情感一點上，顯然是太偏了。總之，中國與西方的不同却確有文化基型上的原因。

從反面來看西方文化，則關於人格又顯然是在希臘思想上已成熟了。（註一）

希臘的這樣精神不僅在當時是表現於其社會上，並且到後來竟傳到羅馬，而完全在羅馬法上表現出來。羅馬法上所謂「人」即是希臘的「市民」。雖則只有市民具有「人格」（羅馬字爲 Caput），然而法律之主體却在於此。許濤葛拉說：

「在古典世界中，法律乃市民爲本身而創造者……此種羣衆生活之基本形式遂使人之概念與組成國家之分子相等。」（西方之沒落第二卷第六十頁）（註二）

他不但明白這個觀念在西方古代文化上有特殊地位，並且知道「物」之觀念是由此對照而出，他說：

「人格……乃一特別重要之古典概念，僅在古典文化中始具有意義……且「物」一概念亦僅在與人格一

（註一）" A sense of the value of the individual was…… the primary condition of the development of political thought in Greece. That sense had its manifestation as much in practice as in theory; and it issued into action in the shape of a practical conception of free citizenship of self-governing community " (E. Barker, Greek Pohlitical Theory, p. 2)

" …… The Greek citizen thoroughly as he was identified with his city, was yet sufficiently independent, and so far a separate moment in the action of the community, that he could think himself over against it, and so come by a philosophy of its value " (p. 3)

（註二）其原文如下：" Law, in the classical world, is law made by citizens for citizens …… It was this basis form of public life that had the notion of the person as identical with the man who, added to others like him, made up the body of the state " (The Decline of the West, vol II, p. 60)

概念對比及爲其所有物時始有意義。」（註一）

這就是因爲並不是把所有人都認爲有人格，得爲法律之主體，享受自由權。在這些市民以外尙有多數人是在法律上不承認有人格的。這些就是奴隸。最初完全等於物，而不是人。雖則後來亦承認是人之一種，但並無人權。我們從今天的觀點以爲對於所有自然人分爲幾類，只承認其中一種有人權，這實在太不公平了。若以爲人權不普遍，則便謂於人權有虧，這顯然是從後來的觀點而說的。其實應該換一個觀點而講，卽只注重在那些有人權的一類人或一部分人。這一部人在希臘爲市民；在羅馬亦然，或稱之爲「自由人」。西方之有人格觀念與自由觀念都是出現於這一部分人上。所以我們只能說西方的人格思想與自由制度是先由一部分人在其身上實現出來，然後逐漸擴充而及於大多數人。却決不能說，人格與自由是少數人所造，專爲了這少數人自己所享有的。因此我們今天反而感激這些少數人，就是因爲他們能在人類文化上發明人格與自由這兩個觀念。換言之，卽人格與自由在其初出世時只是在人類的一個小區域或小範圍中成立起來。在其初雖範圍很小，然而却並不由於任何心理上動機的逼迫，乃是出於理性。所以討論人格必須牽涉及理性。不過在本書上則不能不把理性的討論歸入下章。這完全是爲了著書的體裁所使然，甚願讀者務必合併觀之，庶得其意旨之完全。

說到此，請再一返觀中國的情形，試取中國的法律以與羅馬法作一個比較。中國最古的法律書是李悝法經，其中分六，卽一盜法，二賊法，三囚法，四捕法，五雜法，六具法，乃完全是刑法。可見中國所謂法只是限於與刑罰有關者。後來到了唐律，其分類完全依於隋律（開皇律）。據唐律疏議觀之，其十二類中幾無一不是與處刑相聯的。其中只有「立嫡違法」一項是有類乎現在的繼承法。又「買奴婢牛馬立劵」一項頗類似現在的所謂契約法。但亦無一不定有刑罰。至於前淸時代所制定的大淸律例（大淸律例統纂集成是光緖二十五年增修的），其分類亦與唐律相彷彿，通計四百三十六條反較唐律五百條爲少。可見中國的法律在淸末民初輸入新

（註一）其原文如下：“Persona ...... is a specifically classical notion, possessing meaning and valency only in the classical culture ...... And the specifically classical idea of the thing, res, is only intelligible in contrast to and as the object of persona.”

式六法以前，亦是由禁令與判例彙集而成的。所謂法經與各朝的律書乃只是把那些禁令與判例彙集在一起加以編纂而已，原來本無系統。這和所謂「事件法」（case law）在性質上相離並不太遠。我們在這樣的法律情形上便有兩點是顯然可見的。第一點是中國的法律並不完全代表中國的社會組織。這却和外國的情形有些不同。因爲外國的法律不限於必與刑罰有直接的關係者方爲之規定，中國法律則凡規定都必與刑罰有關。故凡不與刑罰有關者都不見於法律。而社會與人生不見得在在都犯刑罰。所以中國法律上所表現的中國社會是一個極不完全的樣子。雖則外國社會亦不完全映在外國法律上。然而無論如何在程度上總較中國爲多。因爲外國有所謂「非訟事件的法律事務」。這個區別乃因中國的法律是後出的，其前身乃是所謂「禮」。禮即不啻是不成文的習慣規則。中國人的生活規則與社會秩序大部分仍在於「禮」中，而不在「法」上表現出來。故中國的「禮」字在某方面正與英文的 law 相同。所以僅觀察法律一方面，決不能窺得中國社會的全貌。第二點是中國法律的性質只是在於維持秩序，而却與制度秩序無關。這一點與上一點是相聯的。就是因爲中國的法律在實際上只是刑法，則只有於犯法時適用之，且亦專爲有人來犯而才設立的。在實質上決沒有規定社會組織之功用，而只有防止破壞已成的秩序之功用。所以一切法律只是所謂禁令而已。禁令的發出只由於皇帝。故中國不能另有立法機關在君主以外。根據這兩點則可說中國思想上有無人格觀念決不能在法律上求有表現以爲證明。

或者有人反駁我，以爲法家所主張的「法」是較刑爲廣。我以爲法家的思想是應乎大社會的需要，專爲帝王統治之便利而立說的。但實際上中國歷朝帝王亦未嘗完全採取其說，依然是儒家的思想在士階級中流行着，往往間接致其影響於君主。所以所留下來的法典只是一個刑律而已。本來，中國最古作刑乃是爲了對待異族。所謂「德以柔中國，刑以威四夷」與「禮不下庶人，刑不上大夫」都足證在最初的部落，互相有情誼相通，原無需以嚴刑厲罰處分之。換言之，即在本羣之中人人以禮相待，以德相召，即足夠了。至於刑罰，則只用以對付本羣以外的人們。這與西方人類學家研究原始社會，發見其中並不有專制制度，完全相合。西方社會學家如庚波維企與拉稱赫凡（Ratzenhofer）都主張法律之起源是由征服關係中勝者宣布以對付敗者的，此說與中國情形可謂暗合。在本羣中只須有習慣的秩序卽夠了；在吸收外羣以入本羣時則必須有強制性的秩序。至於法家的主張則是意在切合當時的情勢。所以說「萬世不同教，何古之法？帝王不相襲，何禮之循？」（商君書）。在這一點上可說與儒家相反。儒家在這方面顯然是主張復古。卽主張禮治，而不恃法。因爲最初的社會以禮爲秩序，其融融洽洽的情形確較法治的嚴苛狀態爲可愛。不過社會後來擴大了，形成所謂大社會，則這樣的禮治便無法維持下去了。以致儒家只有追想唐虞三代之盛，而無由於其後世一遇之，亦徒然興嘆而已。在這一點上，法家雖冷苛，却切於當時的現實狀況。所以儒法兩家的禮治與法治之爭足反映中國社會在當時的那個大蛻變是怎樣的。這些話本不在本書討論範圍之內。其所以要涉及的緣故就是因爲照法家來說，人格不啻在人與人之間於良心上講人格，而於社會秩序上並不講人格。換言之，卽只從我對人上講人格，倘抽除了我以後在社會秩序上便不講人格。再換言之，卽在道德的關係上講人格，而在社會秩序的結構上不講人格，這豈不是顯有分別麼？辨明了這一點以後，請接着來說君子與人格觀念之關係。梁任公說：

「顧所最當注意者：君子非表示地位之名詞，乃表示品格之名詞，換言之，則君子者人格完成之表稱也。」（先秦政治思想史三百十一頁）

不過這只是詮釋儒家的用意而已。至於君子這個名詞却非儒家所創，乃早已通用了。大約在一班的通用上恐怕君子是與小人相對照。因此有人便以爲這是代表貴族與農奴的差別。須知貴族與農奴都是西方社會組織上階級身分的分類。中國社會情形有些不同，對於這樣的階級分類不能完全適用。中國的「士」並不與外國的貴族完全相同。至於「農奴」（serf）是一個特別名詞，他們是在法律上不能離開土地，並隨着土地而易主。這種情形和中國所謂佃戶並不一樣。所以「農民」並不全是農奴。此外論語上有：「子謂子夏曰：女爲君子儒，無爲小人儒。」難道農奴還有儒麼？這些話只在表明貴族與農奴二名詞使用之不當。我却並不因此遂主張中國沒有階級的分別。須知在古代無論中西各國，總都是把道德法律以及一切高等的文化等只認爲通行於「我們的本羣」，而不適用於「附屬的人羣」。所謂「本羣」就是社會學家所說的 we-group，而附屬羣亦正是其所謂 other-group。

以甲羣來吸收乙羣，則乙羣雖不必是俘虜或奴隸，然而却亦能作了甲羣的附屬品。於是甲羣中所行的道德法律當然不及於乙羣。這樣的情形恐怕所有古代的民族都是如此，中國當然不能例外。但却決不能說在甲羣中人們彼此是不平等的，或只是以強力維持的。反之，我們必須承認甲羣中人與人之間確有高尙的道德與公正的法律；所可惜者只在其不推行於乙羣而已。但這亦只是從後世的眼光來看，而在當時却並不覺得有何不公允。根據此理，我們可以說君子確含有人格的意思，尤其是在君子與人相交之際爲然。所不足者卽這樣的人格觀念只發達到道德方面爲止，而未達到法律方面。結果只是人對自己與對他人之關係，而未形成一個普遍的秩序。在論語上關於君子之說甚多，如：

「君子周而不比。」

「君子矜而不爭，羣而不黨。」

「君子和而不同。」

「君子無所爭，必也射乎？揖讓而升，下而飲，其爭也君子。」

「君子不重則不威。」

「四海之內，皆兄弟也；君子何患乎無兄弟也。」

「君子以文會友，以友輔仁。」

「君子之仕也，行其義也。道之不行，已知之矣。」

以上數條是專選其社會關係方面的。至於個人修養方面，如君子修德愼言等等，不必列舉。因爲個人修養純屬於道德方面了。但除論語以外，易經上君子的話亦甚多。只有：

「君子以自彊不息。」

「君子以獨立不懼，遯世無悶。」

從這幾條上看，可見儒家確實見到「個人之價值」(value of individual)與「人格尊嚴」(personal dignity)

是人格之要素。這種有「尊嚴之感」(sense of dignity or self-respect)的人「有所不爲」。至於其反面的所謂小人，則無所不爲，「肆無忌憚」。「人必有所不爲然後有爲」。在這一點上和西方道德學家所說的「合理的自愛」(rational self-love)是有幾分相近。不過觀點不同：一從修養着眼，一從利害着眼而已。此則涉及道德學上德目之討論，非本章所要談了。

我在上文曾提文化之溝通與混合，必須先其本來就有相接近點方可開始導入，這個道理亦可用於此處。即中國如果要把西方的人格觀念迎接進來，要想建立民主主義的生活（民主主義是一個整個的文化，不僅是一個政治制度而已，請詳後章），則必須先把儒家的人格思想昌明起來，認眞實現。因爲這一點是和西方的人格觀念有比較上相接近之處。兩個文化的接軌必由於其中相類似處乃是因爲人們習慣成爲第二天性。新的樣子太違反舊日習慣，遂不易接受，於是必先由與向來習慣不大相反的地方進來。尤其是在觀念與思想方面，更是必須如此。孫中山先生有知難行易說，此說有種種不同的解釋，姑不討論。不過若用於接受不同的思想一點來說，我敢說普通所謂了解異說大半不是眞了解。所謂知難不失爲一句有相當道理的話。所以在理論觀念的文化上倘使這個民族對於這一套觀念向不諳習，而要眞的了解，則確不是一件容易的事。只有一法：即由其平素所諳習的之中擇其有與此相類似的地方來作比附，方可得了解一些。須知人類的推理，除最進步的數學以外，大部分仍是專靠比附。我在知識與文化書中關於這一點曾有詳細的說明。人們生長在自己民族文化中而要了解他種文化當然只有用比附來爲之溝通。所以這是一個自明的通例，無細述必要。不過中國如要徹底把民主主義之由人生觀宇宙觀的基礎而發出來的做人處世態度，以及思維方法等等，都一齊移植過來，則決不能專靠做輸入的工作即可奏効。因爲專做輸入外來的即等於拋棄固有的，而殊不知固有的卻極不容易屛棄。倘不加以整飭，便會發生糾紛。所以一味不理固有的乃是對於輸入外來的反有不利。故我主張必須根據這樣的文化溝通方有辦法。其詳當於下章中論之。本章只限於比較中西文化上關於人格觀念之態度而已。

現在我們又要回過頭來再討論到西方法律方面之人格觀念之發展情形。在上文已說過，人格觀念在羅馬法且甚居重要地位。並且在上文又提到中國法律與西方有性質上的不同。試觀最古的羅馬十二表法，其中大部分是規定秩序的。換言之，即規定人在社會中之地位關係的。以與中國相比，則必見中國法律每一條之末必連及如何處刑，是顯有不同了。姑舉一二條為例以證之。

「凡一戶全不附籍有賦役者家長杖一百（下略）。」

「凡男女定婚之初，若有殘疾老幼庶出過房乞養者務要兩家明白通知，各從所願，寫立婚書，依禮聘嫁，若許嫁女以報婚書及有私約而輒悔者笞五十（下略）。」

以上係大清律例。不舉唐律，乃因清律最晚出。即以此而論，足見中國法律只是處刑之準繩，而對於規定組織與制定秩序，都認為在外。或可說都將以習慣法行之，不見於成文法。不過在這樣的情形下，則外國有人格觀念可用法律來加強之，即由法律以保障人權，而中國便不能如此了。我們請看羅馬法。羅馬法之成文者當然是所謂「儒帝法典」(The corpus juris civilis of Justinian)。其中第一部分所謂 Institutiones 者似應譯為「總論」。學者無不承認此種論說，卻亦具與法律條文相同的法律効力(見 R. Sohm, The Institutes of Roman Law, p. 16)。就中不但把人格的定義說出來，並且把自由亦從法律上為之界說。在這里有一個最大的變化：就是由市民法 (jus civis) 而進至萬民法 (jus gentium) 以後，卻又在萬民法中無形蛻化出來了所謂「自然法」(jus naturale)。所謂自然法，並非一種法規，乃只是根據人性中之普遍要素而演成的通則而已。蓋羅馬本來只是一個「城市國家」，其市民法亦只是他這一個民族所有的風俗習慣及由此而生的規律而已。其後形成為一大帝國，其版圖中有各種不同的民族，彼此互有通商的來往和交涉。那時羅馬帝皇所派的外部執法官 (Praetor Peregriumus)乃準情衡理擬定可以通行的辦法，以審理訟件。使這些習慣不同風俗各異的民族之間得一個自然平衡。此「自然平衡」(naturalis aequitas) 觀念即是自然法之由來。這個思想是根據中國俗話所說的「人總是人」那句話。即無論風俗習慣有何不同，而人的天性總有一個普遍不變的方面。普遍是人人都如此而言，不變則謂不拘古今。換言之，即不分種別，不論時代，不計習俗，而人性上總有一些共同的地方。專把這些抽出來，以看其間的關係，即可成所謂自然法。其實自然法即是人性法，亦就是根據人們的天性而出的普遍法則。這個自然法的觀念非由萬民法不能胎孕而出，自無可疑。不過關於人性有恆態一點在思想上卻非由萬民法而始。上述外部執法官的審理案件只可說是法律具文的創始，而尚不是包括這樣思想的全部，即尚不足以說明其眞正的起源。

學者在這個地方卻一致承認羅馬此種法理是受了希臘哲學的影響，尤其是斯多亞派哲學 (Stoic philosophy) 的影響。梅因說：

「自然法即係萬民法，或謂之為某種學說下之國與國間之法。」（梅因古代法第五十五頁）（註一）

這顯見自然法並不在萬民法以外，乃只是指那些根據「自然的理性」 (natural reason) 者而已。在此所謂自然的理性便等於說理性即自然，或自然即理性。把自然即等於理性是由斯多亞學說所創導，而把理性即認為是人性或人類的普遍本性或共同天性，則尤為斯多亞派所注重的地方。所以自然法的概念是受斯多亞派的影響，決無疑問。所以有人說：

「自然法是以自然理性為其資料，且其普遍正確性即由此導出。因理性乃人類之特徵。故有人類之處，自然法即正確，而係與萬民法並存者。」（摩樂儒帝法典導論第三十八至三十九頁）（註二）

這是說自然法即宿於萬民法中，但何以在萬民法上又忽而着眼其中的自然理性呢？則確不能不說是受了斯多亞派哲學之影響。此說梅因主之，而後來學者亦無不附和之；至於謂不在羅馬征服希臘之初，而在有法學家出世，由此證學者吸收這種哲學思想於法律上，乃始有所影響，這只是細微的考證。我們注重思想影響時卻不

（註一）" The jus naturale, or law of nature, is simply the jus gentium, or law of nations seen in the light of a peculiar theory." (Maine Ancient Law, p. 55)

（註二）" It is this naturalis ratio which furnishes the raw material of the jus naturale, and from which the latter derives its universal validity; as reason is man's differentia, jus naturale must be valid wherever man is to be found, and therefore is co-existensive with jus gentium."(J. B.Moyles Introduction, in Imperatons Justimiani Institutionum, p. 38—9)

必如此詳論。但在此處必須略述斯多亞派的思想一爲印證。

斯多亞派創自散諾(Zeno ?40 B.C.)。時猶在希臘時代，其後分前、中、後三期。在中期已漸入羅馬，至後期則以馬可大帝(Marcus Aurelus Antoninus)爲最知名。我在拙作道德哲學中曾有一章專論此派學說，讀者似可參考。一班學者總喜歡將斯多亞派與伊壁鳩魯派對立，以爲後者注重人之個性方面，前者重視人之普遍方面。而我則以爲二派都注重於人格，不過方面不同而已。並非斯多亞派只重視人之普遍天性，而忽視人之自己尊嚴。因爲此派既注重於理性，則其人格觀念亦遂即在理性上表現出來。其前期是受了克尼派(Cynicism)苦行主義的影響，頗重於個人的獨立。後期因爲在羅馬的環境中便變爲趨向於對社會服務了。就中以希西羅爲最。(註一)

須知獨立人格之注重乃是希臘文化的大統。希臘的側重個性的文化到了羅馬便不能不參雜那個側重共同性或普遍性的羅馬精神。所以斯多亞派特別代表希臘羅馬的混合思想。倘使要說羅馬的自然法受了斯多亞派的影響，則不啻說羅馬文化中大大含有希臘的要素。

不過我要講這段情節的緣故不在於要說明羅馬的自然法受了希臘哲學的影響，乃卻在於要說明近世初期所謂轟轟烈烈的自然法思潮與其運動是受了羅馬法的影響。即亦間接得有希臘文化的惠賜。於是請即談一談所謂自然法的思潮。

在未說自然法的思潮以前，有兩點須先補充。第一是意大利的文藝復興(Renaissance in Italy)。文藝復興雖只在於美術，然卻由此引起讀希臘書籍的興趣。(註二)

(註一) " By the idea of society, two relatively opposite tendencies were introduced into their (Stoic) ethics; one tow rds individual independence, the other in the direction of an ordered social life. " (Zeller, Stoics, Epicureans and Sceptics, p. 293)

(註二) " Men were now reading the Greek Authors for themselves and rediscovering much that could not be incorporated in the traditional theology. " (Stawell and Marvin, the Making of the Western Mind, p. 141)

因爲人們能讀希臘書，對於傳統的神學有懷疑，遂致引起所謂宗教改革。第二便是德國與英國的宗教改革，尤其是這些宗教改革家對於個人良心的注重。（註一）

可見自然法的思潮是受了這兩層的影響。自然法思想實代表近世的文化，直到十九世紀後半方漸漸衰微下來。詳言之，卽葛羅謫(Hugo Grotius)開始，經霍布士，彭芬德甫(Pufendorf)，洛克，孟德斯鳩，以迄康特與黑格兒，可謂都在這樣潮流之中。就中關於葛氏前著者說：

「就葛羅謫而言，……自然法之理論之基礎乃在國家之起源係在於契約。」（前書第一一六頁）（註二）

這句話就是梅因的「由身分而進到契約」公例。梅氏的話可錄之如下：

「此卽係契約，吾人係由以家庭爲主之社會關係移向以個人間之自由約定之社會關係。」（註三）

所以他又說：

「進步的社會之變化係由身分而進到契約。」（註四）

這一點眞是重要極了，眞是文化上一大轉變。可惜中國到今天爲止尙沒有做到這樣的轉變。這是後話，此處且不說下去。這個文化轉變就是把習俗所鑄成的人改爲人來制定習俗。浸沒在習俗中的人是沒有發見自己。

（註一）“The cultural mission of the reformation was to vitalize individual freedom. ...... The reformation broke the power of the church by placing the individual in direct relation with God.”(Berolzheimer, the World's Legal Philosophies, p. 114)

（註二）“For Grotius, ... The basis of the doctrine of natural law is that the origin of the state and of all that is brought into being by the state, is due to contract.” (ibid. p. 116)

（註三）“It is contruct, starting, as from one terminus of history from a condition of society in which all the relations of persons are summed up in the relations of family. we seem to have steadily moved towards a phase of social order in which all the relations arise from the free agreement of individuals.” (p. 172—3)

（註四）其原文如下：“...... The movement of the progressive societies has hitherto been a movement from status to contract” (p. 174)

由人來結約是把主體移到自己上了。這樣的發見自己，而把社會組織與秩序建立於自己之合理的自主性上。論其原始，是發自於希臘文化，而論其實現卻成於近世。形成所謂歐美文明的特質。代表這樣精神的就是所謂自然法。自然法的思潮有二個大貢獻：第一是在一切結合上即人與人之關係上以人（即自己）爲主體。第二是發見人人有相同的天性。由後而言，即凡不適於我的必亦不適於人，即孔子所說，己所不欲勿施於人之意。由前而言，則即所謂「契約主義」(contractualism)。換言之，即一切制度都必建立於「同意」之上。洛克說：

「人生而自由平等，而且獨立，故無一人能不經其同意而在政治上受制於他人。」（政府論第八章九十五頁）（註一）

此種思想雖不始於洛克，然他此言卻可代表之。「自由」的觀念是從發見自己而起。「平等」的觀念則由於承認他人亦和我一樣。我不願他人以我所不願者加諸我，則他人亦必不願意我以其所不欲者加諸其人。然則如何方能互相加諸其身呢？勢必出於各人之自願。即自願自己受拘束於他人，此即所謂契約是也。於此所謂契約是取互相守信之義，固不必具有形式的法律。故嚴格以言，則只謂有類於契約，而非眞契約。此種類似契約的結合乃出於人性之本然。詳言之，即在人與人之關係上，倘順人的本性，則彼此相與必致如此。蓋根據我所不欲必亦正爲人所不欲，在人性上有一個恆率可以爲彼此交往之準則。學者謂我欲自由，故知人亦要自由。虧損他人之自由，即等於視人與我不同等，不與我同爲具有人格之人。不承認他人爲人則契約便無由締結。對方可以不必守信用。因爲他對你沒有這樣義務。於是所有的關係都變爲力量的關係。盧騷說的好：斷沒有一個契約上甲方要怎樣便怎樣，要維持就維持，要作廢就作廢，而乙方完全服從的。須知這樣便不是契約了（即失了契約的性質）。在這樣的關係中你自願居於甲方，然倘使居於乙方，則你必會起而反抗。這就是所謂易地而處皆然。己所不欲，勿施於人之原則，亦就是從這里出來的。西方學者所謂自然的平衡亦何嘗不是指此呢！意大利的一個

（註一）其原文如下："Men being ...... by nature all free, equal, and independent, no one can be put out of this estate and subjected to the political power of another without his own consent." (Locke, On Civil Government, ch VIII, 95)

哲學家詮釋自由說：

「自由乃對於一己及其無限的精神價值之自覺，故同時亦必承認他人同具有此。只有能覺得其本身自由者始承認他人之自由。」（魯基羅歐洲自由主義之歷史第十三頁）（註一）

這幾句話是眞可謂至理名言了。由於這樣的自然平衡之發見，遂有自然法之概念。西方學者集中於自然法之討論即等於中國學者對於人性主張善惡一樣，因爲自然法即表示普遍的人性。關於自然法，敍述最詳的當推蓋爾克之書(Gierke, Natural Law and the Theory of Society, 1500-1800)。此書英譯係取其大著 Das Deutsche Genossenschaftsrecht 第四册，即繼承其中世紀政治思想史而爲專述一五〇〇至一八〇〇年的一部思想史。譯者 Barker 爲專門學家，其導言中有甚扼要之語。（註二）

詳細討論自然法乃是法學家的工作。我對於法學無專長的研究，不過僅從哲學方面略窺一二罷了，當然不能

（註一）其原文如下：“Liberty is consciousness of oneself, of one's own infinite spiritual value; and the same recognition in the case of other people follows naturally from this immediate revelation cnly one who is conscious of himself as free is capacle of recognizing the freedom of others(G.Ruggiero, the History Eupopean Liberalism, p. 13)

（註二）“The conception of a law of nature goes back …… to the Greeks” “To the Stoics, nature was synonymous with reason, and reason was synonymous with God.”

“Stoicism had passed into the jus nuturale of Rome. The jus naturale of Rome passed in turn into the tradition of the Christian Church.”

“The great age of this school of natural law is the seventeenth and eighteenth centuries. It runs from Grotius and Pafendorf to Fichte and Kant. But its work was already begun in the sixteenth century.”

“The school of natural law was engaged in the general study of all forms and phases of human society which were capable of developing a law or of being regulated by law. It dealt with the state; it dealt with the relations of state to state, in peace and in war; it dealt with groups other than the state from churches to commercial companies, and it dealt with the relations of the state to such groups”

有所深究。並且詳述自然法亦非本書之主旨，本章所以提到這一點的緣故乃只在於認定此種思想與人格觀念有密切關係而已。下章論到理性時或許又須再提起這個自然法的思潮，因為自然法又確是表現普遍的理性。總之自然法雖是一種法律上的思想，或可稱之曰「法之概念」(legal concept)，然其背後實為一種哲學。主張自然法的法學者大半就是哲學家，卽否亦無不是受了哲學家思想之影響的。這種哲學從十六世紀起在十七世紀十八世紀實為歐美文化的主潮，直到十九世紀後半始有其他思想起來，與之雜呈，相衝突，而由混亂以至搖動。今日歐洲的生民塗炭未嘗不由於此。

這種思想有兩方面：一是注重個性的方面，我們可名之曰個人主義；二是注重人人相同的普遍方面，又可說是普遍主義 (Universalism)。在盧騷的民約論上卽充分表現這兩方面。後一方面卽為「理性主義」(rationalism) 之所由來。故十八世紀之特點在於以個人主義與理性主義結合為一，而不是單純的個人主義。到了十九世紀首先樹立反抗的卽是所謂「反理性主義」，主張人性以衝動或情欲或本能或意志為主。於是以情欲主義與個人主義相結合。至此則個人主義乃只見其弊不見其利了。所以我敢說個人主義之顛覆乃是由於反理性主義的出現。反之，從歷史上說個人的重要性與其人格的價值卻都是從注重理性，或換言之，卽中國人所謂講理而始脫穎出來。可見反理性主義之推翻個人主義，乃是從其根本下手。倘使用中國來作比喻，則可說十八世紀思想有些相類於中國的性善論一流，而十九世紀便與性惡論相彷彿了。這個比喻固然十分不切，然而從性善說忽而變為性惡說，其中必大有緣故。這個緣故在我看來，恐怕就是我在上章所說的那個自身有病的社會。不過對於病社會不去從理性上設法療治，反而撥除理性，任其橫決。卻好像不給病人以藥，而反使其任意胡為一樣。因此我認定西方的文化在十九世紀末二十世紀初完全是個變態，是一個回光返照。恐怕這次大戰以後這樣的變態要會得個結束。這些話似乎說得太離題了，現在仍歸本旨。總之，這種思想在第一方面不過是引出個人的價值而已，而在第二方面卻引出人性的問題。所以討論人格必須連及人性，就是為此。

於是我們的討論便不能不移到人性。關於人性中的理性應該檢討的地方實在太多，我預定在下章中詳述之，在本章即不重複了。在未述西方文化上的人性問題以前，請略說中國人的見解以資對照。孟子以前，大概已早有了性善論的根基。陳澧主張孔子所謂「性相近」就是暗含性善，其言未嘗無據。中庸上「繼之者善也」亦何嘗不是在性上提出善來。可見儒家初期的性善論顯然是與當時文化上有一個注重人格的轉機相呼應，即二者有相表裏的關係。在戰國時代封建已漸解體，諸侯都想延攬人才以開拓土地。於是文人以其所學而得干祿，武士亦得挾術而致進身。這些人雖非奇才異能，然皆足以表現其個人的特性。在時代的要求上，個人的個性差異便居於重要地位了。換言之，即時代要求有不同的個性，這樣只在於破壞固定的習慣與固定的模型以後乃始有之。倒過來說，即時代愈需要有個性的才能，則以往的固定習俗與呆板文化愈為之搖動破毀。在這樣的情形下要想重新建立一種新秩序，則必須在各人的個性背後求有以發見那個人人相同的天性。關於人性的討論自合應運而起。在此處我們可看見的：即個人主義與理性主義在初起必是相連的，或則甚而至於可說就是一件事。因為不講理則人格的尊嚴與價值便無由以見。中國思想在歷史的程序上亦是有同樣的情形。沒有發現個人的重要性，則講理之風是不會養成的。所以我敢說個人主義之提出人格觀念乃是造成理性主義之根本條件。詳言之，即人性倘使尚未發見，則決不會發見外界社會上有普遍的公理。所以在個人主義未出現以前的文化圈氛中倘使有人以為是有所謂全體主義，則我敢說這樣的全體主義是盲目的，是不合理的，是要不得的。

中國先哲對於人性之見解約分四派：（一）性善說；（二）性惡說；（三）性有善有惡說；（四）性無善無惡而可善可惡說。我們無暇細討論諸說之內容，但姑舉一點亦足概見。即性善與性惡都不足以自足。在表面上是主張性善，實際上仍不外乎性可以善。性惡說亦然，雖主張性惡而仍必須承認性可以善。所以在此處又引出一個問題，即「本然之性」與「養成之性」（即第一天性與第二天性）之分別。所謂本然之性即是原始的本性，外國心理學家亦有人注意到這個問題，例如桑迭克 (E. L. Thorndike) 之教育心理學第一册即題為 “The Original Nature of Man”。他所謂「原始的」是與「習得的」相對照。他又名之曰「原始的傾向」(original tendencies)。關於這一點，西方人的研究要比中國人來得詳細周密。不過這都是科學出世以後才有的事，詳述這些當然不在此處。倘和中國相比較，則中國思想雖粗朴，卻都在千百年以前，應該原諒。所以我們討論人性不必將中西來對比，而僅擇其可以討論之點拿來說一說罷了。

如果把原始的天性又從「人性」這個概念分出來，則倘使我們的討論只限於原始天性，便把範圍又弄小了。反之，倘若所討論的範圍依然是人性而不是原始天性，則我們所得的結論便不會以原始天性之性質如何為其決定因素了。甚而至於可說雖原始天性之有無亦都不足以致太大的影響於人性的研究了。如果再以限制，更可把問題又縮小一些。即把人性的研究縮小到以荀子所謂「天官」為目標。天官在英文是 natural equipment。心理學名之曰「反應之單位」(unit of response)，又稱之曰「反射弧」(reflex arc)。每一個天然的器官都具有其特殊的反應作用。換言之，即人身上有一個天然的裝置對於外來的某一些刺激自會發出一套其特具的適應。例如目司視，耳司聽；又目不能聽，耳不能視。不過這些研究已介乎生理與心理之間，不純在心理範圍了。須知研究倘使愈趨愈細，則就部分來說，人性之異於禽獸的地方便不易見了。如就反應單位而言，人身機括有與動物相同的，則不能不說在目視耳聽上人實無異於犬馬。所以人性的研究不能太分析，因為愈分析便愈細，其結果乃只剩下了部分而不見全體了。倘若保存全體必須採取綜合的態度與方法。但由綜合態度而得的，卻又不能不有斷於科學精神。故關於人性之研究確有一個「進退兩難」(dilemma)立於吾人目前。就是要取科學的方法，則不得不分析，無如分析太甚，則「全體」即會消失了。反之，如取綜合的方法則又有近於神祕的嫌疑。

先講一講分析方面的研究，有人提出「本能」(instinct)之說，以為人性就是一簇的本能。但此乃是以本能來表現人性，卻尚非主張人性就是本能。因為本能是多數的，而人性卻非做統一觀不可。本能如附在機體上恐怕是不可否認的。如初生嬰兒即知哺乳，乃是由於其嘴有吸吮的動作。至於若離開了固定的身體機括而言有特種本能，例如好奇心，好鬪心，自卑心，合羣心等，則又恐怕不像生兒哺乳那樣自明與顯著與固定了。因此我們便見各心理學家關於本能的分類極不一致。甚而至於有人(如郭任遠)否認本能之存在。本能究竟存在與否，這是心理學家研究的問題，本人沒有心理學的素養，不願參加這個爭論。尤其是本書的主旨更不在於解決這個爭論已久的難問題。不過著者亦有一些意見：就是以為主張有本能抑或主張無本能，倘或不把後來變化與環境的勢力亦估計在內，則對於人性恐怕還不能作充分的說明。（註一）

與此相類的又有一個問題：卽「遺傳」(heredity)與人性之關係。不過這是屬於生物學的範圍，却和本能之在社會心理學範圍內不同。社會學家對於遺傳亦未嘗不注重，不過却不是社會學所能研究。我以為此種討論乃是涉及「個人差異」(individual difference)。個人差異的研究是由「智力測驗」(intelligence test)而得確證。關於智力究係何物，我將在下章中討論之。不過此種研究關於人性除了對於個人差異以外亦未必有太大的啓發。所以專靠這一方面恐怕亦還是不能對於人性有所闡明。

在此以外，則又有兩點：一是關於情緒，一是涉及意志。有些學者把「情緒」(sentiment)當作性格的根基。更以為有所謂「根本情感」(primary emotion)，例如畏懼，憤怒，喜樂，悲哀等。在此種根本情感之間又有「天然的聯絡」(innate bond)。由此乃造成情緒，用以奠定性格。其詳請閱 A. F. Shand, The Foundations of Character 一書。其關於意志則以為「選擇」(preference)是由於「決意」(volition)，而決意卽中國人所謂立志是也。因為數種衝動合而待發，決定其一，這卽是所謂「決斷」(decision)。旣決定取一種行動，則對於同時可發的其他行為必加以遏阻，這乃是「禁止」(inhibition)。這樣就完成了意志的作用。不過此種研究對於人性的闡明只偏於「動機」(motivation)一方面了。關於動機則又未必卽限於意志方面；情感與以前的經驗都可以為其決定因。其詳請閱 L. T. Troland, Human Motivation 一書。總之，這些都是關於性格的研究。各方面會合起來自足以窺見人性。但本人學力不足以事此。故在本書一再聲明決不論列這些，而僅從歷史

（註一）有一個學者說：" There is no essential contrast between instinctive and intelligent behavior. The contrast is between primitive simple instinctive behavior and the highly complex behavior which is the result of modification of instinct. ...... The primitive invariable instinct is merely a theoretical concept. " (B. H. Thouless. Social Psychology, p. 35)

方面作思想發展之追究與敍述而已。

從思想發展史跡來看，似乎可說心理學上思想的變化幾乎卽反映文化全部的變化。在十七世紀十八世紀時候，主要的思想是所謂「觀念聯合論」(associationism or the theory of association of ideas)。在英國則自霍布士經洛克休謨以迄哈特萊 (Hartley)與彌兒(James Mill)無不爲此說之主持者。此風經伏爾泰傳到法國，於是有孔第拉(Condillac)等人。德國亦未嘗不受其影響。大哲康特雖主張有所謂綜合，而暗中仍先預定有「紛呈者」(The Manifold)。此外如黑伯特 (Herbart) 更爲顯然。總之，此種正統派的心理學是注重於以「感覺」爲「心之材質」 (the material of the mind) 。因取分析的態度致對於人心只見其材料上的相同，而遂忽於特殊的人格之單獨性。後來心理學之所以起變化乃是由於精神病學的輔助。學者研究精神病與神經病時發見身體上並無絲毫虧損。於是對於心理的研究乃改變了觀點。精神分析學 (psycho-analysis) 的出世亦與此大有關係。關於精神分析學與人格之關係以 Gordon, Personality 一書爲最足參閱。我們可以說心理學的變化是由於有變態心理學 (abnormal psychology)出現。其結果乃以變態心理學上的原理而代替了正態心理學上的原理。因爲發見正態與變態之分別，只是程度上的差別，而不是性質上的不同。最近學者們更廣汎來採用精神分析學而用於各部門。例如人類學，卽有人用精神分析學的觀點以研究原始人的禮節與其男女關係。又如政治學亦曾有人想用精神分析學的觀點以窺測政治家的隱藏的性格。此外在小說上描寫性格，雖已早有其辦法，但後來却頗受此種變態心理學的影響。新式的歷史學更有一個旁枝，就是專注重於傳記（日記及自敍傳等皆在內），亦未嘗不是想在此處窺見其人的性格與癖習。在此以前則有宗教心理學以及催眠術的心理學亦都有相當的影響足使正統心理學爲之動搖。總之這就是十九世紀後期與二十世紀初期的對於十七十八兩世紀思想的反動。亦卽上文所謂反理性主義是也。但反理性主義却並不是一個主義，乃只是一個潮流或趨向而已。十九世紀末有此潮流，遂對於十八世紀思想激起了一個反抗。我們今天卽正在這樣兩種思潮相激盪，相衝突之中。

於是我們的話又勢必轉移到綜合方面了。在上文已提及了，人性與人格以及性格之研究是由變態心理學的出現而乃正式開始。於是有所謂「性格學」(characterology)。比較上詳述此種研究的書以我所見是以 A. A. Roback, The Psychology of Character 為最。不過在此種研究上所謂性格却只是人格之類型(personality-type)而已。這種類型又以骨骼為其相應者。關於這一方面德國人的研究較為發達。但他們的分類却亦很不一致。關於病態的人格，詳見 E. Kahn, Psychopathic Personalities 一書。嚴格說來並不能成為科學，並科學的初步亦還未辦到。就其晚出而言，好像是新說。其實在本質上却與中國古代所已有的相術（即相人術）並無大異。此種關於性格的研究徒然導人於神祕，對於科學精神恐無貢獻。這就是我所謂綜合有時反不及分析的地方了。

總之，西方學者關於性格之研究還始終不出嘗試的初期。所可知者即此種研究對於人性（即人之本性）並無太大的啓發。故若把人性只限於「原始天性」(original trait)，則誠不能不承認有若干是不學而能的，例如筋肉的收縮與眼球的轉移等。但這些却與決定人性的本質並無十分關係。倘使把人性當作一個綜合的東西，從其全體來着眼，則又發見其為十分複雜。於是我們又陷入於另一個進退兩難之中：即愈求原始的，則勢必愈接近生理，幾乎人性與禽獸性無別，同為一個機括的活動而已；反之，愈求全體的，則又勢必將後天一切包括在內，便紛歧繁難不可究詰了。由前而言，是由人性而轉到機括；由後而言，則由人性轉到個人性格。個人性格和普遍人性不能說沒有關係，却畢竟是兩回事。所以西方人的關於人性之研究在現階段正可說是在愈研究而愈煩悶之中，却不是愈研究愈得解決。這種情形亦正反映我們現在的時代。整個的時代是正在苦悶中，自然關於人性方面亦不能不表現這樣的色彩了。

至於西方人何以會注重在人性却亦和中國人有同有不同，中國人所以注重於人性研究是由於想在教育上證明其「可能性」，換言之，即想建立所謂「可教育性」(educatibility)。江恆源中國先哲人性論上引證梁任公的話：

「我國哲學史上發生最早而爭辯最烈的就是人性問題。這個問題是一切教育一切政治之總出發點。因為有性善性惡主張的歧異，教育方針當然不同，而一切社會組織政治施設之根本觀念都隨而移動。」

江氏贊成此說。我則以為：即在西方人亦何嘗不是對於政治制度想在人性上求得一個合理的根據呢？所以在這一點可說是大致相同。但於同之中又有不同的地方。即中國是只注重在教育方面。孟子主張善端在人之本心，故人皆可以為堯舜。荀子雖主性惡，却以為由聖人而起偽足以化性。化性即為教育之能事。故其結果把政治歸併於教育。中國之特徵在於政教合一，即由於此。本來原始文化是以宗教來兼攝政治。這個政教合一倘就其初義來說，並不是中國的特色。無如後來經過儒家從哲學上建立其基礎，則中國的政教合一便非初民所有的政教不分了。在這些地方西方文化却另走上一個不同的方向。即以自然法的概念而論，在上文已說過了，乃是基於普遍的人性。這個普遍的人性在當時的思想上是認為由上帝所賦與。上帝所賦與的人性自是人人皆同。因為凡是一個人都不能不稟承於上帝。上帝造人則必賦人人以同等的性質。關於這一點有西希羅之言為證：

「理性乃自然所賦與，正義理性亦係如此，故表現正義理性之法律亦如此。且法律尚如此，則權利亦如此，理性乃賦與每個人者，故權利亦係賦與每個人者。」（註一）

這是中世紀關於自然法主張普遍於人人之說法。到了近世初期却又引出另外一個意思來了，就是所謂「自然的權利」(natural right)。此則舊譯為「天賦人權」。從天賦人權又引出一個意思來，就是所謂「自然狀態」(the state of nature)。其實即是未結成社會以前的狀態，可把「自然的」改為「社會以前的」(pre-social)。但事實上決無其事，不過在想像上假定其有而已。有一個學者說：

「自然法在其後期一方面產生自然狀態之觀念，另一方面產生天賦人權之概念。這兩個觀念謂為近代世

（註一）其原文如下：“To whomsoever reason is given by nature, so also is right reason; hence also law, which is right reason in commanding and forbidding; and if law, also right, but reason is given to all; therefore right is given to all.’ (De Legibus Bk, I, 12)

界中兩種最有勢力政治力量，亦不爲過。」（羅伯遜文明與法律之成長二四〇頁）（註二）

依我所見，似這兩個觀念都由霍布士而始顯著起來。其詳見 Leviathan Chapt XIII, XIV 。由他繼把自然法（他名之曰 Lex Naturalis)與自然權利（他名之曰 jus Naturale) 分開爲二。而自然權利中最著的就是生存權。爲了妨害生存起而抵抗，亦是自然權利之一。爲了維持生存而覬有財產，當然亦是自然權利之一。因爲自己要生存，要生存得安全，則必亦承認他人如此。於是結約乃得成立。此種自然權利說不僅是主張社會結成以後人們仍具有根本權利，乃是說人們的權利是在未結成社會以前早已自然存在，只是在結成社會以後由受有限制而反得鞏固罷了。後來洛克亦是採取這樣的態度。關於這兩個思想，自有政治思想史論述之，本書爲體裁所格，不便多論。不過由此可見西方人注重人性是想在政治制度上或法律秩序上，求得一個合理的根據。這個根據却與教育問題沒有甚麼關係，我們倘拿孟子之說一比較便更爲顯明了。孟子雖說「心之所同然者理也義也」，以爲天下之目有同視焉，耳有同聽焉。但他却又必接着說聖人先得人心之所同然者，則無異說天下之聲必待師曠出而後人人方能得辨其正音。所以聖人是「人倫之至也」。用近代話，就是所謂標準人。這乃是說人雖有同等的人性，然却必待啓發與教化而後方能如量實現出來，否則便不免如草木之雨露失時而致萎折。可見中國思想上對於人性研究乃是以教化問題爲其動機。換言之，即爲了要證明教化之可能性起見，乃始逼迫出來對於人性研究的注意。而西方人却不然，根本上便不與教化相涉。這個不同却亦發生很大的影響，即在西方因爲與教化不生直接的關係，所以會引出「平等」「與」自由」概念來。而中國則因爲必須有待於教化，遂不發生平等與自由兩概念。至於中國人性研究與教化問題相連之故，則由於這個討論大半起於儒家，儒家的職業又大部分是教育。

（註二）其原文如下：" The law of nature, during the latter part of its long career, gave birth to the idea of the state of nature on the one hand and to the conception of natural rights on the other. It is not too much to say that thes twin ideas proved to be the most powerful political forces in the modern world " (W. A. Robson, Civilization and the Growth of Law, p. 240)

可說「儒」根本上卽是「歸」。因此這一部分人就因爲其職業的關係不得不使其思想受有相當的影響，這亦是和西方人的情形不同的地方。

冗長的討論到此應得有一個比較上頗乎結論的說法。我以爲在西方是由人格觀念而演出人性的研究，又由人性觀念而變出性格的概念來。所謂性格卽指個人的特性而言。於是由人性觀念變到性格觀念乃是由普遍而反轉入於特殊了。至此關於人性的研究反而超於混亂與迷惑了。演變至此，可以說平等觀念暗淡了，自由觀念搖動了，自然法概念消失了。人格觀念的內容竟變到如此空虛的地步！不過千萬不可誤會，以爲西方思想上二十世紀已把十八世紀完全推翻。須知這原是由十八世紀的精神一貫衍伸出來的。變化只是表面的，而精神却始終未改。姑舉自然法一端爲例。自然法是由萬民法解放而出。萬民法是由市民法解放而出，自然權利又由宗教性的自然法解放而出。可見西方文明是在希臘建立了一個崇尙理性的根基，雖經過中間的停滯與波折，然而却始終能層層解放出來。解放的根本基礎是「把自己實現爲自覺者」(realization of self as conscious being)，這一點却是由希臘文化奠定其基石。以後都是由此演變以出，故可以說在二十世紀，從表面上看，人性與自由平等諸觀念都發生了搖動。但從其暗流上看，則依然是沒有離開這個一貫的精神。我們相信只要這個精神不變，西方文化是不會大變的。並且我以爲二十世紀的初期只可說是一個反動的時期，從今天以後我預料西方文化更將恢復到其固有的理性主義上去。所有的反理性主義將隨着這次世界大戰中的戰敗國而俱沒落。因爲這次世界大戰雖不能說完全是代表人類最高的理想，然而在數年間釀成這樣的戰爭確是由於反理性主義在那裏鼓動。所以戰爭解決後，反理性主義當與之俱去，自不容疑。因此我對西方文化的前途不但不抱悲觀，並且還有很大的希望。

我們的話又須移到中國方面，中國方面注重人格的以儒家爲最。這在上文已說過了。今後的問題只在於如何使儒家的人格觀念與西方的民主主義文化上的人格觀念相合。並且不僅相合，尤必融化爲一。這個問題並不單簡，中國必須接受西方文化，已不成問題。中國如何發揚固有的文化，恐怕却有問題。不過全盤西化論決不能成立。不是不好，只是辦不到，一個人把其所有的歷史都拋棄了，在事實上絕對不可能。一個民族亦然。不是不想這樣去做，只是沒有法做到。一個人的過去歷史印在其人的身體上，不僅屬於心理，並且屬於生理。一個民族，其現存的制度在心理上本是一套觀念，在結構上就是生活的狀態，在由來上又正是傳襲而成，如何能一旦斬絕棄盡呢？所以全盤西化論無討論價值，於是我們的問題則變為：要迎接西方文化進來，反而必須先將固有的文化振作起來。詳言之，即我們必須把自己固有的文化振興起來，然後從其相類似或相接近的地方以接收外來文化。關於這一點，我亦有一個主張，只是不在本章說出，請讀者看第六章可也。

總之，人格觀念含有自覺的意思卻非常重要。須知文明之有進步未嘗不是就靠着這樣的自覺的人格觀念。所以西方文化是緊密的一組，倘使沒有自覺的人格之覺悟，則決不會把文明推動而致於改善，使文化永遠在前進之中。因此我們討論進步必須兼及人格，同時說到人格亦自然會連到進步的概念。我們從西方文化根本上是動的而看，則可說西方文化上的人格觀念是決不會變更的。換言之，即因為西方文化根本是進步的，則進步一天不息，人格觀念亦必一天不會落沒下去。尚有一個概念與此同等重要，即是所謂理性。理性倘若被毀棄了，即無異乎把人格與進步同時斬盡滅絕。所以我們要討論人格而至於完備，必須兼及理性，此則請見下章。

第四章　理智與條理

本章是討論「理性」，這乃是一個譯名，原字是 reason 。查中國舊有的只是「性理」而無理性，性理是謂性與理乃是根據「性卽理也」一句話而出的，至於理性的譯名對於原字意義似不甚切合，按英文此字與希臘字 nous 與拉丁文 ratio ，有相同的意義，却都是偏於心理方面；換言之，卽偏於主觀方面，蓋西方思想對於出發的方面始終有分別。凡講理性決少有以宇宙論方面為出發點者。這與中國則大不相同。中國講理是指「條理」而言。按條理一詞，只可譯為 order，不可譯為 reason，以故中國思想上所謂「理」和西方思想上的 reason 確有很大的分別，不得已我譯之為 intelligible order，以別於 moral order 與 natural order 。這就由於中國人講理並不自心理方面而出發。中國人所謂理與「禮」字相通。禮字表示社會秩序，卽所謂倫常。人事上的秩序是謂人倫，將此種秩序性使之普遍化，遂成所謂條理。故理學始終是指紋理分界條辨而言。所以便是秩序之意。不過中國人始終不分外界的秩序與內界的秩序之不同，更不分道德界上的秩序與自然界上的秩序之不同。換言之，卽沒有人事秩序與天然秩序之分別。須知人事的秩序由人自定，而天然秩序則只是自然如此，不得不爾。中國古代思想不注重於這樣的分別，遂致所謂理與禮直成一件事了。或可說禮以理為本，但禮是早出，而理却是後起。以禮來象徵理，卽是以人為秩序來表現天然的秩序，故中國的「條理」觀念是從「禮儀」觀念脫胎而出，卽在西方所謂 order 亦含有「命令」的意思，與動詞的 to ordain 名詞的 ordinance 皆相通，正與中國字的「命」相合。於此所謂命乃指「天所指定」而言。西文的此字亦含有「神示」的意義在內。可見凡秩序與條理之觀念溯其原始無不起源於宗教。「法」的觀念亦是如此的。英文的 order 與 law 本相通。但前字於拉丁文無相當者，後字在拉丁為 lex ，在希臘為 nous ，要皆含有神所命示的意思。因為本來社會有上下高低之階級分別，在需要上固起於實際情形，而在觀念上則無不假手於神。換言之，卽必須以為其出於神旨方可。這乃是一切秩序條理之所由來。所以中國是由禮到理，外國由法到理。而禮與法大體不甚懸殊。可見不分自然條理與人為條理乃是人類在最初時期中所必然的現象。後來方把二者分開，又以自然之理來詮釋人事之禮。

不過在西方則「理」的觀念不僅只是「法」的觀念。毋寧說理的觀念由法的觀念而出，反居於次要地位；其主要者乃是自「智」的觀念而出。換言之，即與智有密切關係。希臘文的 logos 即可譯為「理」，但此字正訓為「言」。中國舊話有「言之成理」一句，足見言為達理之用，而理即宿於言中。離言無由以顯理。這樣乃把言即等於理只是由於初民為言語的魔力所籠罩，認言語與實物為一。由此又轉出一個字來，就是 idea (eidos)。此字由柏拉圖賦以很深的意義，頗與中國的「理」字相近。而其實却完全同於中國的「相」字。以相為理在中國是不能想像的。因為相總是一片一片的，而理則只是界紋而已。相不離「見」，見即是所謂知覺。於是遂側重於心理方面與主觀方面了。這就是把理認為屬於知識方面的。但西方關於知識在傳統上早有兩分的態度，即於感覺以外尙主張有思維。換言之，即一為見，一為思。見的對相是物，思的對相是理。此種兩元的知識論遂演成感覺主義 (sensationism) 與智辨主義 (intellectualism) 之爭。這樣的爭論發生很早，幾乎可說希臘哲學的初期即種下了其根基。在中國却未嘗沒有相同的地方，如孟子說「心之官則思」。荀子亦說，「人何以知道，曰：心」。乃是以心為思之機關，以別於目耳之專司視聽。以五官（即感官）與心相對立，各賦有專能，這本是一種普通的見解。自無怪中西學者有同樣的說法。不過在中國却始終沒有人想把二者歸併於一。所以中國既沒有感覺主義，亦沒有智辨主義，更復有兩者之爭。不過這個爭論在文化上（即推進文化的功用上）却頗有關係。西方思想上所以有「理性主義」(rationalism) 出現，未嘗不由於此。

我們今天要討論西方思想關於理者自不能不討論邏輯。邏輯可分兩方面，姑妄名之曰主觀的邏輯 (subjective logic) 與客觀的邏輯 (objective logic)。主觀邏輯就是所謂方法學 (methodology)。客觀邏輯就是關於因果律的自然法則。中國人對於理的概念是自宇宙論出發，這却頗與西方的客觀邏輯相近。本來西方的邏輯是一個怪東西，在中國決無相同者。邏輯是譯音，或可意譯為「致知之學」。但致知仍偏於方法，而邏輯則確是學。邏輯所對付的第一是理，第二是思，第三是言，三位一體；換言之，卽一個東西，又是理，又是思，又是言。但並非所有的理都屬於邏輯，尚有所謂由實驗得來的物理。亦非把思完全屬於邏輯，在心理學上亦研究思維的歷程與思想的活動。更非把言完全置在邏輯範圍內。言語中只有所謂 proposition 者是爲邏輯之對象。邏輯是個怪東西；而 proposition 更是一個怪東西。此字亦十分難譯，舊譯爲「辭」，新譯爲「命題」，均不妥當。竟不知道以何爲宜。若說是一句話，則又必須是一件事實；若說是一個自然的事實，却又可以錯誤；顯然只是一個判斷。故這個東西亦是判斷，言辭，事實，三位一體。乃是一個客觀的存在者，能往來出入於各人心中。雖不是離心而自存者，却確是在各個人心中，而不爲一個人心所獨有。這兩件怪東西乃是西方文化上的特色。亦正是西方式的「講理」和中國式的「講理」不同的地方了。中國式的講理愈講愈走向「秩序」，西方式的講理愈講愈走向「機械」。所以西方的邏輯不能不討論因果法則。

要討論因果法則就不能不一述十七世紀十八世紀的思想。我在上章討論自然法的概念在文化上之影響就說到這是代表西方文化上的理性主義而出現於社會政治法律方面的。但其來源却出自宗教。須知與這個法律上的自然法並駕齊驅的乃是科學上的自然法則，亦是導源於宗教。懷特海在其科學與近代世界一書卽揭出此義。（註一）

這就是說由於中世紀的把神與理合而爲一的思想運動乃開始開拓了近世的科學。西方人對於自然秩序之確信是根據於相信天下萬事萬物之有理性；而天下萬事萬物之所以有理性則因爲都是爲神（卽上帝）所造。這就是「合理性」置其根原於神。神所創造的這個現世界沒有一件事一個物是偶然的，是沒有道理可講的。在我們的今天科學已發達到如此地步，乍聽了上述的話必以爲好笑。殊不知今天光彩輝煌的科學却就從這樣淺薄可笑

（註一）" It must come from the medieval insistence on the rationality of God conceived as with the personal energy of Jehovah and with the rationality of a Greek philosopher ...... The search into nature could only result in the vindication of the faith in rationality " (Whitehead ' science and Modern World. p. 23)

的信念滋長而生。沒有偶然，則皆是必然。旣都是必然，必皆有理由。苟知其理，則雖遠到數千年以後可以推知，隔離到數萬萬里以外亦可以推知。尋求理由之目的就在於預知。孔子說「雖百世可知也」，這句話最足表示理性主義之特色。西方文化上的科學卽順着這樣的趨向而加以推進始成就的。懷特海以爲科學是從神學中注重理性的一方面出來的，這固然是至理名言。但我以爲西方宗教上的神學之所以能注重理性乃是由於將希臘哲學吸收到宗教內去了。所謂「耶和華」就是希臘「文存」在的意義，而此字後來却一轉而爲「本體」。在此則宗教的神與形而上學的本體完全是一件事，和中國所謂「上帝」就指天而言亦是一樣的。所謂「人格的神」（Personal God）的觀念反而是後起的。宗教學家以爲宗教的進化是由多神教進於一神教：由具體的神進於抽象的神。獨中國的情形不然。耶穌教在這一方面頗與中國相似，不是吸收了希臘的多神宗教，乃是吸收了希臘的一元哲學。須知猶太的宗教本來就沒有神學，神學乃是其由出產地脫出以後變爲西方各民族所有物而後才有的。換言之，卽是由於把希臘哲學加進去以後才有的。所謂希臘哲學當然以柏拉圖與亞里斯多德爲最顯著。西方現有的神學不啻卽是以形而上學來佐證基督教，這是人人所周知的，無須多述了。詳言之，把猶太人的宗教納入於希臘人的哲學中，於是乃產生西方今天這樣的文化。

希臘哲學有幾個特點：第一是建立「本體」，第二是發明「論證」（demonstration），第三是所謂「數學化」卽以數理來解釋一切，第四是注重「原因」。這四點本是合併在一起。我們姑且拿斯披諾刹（Spinoza）爲代表，因爲斯氏的思想就是希臘思想與希伯來思想的混合產物。關於本體，他所受希臘哲學的影響是亞里斯多德。亞氏的本體定義是：that of which are predicated while it is itself not predicated of anything else」。這和斯氏所說：By substance, I understand that which is in itself and is conceived through itself" 是完全一樣的。但斯氏好像並不是直接取自亞氏，因爲有許多亞拉伯文（Arabie）的哲學著述大槪都採此論調。（註一）

（註一）"……the formula that everything which exists is either in itself or in another thing occurs in the writings of

不過這些亞拉伯文的哲學著述却是都由於著者已曾見過亞里斯多德的學說。這是只說關於本體一點，至於我所以要舉斯氏學說為代表的緣故乃是因為上述的四點都可在他的學說上發見其互相聯合之點。這上述的四點如分散而講，在中國思想上亦未嘗不可尋找若干相類似的地方。故希臘哲學的奇特處就在於這四點的結合。在這樣的結合上便由宗教中將理性主義生長出來了。亦就是將亞里斯多德的思想混入於耶穌教中，由宗教之接近於一班人生活，遂把歐洲人的思想路線納入於一個固定的溝渠中，不期然而然人人都順着這個溝渠的定型而去思維。我為方便計，姑假定此定型為亞里斯多德的思想型（Aristotelean pattern）。但要聲明一點，即並不是恪守亞氏的原義，乃大半是經過中世紀經院派（scholasticism）許多哲學的增删與改變，遂形成一種所謂「通俗的哲學」（popular philosophy）。在此所謂通俗哲學又不是指把哲學思想化為淺顯易解而言，乃是只謂把亞氏的思想，化為一個思想格局，使人們於不知不覺中都用這樣的格局去思維，就好像眼鏡在人的面上一樣。人看東西必須經過眼鏡的格式，但戴眼鏡慣了的人却會自己不覺得有個眼鏡在臉上。西方人尤其有學問受教育的在其運思的時候，不知不覺會把思想落在亞氏型的窠臼裏頭。亞氏思想代表希臘人的心性；而經院派却又代表基督教與希臘哲學的混合。近世思想在表面上似乎是對於中世紀的反抗，而在本質上却仍只是中世紀的延長與蛻化。我們可以說不有這樣的亞氏思想型之形成，則近世的啓明運動的新思想是不會發生出來的。

在上述四點之中，第一點是由於希臘文字的關係，希臘文 Toeón 正當於英文 it is。而此 is 則指 exist 而言。於是乃有「存在」（existence）這個概念。這是一個很奇怪的概念，却由於有「不存在」（non-existent）這個概念而後起的。和中國思想上所謂「有」却並不相同。我們可以說天下有「不存在的」有如鏡中的花與水中的月是也。換言之，即雖有而不存在。故哲學可以不注重於有而專注重於存在。我名此種思想為「存在哲學」

such philosophers as Joseph Ibn Zaddik, Albo and Burgersdijck, and the formula that everything is either a substance or an accident occurs still more widely in the writings of such philosophers as Alfarabi, Algazali Abraham Ibn Dand, Jacob Anatolio and Burgersdijck (H. A. Wolfson, The Philosophy of Spinoza, vol, I p. 6-23) (existence-philosophy)。中國思想在未與印度佛學接觸以前，根本上却沒有這樣的哲學。換言之，卽根本不從萬有上追問其存在與否。因爲這個緣故，就影響到第四點的「因」這個概念，須知因之概念其來源有二：一是由於常識，二是由於這樣的存在概念。由於常識是把原因卽等於「因爲」(because)。如云『我要出門因爲天氣好』。這樣的因似太廣汎了。希臘哲學上所謂原因亦是非常含渾。有人說原因一辭在柏拉圖用時有六十四個不同的意思，在亞里斯多德又有四十八個不同的意思(見W. K. Clifford Lectures and Essays, p. 85)。這句話未免過甚。然而其意義之不如後世那樣確定則極爲明顯，似不待言。儘管如此，但原因一概念卻自希臘卽深入於人心。不過須知把「因果」弄得十分嚴格只限於機械性的意義(in the mechanical sense)乃是後起的。所以英文的 causation 與 causality 不是同義語。前者只可譯爲「緣故」，取其廣義而已。這個廣義的名詞只表示「相續」之中有所以然之故。所以這種因果連繫之觀念是和「目的」(teleology)這個觀念相合幷，不相反。如所謂「最終的原因」(final cause)卽就是目的。用這個最終的原因在「因果聯環」(causal chain)中每個原因上都發生影響或作用，則不啻實現一個目的。所以目的觀念與這樣的廣汎因果觀念根本上不但不相反，且是相合。此外這樣的廣汎因果觀念又可與存在觀念相結合。卽斯披諾剎等人所主張的「自因」(cause sui)之說是也。所謂自因不是指原因的本身(the cause in itself)，乃是說一切皆有因，而必須最終有一個不待因而自存者，遂名之曰「自因者」(the self-caused)。此自因者卽是自存者。於是由因果觀念中便把存在觀念逼迫出來了。這顯然與後世的嚴格因果律在意義上甚爲不同。

我們須知西方人的理智是表現在方法上。方法有二：卽演繹與歸納是也，統稱之爲邏輯。演繹的基礎是在於同一律，歸納的基礎則建立於因果觀念上。所謂同一卽暗中含有存在。可見同一之假定乃是由於存在觀念而來。倘使沒有存在觀念爲其骨幹，則必致無法推演。所以亞里斯多德的邏輯必須先講「範疇」，就是因爲缺少了「主體」(the subject)，則一切推論不能成立。因此我們可以說邏輯中的演繹部分是隱然建立於存在概念上的。所以西方思想上是以存在與因果兩概念爲二大柱石。同時西洋文化上的理性主義亦是以這兩個概念爲其支柱。

尤其是在這兩個概念的相溝通處。須知因果概念在上述的廣義之情形下乃只是所謂「規律性」(regularity)而已。於是有所謂「自然之整齊性」(the uniformity of nature)。這就是說在天下萬物中有同因必產同果之必然現象。倘使這一條法則(即同因必產同果)不能維持，則因果關係便根本搖動了。所以要講因果必須承認自然界是有規律性與整齊性的。因此我們乃可說西方的理性主義有三個時期：即第一個時期是以存在概念為主而吸收因果概念，在此期中其邏輯亦祇有演繹，至於歸納不過附屬品而已；第二個時期是嚴格的因果觀念應運發生，遂致把存在概念壓倒了，退居於不重要地位，同時歸納法亦昂起頭來與科學同變為主潮；第三個時期即是現在的時期。乃是因科學本身的變化，把因果觀念搖動了，同時存在觀念亦搖動了，代之而興的乃是「函聯」(function)觀念。現代今天的歐美思想界正是第三時期的開始。其初是起於物理學，就是所謂相對論是已。倘有其他連帶的，姑不具論。其影響首先波及於哲學。其先則又由於數學上有一個大進步。所以我們可以說，這個第三時期的變化迄今仍只限於數學物理哲學。換一句話來說，即從其他方面講，我們又可說因果觀念(即第二時期中的主要觀念)依然是為數學物理學哲學三者以外的其他一切科學所崇奉，所依據。所以第三時期只可說已見萌芽，而尚非成熟。至於第二時期的思想格局却早已深中於人心，已普及到人人的日常生活上。至於第一時期的情形則自從經濟方面的所謂產業革命成立以來，中世紀的生活狀態完全變為過去，自會亦把那個與當時相應的思想態度隨着變為無有。總之，第一時期是真過去了；第二時期不但沒有過去，且正在得勢的時候。因此我們不可因為有了第三時期，遂把第二時期認為可以輕視的。並且須知沒有第二時期，則第三時期決不會發生。我嘗在他處說明，西方二十世紀的文明是十九世紀所賜；十九世紀的文化却非先有十八世紀(或把十七世紀亦包括在內)以建築其根基不可。中國非迎接西方文化上的「科學」進來不可，這亦是大家公認的了。但提倡科學却非先具有西方人所有的那樣的理性主義不可。要講理性主義，則又必須對於十七世紀十八世紀的思想加以注意。斷斷不能把十八世紀除去，而專談西方現代的文明。

於是我們了解西方所謂「理」就是因果律。而所謂「智」亦就是辨別或揭出這種自然條理的能力。在此處乃使西方思想界永久有一個未決的問題，大家都集中心力去研究。這個問題就是：條理是在外界呢，抑或在我們心內？而大多數的解答却偏於調停折衷，以爲在於內外的合一上。中國人的態度亦是如此，但確有不同。因爲中國所謂的內外合一不在認識上，即不在靜觀上。中國思想的奇特處即在於此。把理不當作是個固定的秩序，而認爲是在自己與以外的一切之關係上由自己的活動而得宜，乃致生有分際，這個分際就是理。

清朝學者戴東原研究古書，以爲能得孔孟的眞義。他主張：『天理云者，言乎自然之分理也。自然之分理，以我之情絜人之情，而無不得其平，是也。』（孟子字義疏證卷上）這種說法和西方自然法上所謂自然平衡很是相同，完全是從人性方面出發的。所以人與人之間有個自然平衡。這個自然平衡却依然只是由分際而成的秩序，幷不是離了各分子間的關係而自己如實存在的。可見中國人的「理」始終是倫理，即倫常之理。而與西方所謂「物理」（physical law）完全不同。西方人所謂物理是在於「物性」（the property of matter）。縱使物性亦是因關係而始顯，有所謂「關係的性」（relational property）。然而這些關係却依然是在外的，不隨着人的知識而變。所以西方人所謂內外合一只是說外在的條理受知識上的限制而已。限制有好幾種，亦就是好幾層。層層相套。有些限制是屬於生理方面的，有些是屬於方法上的，有些是起於社會文化的薰染的。我在他處關於知識論上的各種問題曾擬有一個總解答，即是提出一個主張，以爲知識受層層限制，每層的來源都是獨立的，自外而加入的。這種學說我名之曰知識之多層因素說（mutiple factors theory of knowledge）。不過這不是本書範圍內所要討論的了。至於物理的觀念正是西方所謂「理」。質言之，西方所謂理就是「因果的機械作用」（causal mechanism）。至於科學方法乃只是探求這樣的因果關係，亦就是對於紛繁現象中表面上所現出的前後關係設法撥開而直窺其根底上所存的眞正關係。所以科學方法無不是決定因果相關的方法（method of causal determination）。這樣的情形却是自近世而始顯，雖然在希臘已早有了一些端倪，然而眞正有科學却不能不以蓋列劉（Galileo）等人爲始。因此我們把科學認爲近世的產物。西方的所謂理必藉科學而顯，必由科學而立，這却與中國的情形大大不同。不僅中國沒有科學，並且中國所謂理是由禮而出的。清朝的漢學家對於中國思想能做分析工夫以追求其原始的本相。阮元可算漢學家的重鎮，他就有下列的話：

『理必出於禮也；古今所以治天下者禮也。五倫皆禮，故宜忠宜孝，卽理也。……故理必附乎禮以行。』

其實這些話都是從研究禮記而得來的。禮記一書是漢儒所記的；究竟其中思想是否完全沒有後來參入者，殊難斷定，不過大部分不失孔門的正統。我們在這部書上至少除了藉窺孔門的一部分思想以外，亦可見漢朝學者對於儒家的態度。這句話并不是說漢朝人的思想與孔子本人的主張相反，乃只是說漢朝人對於孔子的思想有些地方特別加重，又於一些地方反而減輕。孔子很注重禮，自不待言。不過是否亦像漢儒那樣的注重却不敢斷言。閑話少說，且說禮記上所見的「禮」與「理」之關係。禮器篇中有下列的話：

『禮也者，合於天時，設於地財，順於鬼神，合於人心，理萬物者也。』

在這裏所用的「理」乃是一個動詞，卽等於英文的 to arrange 。因為在仲尼燕居篇上有『禮者何也？卽事之治也』。這個「理」字便和「治」字相通，或可說相同。治卽是處理，處理卽是處分。處分卽是安排。在中庸篇上有「君子之德……溫而理」云云亦有理字。此處亦是指有條不紊而言。因此我們可以說在孟子以前，理字始終沒有變成一個重要的名詞。換言之，卽沒有變成一個代表思想中心的重要概念。戴東原的孟子字義疏證說得好，孟子雖用理字，然亦決與後世宋明學者不同。他根據鄭康成把「理」訓為「分」。遂把樂記上的下列兩段所見的理字都亦當作「區分」解。

『樂者通倫理者也。』

『人生而靜，天之性也。感物而動，性之欲也。物至則知，然後好惡形焉。好惡無節於內，知誘於外，不能反躬，天理滅矣。夫物之感人無窮，而人之好惡無節，則是物至而人化物也，人化物也者滅天理而窮人欲者也。』

這裏顯然有「倫理」與「天理」字樣，且以「天理」與「人欲」並稱，宋儒在字面上卽本於此。因此我們若說宋儒所解釋的完全與其原義不相合，這似乎太偏於感情。所以我們對於清朝的漢學家攻擊宋儒以為仍不免有界限不清之嫌疑。當然宋儒之說不就是孔子之說，但孔子之說有解釋作宋儒之說那個樣子的可能性，則決不可否認。

所謂可能性，就是在邏輯上作這樣推論，極爲順適，并不牽強。不過我們却又不能不感激這班漢學家，因爲他們的努力至少在於把原來的意義與後來的意義分開。故我們遂可說宋儒之說是推衍出來的意義，而不是原來的意義的本相。根據此旨，則確可見「禮」之概念在先，「理」之概念在後。樂記上雖有：『樂也者情之不可變者也；禮也者理之不可易者也。樂統同，禮辨異。』而此處所云之理依然作區分解，所以纔說辨異。這一段話倘用外國的名詞來解釋之，則其奇特的地方便會顯出來了。須知禮是屬於社會秩序，而理却不能不就是自然秩序。謂自然秩序出於社會秩序，這實在是個奇怪的想法。著者雖不敢說古代的中國人確作此想，但却敢斷言中國思想的特色就在於把自然秩序與社會秩序只認爲是同一性質的一個秩序。社會是一個有機體，宇宙亦是一個有機體；宇宙是一個大的人，人是一個小的宇宙。社會亦是一個比人稍大的宇宙，同時又是一個比宇宙爲小的人。這樣的思想在原始孔教上不甚顯明，到了宋儒却比較更爲成熟。這就是在上文所說的宋儒之說無背於古義的緣故了。這種以宇宙爲有機體之說本見於易經。易經上的思想是把宇宙當作一個有機體的整體（functional whole），但於此所謂有機却不限定是等於生物的身體機括一樣。以易經的思想與禮的思想相配合，則當然產生「禮者理之不可易者也」的思想。這便是以理來解釋禮。照普通邏輯而言，解釋中的兩項必是解釋者較被解釋者爲更廣，更是人人所共知，所熟知的。而現在的情形却不然，禮這個概念却是較理爲廣，爲人所共知。所以情形却不然。禮這個概念却是較理爲廣，爲人所共知。所以從「引申」(derivation) 上講，理是從禮而引申出來的；而從「解釋」(interpretation) 上講，則又是以理來解釋禮。從後者來看，似乎理較禮爲根本，其實則是理必出於禮。因爲無禮則不能表現理。把禮與理認爲合一，則顯然是宇宙間只有一種秩序。這個秩序既是外界自然的，又同是社會上人倫的。這乃是中國思想的特色，雖則這樣的情形不限於中國，凡古代皆然。不過到了後來西方却走上另一條路、所以我嘗在他處說過，中西文化之不同固是古今的差異，但尚含有其他異點。我很贊成德國蓋爾開 (Otto Gierke 其書已見上章所引了) 的話，把古代與近世列爲一組，而把中世紀又另算一組。就西方古代思想而言，確乎沒有把自然與人事併爲一件事的樣子。中世紀的思想誠然有好些地方和中國相類似，但因其來源不同，遂亦有一些不可同日而語的地方。我們可以說自然與人事之兩分，即「自然的」(natural)與「道德的」(moral)之對立，毋寧是在西方文化上從古就潛伏了其根基。設使兩者不分，則在自然一方面普遍的因果法則無由建立，而「機械作用」(mechanism)之觀念亦不能發生；同時在人事一方面亦必致「責任」(responsibility)與「自由意志」(free will)等問題無法提出。這乃關乎思想之本質，請詳論之。

我以為人類思想在其本性上本有「兩元性」(duality)。學者對此有不同的名稱，或謂之為「兩端」(polarity)，或稱之為「特別化」(particularization)。但無論如何總是「對分的」(dichotomous)。這種性質是出於心理上有所「擇取」(noticing)，同時即有所「忽略」(neglecting)。不僅在思想上為然，即在知覺上已早是如此。所以杜威說，這是經驗之根本情形〔"It (contrast in perception) is a primary datum in any experience——J. Dewey: Experience and Nature, p. 43〕。關於此點討論最詳的有 G. P. Conger, The Horizons of Thought 一書，尤其以第二章及第五章第六章為最。著者在其知識與文化一書已有討論。總之，這是知識論上的問題，而與本書所要討論的無直接關係，故現在不再深究。

我們既明白了思想之有兩元性（或兩極性）乃是人類普遍的恆態或常態。蓋非此不能運用思想，所以無足奇怪。不過後來因為文化的薰染有不同，以致把有些人們的運思態度因訓練不同遂各有所偏。具體言之，例如中國人即對於思想之兩端不十分注重而偏偏注重於兩端的中間，總是想把兩端不使其愈趨愈遠，乃使其拉近而致於凝合為一。這種態度在西方並不是沒有。所以用西方的名詞來說，可說是對演法的態度 (dialectical attitude)。而西方人的正統態度卻不如此，毋寧說是順着人類本性的趨勢而走入這個兩端對立的傾向。並且在這個兩端對立的情形中自會發生一個現象：就是爭鬪。在此所謂爭鬪乃是指或則由甲端努力以吸收乙端，或則由乙端以謀併吞甲端而言。這樣的彼此互相併吞便是爭鬪。在這樣的思想爭鬪中思想反而發展起來。這是西方文化的特彩。直到最近的現代乃始有人出來反對這樣的對分態度。例如懷特海 (A. N. Whitehead) 便是反對「自然之兩橛」(the bifurcation of nature) 的主持者（詳見其書 The Concept of Nature, chapt, II）。因爲他自己承認他的思想有東方的色彩。（註一）不過在本書却不想把這些都加以討論，因爲本書另有其使命，請即接着討論本題。

旣說到思想的兩端愈趨愈遠，且就其一端而言，則這個在對面的一端如有條理，便不能不是所謂因果的法則。但須知因果法則是講前事與後事的關聯，換言之，即前後之間有一個必然。這樣便可由前事而決定後事。苟知前事即可預知後事，因果法則便成爲預知將來的一種根據了。不過條理不能只限於這樣的前後關聯，因爲前後關聯的因果相屬只是直線的。必須尙有橫的，就是所謂普遍的或同時存在的。換言之，即因果是在時間上的秩序，而必須尙有空間上的秩序以相輔佐。蓋凡在時間上的決離不了那些在空間上的。於是我們的討論便分兩項：一是關於前後相屬的必然聯結，一是關於同時並存的普遍樣式。前者當然是因果法則。關於這一方面，我在下文尙擬再有所述，現在却先討論後者，即先講一講這個在空間上的理法。

西方人所有不關乎時間的即是其所謂「形式」一概念。按形式只是翻譯，但譯得非常不好。原語在英文是 form。此字含義實甚廣汎。如依原始的本義而言，自是指有形之相（即樣子），但後來却不限於有形可見。於是所謂形式多爲不可見的。溯其思想的來源當在於希臘。希臘字是 eidos 與 ideai。學者多謂此種思想創自柏拉圖，實則在柏氏以前已早有之。其開始毋寧爲畢剎才拉斯派（Pythagoreans）。近來治希臘哲學史的人大概都承認柏拉圖受這一派的影響甚深。英國的勃乃特博士更有明切的話，主張此二名詞之使用是在柏氏以前，必係出於畢氏學派諸人。(It is certain, in any case, that the use of the words eidos and ideai to express ultimate realities is pre-platonic, and it seems most natural to regard it as of Pythagorean origin——J. Burnet, Early Greek Philosophy, p. 309)

但大家都知道畢氏學派所主張的是所謂「數」。不過在那時所謂數，與現在我們所說的却不相同。按照後來

（註一）" In this general position the philosophy of organism seems to approximate more to some strains of Indian or Chinese thought than to western Asiatic or European thought (Process and Reality, p. 11)

亞里斯多德及其他人的解釋，可以說畢氏所謂數實即是形式（詳見 Aristotle, Metaphysics, A. 5. 985b, 986b, 987a, 989b, 990a, 以及 Speusippos 的書）。這個形式觀念頗有與中國人所謂理相同之處。我們討論「理」的時候，除了因果以外，便應討論到這個。易經上說：『易簡而天下之理得』。在此所謂天下之理無異乎說天下所有的各種各樣的形式。所以我們不能不承認西方所謂 form 有和中國所謂理相同的地方。

現在請進一步討論西方人的這個觀念之發展。柏拉圖以為人類知識的對象是普遍的道理。例如我們解剖某一個肺病者的尸體，想發見其病因與醫療的藥品，雖則當下所見的只是某一個人體，而真正的對象却是普遍的人人所同具的身體結構。因為身體結構是人人所具而大同小異的，所以凡患同樣的病能服了同樣的藥而得治愈。因此學者們都主張科學所要研究所要追求的就是這樣普遍的東西，這樣的東西或可稱之為「類型」或「原型」(archetype)。原型是根據於主張有「類」(genus) 的存在。有類乃可以「分類」(classify)。分類是根據於同一 (identity) 與相似 (similarity)。為甚麼要有相同呢？乃是由於有所謂普遍者。換言之，即一種性質既能附在甲物上，又能附在乙物上。例如白，白雪之白與白玉之白同為白。這個白就是所謂「普遍者」(the universal)。此字又譯為「共相」，言其能共同於各物間。不過這種普遍者只是形相，而不能是事物。於是乃產生了許多的問題。第一個問題是：這樣的普遍共同的形相究竟是在外界自己存在的呢？還是僅在人心中，而為心所造的呢？第二個問題是：共同的形相與特殊的事物之關係究竟如何？還是因事物的性質有相類似處而統括成共相呢？抑還是由共相聚集在一起遂凝合成為事物呢？第二個問題與第一個問題有密切關係。假使主張共相存於外界而自如自在，則必同時主張事物是為許多共相所凝成。假使主張共相只是人心在事物上取其類似處加以統括而成，則必同時主張共相只存於人心而為人心的產物。柏拉圖的思想顯然是取前者。十七世紀的柏克萊 (Berkeley) 最足以代表後者。不過這個問題却在他以前已經鬧得很熱鬧了，就是中世紀哲學上所謂實在論與唯名論之爭。詳述這一點自有中古哲學史可參考，恕不多說 (M. De Wulf. History of Mediaeval Philosophy 比較最好)。到了現代英美哲學界又起了一個新派，名曰「新實在論」(neo-realism)。這一派的主張和柏拉圖直無兩樣。他們更有一個名詞，就是 subsistence (subsistents) 。此字與 existence 正相對立。後者指事物的存在，前者卽謂形相的存在。白人之白是附存(卽subsist)，而白人是「自存」(卽exist)。這些討論已入哲學的專門範圍，現在本書不是專門哲學的書，故不再多說。不過中國晚近亦有人想拿這樣的「附存」之意來解釋中國理學家所說的理，我在他處曾揭破此種比附之不當。我以為宋儒所說的理與柏拉圖所說的共相未嘗無相似處，但其相似之處究較相異之處為少。最大的不同點是宋儒之理總不失為一個。所以宋儒之理不可以種類與數量而分。但柏拉圖之共相其本身却就是「類」。按類字在西文有二：一是 genus ，一是 class，後者更偏於許多個體集合的意思。故類總不免有「虛擬」的意思(fiction)，樊亨格 (H. Vaihinger) 謂之為「集合的擬構」(summational fiction)，詳見其書 the Philosophy of As If，此處亦不多及。此說證之現代符號邏輯更為顯明。現代邏輯不把「類」當作「自然的種類」 (natural kinds)。因此乃可以作隨意的分類 (free classification)。所以倘依這樣的「類」概念而言，顯然與中國人所謂理完全不合。因為現代邏輯把傳統邏輯上的所謂「概念」(concept) 改變了其性質。所謂類完全等於幾何學上所說的「點」「線」「直線」等等，根本上不需要定義(卽界說)。所以哀斯坦說：數學上法則之於實際之關係，當其為確實，却幷不關乎實際；而當其關乎實際，則幷不確實(As far as the laws of mathematics refers to reality, they are not certain; and as far as they are certain, they do not refer to reality—— A. Einstrin, Sidelights on Relativity, p. 28.)。這無異乎說這些概念都是為了演算的便利而設的。類之在邏輯上亦只是為了「邏輯的演算」 (logical operation)之便利計而假定的。這是近來西方思想上的一種最新的傾向。若拿這個傾向來與中國思想相比擬，則顯見與中國思想不可同日而語了。

此外更還有一個新思想，是在哲學方面，而不關乎邏輯。因為關於普遍者不限於相反的兩說，一說以為普遍的共相自己存在於外界，不因人心的辨認而始出現，一說以為只是一個空的名詞，存在於我們心中，而在外界幷無實物與之相應。這就是所謂實在論與唯名論。不料在此二者以外却尚有一個中間的態度，在晚近代表這個中間態度而最爲顯明的不得不推懷特海。他首先打破固體事物之說，以爲只有流而沒有水。對於流，他名之曰 event（正譯爲事）。事就是一個起現或動作。但每一個起現的動作必有定形。正好像水流必起波；而波必有一定的波幅，換言之，卽波幅有一定的長短。倘使長短有一定的而不改，則在這一段上便會現出一律的情形來，這樣就會好像是一個「物」(thing)。所以懷氏亦不把電子原子等作一個實物，由此處跳到彼處。他是把這些只當作等於波幅的那樣東西，在這裏只一起，在都裏又一現。却因爲波幅的長短一定不變，遂以爲這裏的這個波就是那裏的那個波了。換言之，卽兩地的波是同一波了。他把這樣等於波幅那樣的東西名之曰 eternal object。有人解釋之以爲是 forms of definiteness，詳言之卽是："recurrent types of uniformity exhibited in the process, but without any status outside it." (D. M. Emmet, Whitehead's Philosophy of Drganism. p. 107)。這就是對於共相取一個中間的態度。但無論取中間的態度，抑或其他態度，而總是不把宇宙的秩序全體都建立在共相，以爲有了共相，則一切條理卽盡在其中了。這一點是共相論(theory of universals)，與中國人所謂理根本上不盡同的地方。因爲每一個共相是獨立的。今既要講條理，則必須講各共相的關係，尤其必然性的關係方可。本書本不想討論此點，只因有人把一物有一物之理被解釋作一物有一物之共相，所以不能不兼及之。

於是我們又須回到因果法則的問題上。因果法則亦是有兩種不同的看法。一種是把因果法則卽認爲就是外界的自然條理，另一種是只認爲是方法上的假設準繩。在這兩種極端的主張以外尙有中間的態度。詳述這些自非專書不可，此處因篇幅有限，不能詳說。不過因果關係若是一因一果，果又爲因，再產生果，這樣便成爲「因果的連環」(chains of causality)。設若在這樣的因果連環之中每一個因果關係都是必然的，則必致把整個兒世界變爲一個大的「定局」(deterministic scheme)。這樣便演成所謂定命論。這乃是十七世紀及十八世紀初期的主要思潮。不過這時期的學者所以主張定命論之故都是由於相信上帝萬能，一切由上帝預先安排，以致皆是有定的。定命論之來源是宗教，而幷不是科學。幷且初期的科學如牛頓 (Newton) 等人，其學說又顯然以神學爲背境。最奇怪的是由宗教而出來的定命論，却與自由意志論在主張者人們看來不覺得有衝突。須知自由意志的問題亦是十七世紀十八世紀中一個熱鬧問題。後來科學發達了，於是個體的自由與全局的排定乃愈趨於不可兩存的情形。除了這個矛盾以外，尚有一個與定命論不能調和的就是「進化」。按原文 evolution 有人主張譯為「演化」，以為其中并不含有進步的意思。不過我以為亦不盡然。這個觀念是講求生物所以變化到現在的樣子。由原來的樣子而變到現在的樣子，單就樣子說，不能不承認有進展，愈進展則愈適應。適應得宜，則有進展。故尤其就斯賓塞（H. Spencer）一派的學說來看，倘使譯為演化，必致反而失去原義。因此我仍用「進化」二字。進化概念在西方文化上是自希臘時代即就有的。在實際上這個觀念却與定命概念相衝突。我在前幾章中說過西方文化的優點即在於開始時就有互相牴觸的幾個概念。因為這些概念互相衝突，所以能在思想方面由於不安定不滿足而產生進步。好像這一點原為胡適所窺破，不過又似乎他有一個大錯處。他把不滿足認為文化前進的推動力，却是只指實際生活。我以為對於實際生活之滿足與否在文化的推動上并無直接關係。主要的還是只在於概念的互相衝突與由此而生的不滿足不安定。所以中國文化無進步正是由於中國文化在「概念格局」（conceptual scheme）沒有互相衝突的情形。這却和人們安於實際生活與否沒有甚麼關係。我之所以討論及此乃是因為在西方文化上這三個概念（即全局的預定與個體的自由以及宇宙的進化）根本有些矛盾。全局的定命是與宗教上的神之全智全能相關，可以說偏於希伯來方面的。個體的自由與宇宙的進化則又都出自希臘的來源。若以條理而言，除了個體自由而外，全局定命未嘗不是一種理，宇宙進化亦確是一種條理。此處所謂條理正是英文所謂 law，宇宙進化是「自然法則」（law of nature）。

不過所謂自然法則與「自然秩序」（the order of nature）在意義上顯有不同。後者包含有自然之諧和（natural harmony）以及自然的美。故自然秩序是一個古代的（以及中世紀的）概念，而自然法則却比較上是一個近代的概念。換言之，即一個是屬於哲學，尤其是宇宙論；另一個則屬於科學。不過這樣說法亦有流弊，容易引起誤會。須知并不是自從有了科學以後，便拿自然法則來代替自然秩序，乃是在概念上兩者仍可並存。尤其在敍述性的科學（descriptive science）上自然秩序之概念是居重要地位，而自然法則還是談不到。無論自然秩序也罷，自然法則也罷，在科學家總認爲是自己存在於外界上，不是由於人們去看方始那樣的。關於這一點，在本章上文已經討論過了。於此顯然有兩個不同的態度，除了這個實在論的態度以外，尙有觀念論的態度。自晚近相對論發生以來，關於自然法則的性質又與以前不同了。例如哀廷頓(Eddington)認爲只是「約定」(conventional)性質的。雖學者對於這一點尙未一致，然不視爲那樣固定，那樣嚴正，那樣實在，則可斷言。於是我們的討論便不能不由外界的條理而移到內界的理智上了。

西方文化上關於條理始終離不了辨理的智慧能力之討論。關於知識的來路在最早卽有感覺與思維之爭。到了中世紀，又有信仰與理智孰可得最眞理之疑問。迨及晚近關於邏輯更有所謂心理主義(psychologism)與非心理主義之分歧。這些却不是本書所要討論的了。本書只從兩點來說：第一點是西方文化向注重於理智，然却同時發見理智之界限。第二點是以理智來當作一種訓練。於是我們便可把一部西方文化史當作一部人類理智自己訓練自己的發展史迹來看。雖分兩點，但討論起來却要合併在一起，就是因爲理智自己發見自己的界限非把理智使其經過相當高度的訓練不能達到這樣地步。所以理智界限之發見只是訓練理智到了某程度方始有的事情。因此我在此處便不單獨討論理智之界限。但在未詳述西方文化與理智訓練相應之史迹以前，且先把我所要說的主旨說一說。據上文所言而看，可見中國人所謂的理是亘古不變的；而西方人所謂的理是發展的(developmental)。所以西方人之所說的「理」會有創造性。就是因爲中國人的理是與行爲相伴；而西方人的理則只以智慧而得。所以西方是理與智相合一，或理因智而益彰。以例言之，如有所謂「創造的化學」，卽在天然狀態上一些元素從未有化合過，乃由人設法使其化合。正卽中國人所謂「巧奪天工」是也。巧奪天工的勾當如不由科學是決不會成功的。但中國人的理却是以體會而得。於此所謂體會是指身體力行而言。西方人則不然，凡講理必與邏輯相伴。於是理便完全爲智識上之事了。知識是自身常在發展的時時增加，時時修正，便和行爲在性質上不同。行爲尤其具有道德性的，必須恆常不變方有價值。因此我們乃知中國與西洋雖同是注重事物之分際，以事務之分際與關聯爲理，但所以得此理之途徑則不同：卽一則是恃智慧，一則是恃實踐。西方人中亦未嘗沒有人亦曾看到這樣情形的，卽實踐較智辨爲重要。不過這只是關於理智界限之爭論而已。須知恃實踐便不需有特別的訓練，卽特別方法。所以方法學不會發達 。至於恃智慧則必須有深密的訓練 ，且必須發見有特別有效的方法。對於方法尤須時時加以改良。不僅是個人的心理傾向須受訓練而得進步，幷且一個整個民族亦可因其歷史的堆積而形成一種所謂民族心性。這個民族心性亦可因其中理智成分的情形如何而變爲比較上有理性的。這就是民族心性亦可受訓練。換言之，卽訓練民族的理智。所謂文明的進步亦就在於此。社會學家曾說過，文明的民族與原始的民族在心理能力的天賦方面幷沒有大區別，乃只是經過了長期的訓練以後，文明人的思路（卽思維方法）愈益合乎邏輯而已。（"It is…… not surprising that with the advance of civilization, reasoning becomes more and more logical."—— F. Boas. The Mind of Primitive Man. p. 206）所以我們今天要講人類文化的進展史卽無異於要講理智作用如何漸趨於邏輯軌道之過程。

話雖如此，不過却有一個重要點必須聲明。我說文化的進步卽等於人們思想愈合乎邏輯，在此處所謂邏輯並不是當作一種推動力來看待。老實說，邏輯本身並無力量，決不能對於文化的前進有所推動。並且還有些人以爲邏輯是無用之物，因爲邏輯只是一種規程，一種法式。規程與法式在本身上是不會有力量的，至多不過有些拘束而已。換言之，卽只是在於消極方面的限制與禁止。就是說凡不合乎這個規程與法式的都不能爲眞，都不能成立爲眞理。這種拘束力雖亦不失爲一種力量，但與積極性的推動力在性質上完全不同。因爲所謂合乎邏輯就是所謂「貫通」（consistency）。得着了貫通就是在邏輯的規律（logical rules）上完全相符合，而無背反。所以貫通只是關於格式的，並不限於內容如何。而普通所謂「眞理」（truth）却決不能只是格式上的無違背而已。故貫通與眞理是兩個觀念。前者是「方式的」（formal）；後者是「具體的」（concrete）。人類所要得的眞理乃是具體的眞理，決不是方式上的貫通。因爲具體的眞理是有用的眞知識；至於方式的貫通只不過是眞理所必具的條件。一個眞的知識必不能自身矛盾，這只是這個知識所以爲眞的條件，並不是只靠這個自身矛盾一點卽可成立爲眞理。因爲不限定凡不自身矛盾的都成爲眞理。換言之，卽一知識或說話，其爲眞與否不能單看其合乎邏輯與否而定。雖則合乎邏輯的規律是其不可缺少的。在這裏卽有所謂必要條件與足夠條件(necessary condition and sufficient condition)之分。合乎邏輯是眞理之必要的條件而尙不就是眞理。關於這一層，我曾在知識與文化書中闡明之，此處不容多說。根據此義，可知邏輯的訓練只能使人得一種練習，並不能使人得着一些具體的東西。關於發明這樣的訓練(卽訓練思想的運用)，在歷史上不得不推希臘人。這亦正是希臘人在人類的全文化上作了一個大貢獻。一班西方學者無不承認此說，就中以我所見懷特海的話最為明顯。現在引在下面而不加翻譯：

" The Greeks invented logic in the broadest sense of that term —— the logic of discovery. the Greek logic as finally perfected by the experience of centuries provides a set of criteria to which the content of a belief should be subjected.

These are:

1. Conformity to intuitive experience;
2. Clarity of the propositional content;
3. Internal logical consistency;
4. External logical consistency;
5. Status of a logical scheme with
   (a) Widespread conformity to experience,
   (b) No discordance with experience,
   (c) Coherence among its categoreal notions,
   (d) Methodological consequences.

(Whitehead, The Function of Reasan, p. 53)

在上文所引的一段話中可見邏輯就廣義說不僅是推理方式而已。推理的演繹只是其中之一部分。此外關於「原始辭句」(basic proposition 這是 Bertrand Russell 的命名，乃等於德國邏輯實證論派的 Protokollsatz)，亦必須符合於人類經驗。故邏輯便不如形式邏輯派所主張的那樣狹小了。普通有所謂「發見之邏輯」(logic of discovery) 與演證之邏輯 (logic of demonstration) 之分別。大約其目的亦就在表明邏輯不限於方式上的推理演算。此種討論非本書目的，故不復再加深述。

在上列五項之中，我尤其特別注重在第四項，即所謂「外的貫通」。須知在方式上邏輯的演算本只限於「內的貫通」。如云『凡甲皆非乙』可以推出『凡乙皆非甲』，其中就靠這個內的貫通把兩句打通起來。所謂內的貫通亦就是「方式的貫通」；而外的貫通則是所謂實際的貫通。故常有「實際邏輯」(material logic) 一個名詞，實則即是指此而言。這個實際的貫通與外的貫通在範圍上雖不盡同，然而在性質上却是凡實際的貫通無不為外的貫通。故外的貫通在我們言論思想上實居最重要的地位。往往我們作推論時在某一個意思的本身上是說得通的，但與另外一個意思連合則便說不通了。這乃是由於就某一個意思的範圍內作推論可以得着一個貫通，但却與其外的一切不復相合，這就是沒有得到外的貫通。普通邏輯教科書上常有建立「臆說」(hypothesis) 之標準。據 Chapman and Henle, The Fundamentals of Logic 一書所列，凡有五項。其第一項即是貫通。有言曰：

『所謂臆說必須貫通者尚有二義：即必須與既知的事實相貫通，必須與科學上既承認的定律不相違背。』(There are two other senses in which an hypothesis must be consistent: it must be consistent with the known facts and must be consistent with the whole body of scientific theory, that is, with the accepted postulates and laws. ——p. 268)

所謂外的貫通即是指一個意思（或一個主張）必須與其他已經為大家所公認的道理不相違反，尤其是與這個意思有關係的諸點更必須協合。最顯著的例即如此次世界大戰中侵略的各國的理論。所謂全體主義按理當指一個民族的全體。一個民族的全體就是全民族中的一切人之總和。全民族中一切人之總和，而發為意見，勢必卽形成盧騷所謂的總意（the general will）。這樣則全體主義必須是民主主義。反民主主義卽是反全體主義與非全體主義。顧這些侵略國所提倡的全體主義則不然，以獨裁者一人的意思爲其專政的一黨的意思；以專政的一黨的意思爲全國國民的意思。凡有不贊成其意思的卽被誣爲中了自由思想之毒而受壓制。我們要問：離了部分是否尚能有總體？倘使承認總體，雖可不等於諸部分之相加而仍有多些，然終不能離開部分而獨自存在，則被壓制的部分是否不在總體以內？倘其是在總體以內，何以這一部分又可不與那一部分同等？反之，則勢必以爲總體可獨立於各部分之上，在各部分之上的總體又是一個甚麼東西？何以同等的個人，而甲能代表全體作獨裁者，乙卽不能？凡此種種足見其理論上自身全是矛盾。此外更顯明的是他們所說的解放被壓迫的民族。他們把軍隊駐紮在這些民族的土地上，訂了予取予求的條約，這只把本來爲他人所壓迫的變爲自己所壓迫的。這樣的例在此次大戰中實在舉不勝舉。本書不在於討論這些時事，故只說其一二而已。可見這些不邏輯的思想確有害於人類文化的前途。這一次的戰爭，流了這樣大的血，自然尚有經濟的原因，而思想上的原因却亦不在可以忽視之例。我們旣主張思想自由，決不可用壓力來制裁這種不通的思想，但却不能不從思想的訓練與文化之關係上以糾正之。所以這次大戰雖是武力的鬭爭，却亦正含有思想的背境。并不是兩種思想在那裏爭鬭，例如全體主義對自由主義，乃只是合乎邏輯的思想對不合邏輯而鬭爭。不邏輯的思想因戰爭失敗而消失，正是人類文化前進上的一個進步。須知這種不合邏輯的思想卽沒有外的貫通的思想，并不是害了他人，乃是害了自己。一個民族如果好像中了魔一樣，以這樣沒有外的貫通的不邏輯的思想爲其信仰的教條，則不僅他民族將受其害，并且自己亦終必受害，至於不能安然生活下去。這樣的不邏輯的思想先把思想者（不論是一個人抑或一個民族）本身弄得如中瘋狂者一樣。這樣瘋狂者當然會闖出大禍來。所可痛心的乃只在於因爲他闖禍而竟有許多許多的無辜致被犧牲。中國就是其一，言之眞令人有餘痛也。所以有人主張民主政治的成功必須是基於人民心理上有某種德性或習慣。（“The success of a democratic state depends……upon the existence of certain habits of mind among its citizens” — Graham Wallas, cited by S. G. Hobson, Guild Principles in War and Peace, p. 89）

所謂某種習慣當然是指對於不同意見的「容忍」(tolerance)，因爲不如此便不能有「自由討論」(free discussion)。關於這一點乃是講到自由，容在下章再說。此處所要說的是：恐怕所謂某種習慣不僅是指容忍而言。須知容忍是對他人的意見有所虛衷，而自己的意見却不可不先自檢討一下。所以自己的意見有合乎邏輯與否之標準。在此所謂合乎邏輯仍取廣義，不僅是在說話上必須上下前後貫通，即在行爲上亦必須與言論相符。例如日本對僞政府所立之中日同盟條約，申明承認中國主權獨立，而在實際上却絲毫沒有履行。這是言行不符的一個好例。言行不符在西方亦謂之曰不邏輯，就是其人沒有受過訓練。可見一個民族要使其文明前進，不僅要有尊重他人的不同的意見之品德，並且必須將其自身的思想弄得不反乎邏輯。在事變以前，我曾爲文剖辨國黨所主張的訓政論。他的訓政論是其一黨專政的理論根據，但在邏輯上這個理論却完全不通。最顯著的是：既同爲國民，何以一入國民黨便有資格以訓他人。這種本身說不通的理論若硬要施行下去，必致演出極不幸的結果來。東亞有這樣的奇災大禍，這種不邏輯的思想實爲罪魁。

我在此處更要說明何以思想會使社會情形生變化之故。明白了這一層，便應知合乎邏輯的思想在社會實際情形上居何等重要地位了。我曾在思想與社會書中提出下列的意見：

『任何社會組織與秩序必同時附有「說」，這個「說」字在英文有 explanation 與 interpretation 兩字與之相當，其實都不能完全相當。於是又有一個字是 justification 。即使人覺得其是對的。這個意思反而較近。但無論如何，總不如中國文的「說」字來得好。「說」字與「悅」字相通，便有說得頭頭是道，令人心悅誠服的意思。……所以無論何種社會結構，例如權力之集中與分散及其行使，人與人之關係等等，必附有說方能圓滑成立。……即使最畸形最不公平的社會結構，例如專制與暴政亦必有說以爲張目。』

這裏是說凡社會上一種制度所以能成立，能運用，都是由於有一種說法通行於人們心上，使人們覺得這個制度是有其成立的緣故的。縱使人們中有些不以爲然，而至少大多數必以爲是有理由的。所以凡是最初由武力而建立的，後來却必須另創出一種說法來，使其後來變爲思想上理由上可以成立的與可以承認的。因爲大家同意，故必須有理由。理由又必須愈充分愈好。於是必須創出一種說法，此即「說」之所以發生也。我此說與社會學所說微有不同。但他們的話却可作我說的補充。他們都承認凡社會上任何制度都是由概念與構造而成。（註一）但我以爲他們說的是另一方面，而與我所說的却必須合併在一起方見眞理。詳言之，即社會組織上任何制度必有一個概念。這個概念深印於人心，方能使這個制度確立而不搖。但這個概念的背後必還有一套概念。即用這一套概念來解釋這個概念。我名前一種爲「指示的概念」(denotative concept)，後一種爲「解釋的概念」(interpretative concept)。請舉例以明之，在中國情形上「君」「王」「帝」「皇」與「天子」都是「名」(names)而代表一個概念，就是君王制度。這個概念又有其「內含的意義」(connotative meaning)。君爲出令者；王爲天下所歸往；帝爲諦審在下者；天子則類乎上帝。但對於此諸含義又必須加以詳細的說明。例如呂氏春秋上。

『凡人之性，爪牙不足以自守衞，肌膚不足以扞寒暑，筋骨不足以從利避害，勇敢不足以却猛禁悍；然且猶裁萬物，制禽獸，服狡蟲，寒暑燥溼弗能害，不唯先有其備而以羣聚耶？羣之可聚也，相與利之也，利之出於羣也，君道立也。故君道立則利出於羣，而人備可完矣。昔太古嘗無君矣，其民聚生羣處，知母不知父，無親戚兄弟男女之別，無上下長幼之道，無進退揖讓之禮，無衣服履帶宮室畜積之便，無器械舟車城郭險阻之備，此無君之患。故君臣之義不可不明也。……其民麋鹿禽獸。少者使長，長者畏壯；有力者賢，暴傲者尊。日夜相殘，無時休息，以盡其類。聖人深見此患也，故爲天下長慮，莫如置天子也；爲一國長慮，莫如置君也。』（恃君覽第一）

（註一）(a)" An institution, according to sumner, consists of a concept and a structure. The concept defines the purpose, interest, or function of the institution. "—— R. E. park and E. W. Burgess, Introduction to the Science of Sociology, p. 796. (b) "An institution is simply a definite and established phase of the public mind," —— C. H. Cooley, Social Draganization, p. 313.)

此外尚有春秋繁露上，茲不多引。後來的說明稍有變化。如明夷待訪錄云：

『有生之初，人各自私也，人各自利也，天下有公利而莫或興之，有公害而莫或除之。有人者出，不以一己之利為利，而使天下受其利，不以一己之害為害，而使天下去其害。此其人之勤勞必千萬於天下之人。夫以千萬倍之勤勞而己又不享其利，必非天下之人情所欲居也。故古之人君，量而不欲入者，許由務光是也。入而又去之者，堯舜是也，初不欲入而不得去者，禹是也。豈古之人有所異哉？好逸惡勞亦猶夫人之情也！後之為人君者不然，以為天下利害盡歸於人，使天下之人不敢自私，不敢自利，以我之大私為天下之公。始而慚焉，久而安焉，視天下為莫大之產業，傳之子孫，受享無窮。……古者以天下為主，君為客。凡君之所畢世而經營者為天下也。今也以君為主，天下為客，凡天下之無地而得安寧者為君也。』（原君）

黃黎洲所說，是把現實狀況與理想原則相比較。我在此處本不想討論政治制度，乃只是舉例以明凡社會制度必附有解說。我又在本書前數章上提到任何社會制度，除了表面上的「社會結論」(social structure)以外，其背後尚伏有「生物性的要求」(biological demand)，想讀者看過了必還記得。現在我要把這幾點合併在一起，於是我主張任何社會制度是以結構為中心，這個結構是社會性的。在其上必有一個名詞來表示之。這個名詞是屬於言語性質的。但卻代表一個意義上的「概念」，在這個概念之上又必有一個理論。這即是上文所謂的「說法」是也。而在結構之下卻又潛伏有人類生存的需要或要求。這個要求大部分是基於生物的本性，或出於生物生存上的不得不然。於是我們便有四層，即（a）理論，這是屬於邏輯的；（b）概念，這是屬於言語的；（c）結構，這是社會的；（d）需要，這是生物的。在這個四層中，只有需要是比較上獨立的，亦就是不為其他所決定。特在此處所謂不為其他所決定並不是言其不受其他三者的力量所在左右，乃依然是在社會的結構中而致有所歪曲。不過結構只能變化需要，而不能決定需要，所以說比較上是獨立的。因此我又主張需要本身沒有善惡可言，或可說是沒有惡。惡是起於社會結構。例如奴隸制度是一種制度；娼妓亦是一種社會制度。這兩個制度都是惡制度，自不待言。但在奴隸制度背後卻有分工的需要。娼妓亦未始不可追其根底於男女情慾。分工是生存上的需要，情慾亦不是惡。所以社會上一切問題并不起於需要這個最低層，乃只是起於其上的其他各層。結構與概念及理論，三者之關係乃較其對於需要之關係為緊密。不過用概念與理論却亦不能決定結構。結構是現實的，而概念與理論總不免是模型的。現實與模型總有相當的距離。在其初起或許是先有概念而後依此建立結構，其實概念與結構並不能有先後。結構雖是現實，而概念却非其模型。實際上概念在言語上只是一個空名。倘若附以意義，必須靠着其外的一套理論。所以只有概念與理論是不可分的。理論稍稍變化了，則概念的內容便有了出入。其結果變演為理論與結構之分化。理論與結構愈變為不相符合，則現實與理想之對分乃起而益顯。以結構為現實的所造者，以理論為模型的能造者，乃只是由於現實與理想之分開而始成立的一種解說而已。現實與理想分離的緣故不是單純由於現實脫離了理想，亦不是單純由於理想從現實上騰高了上去，乃是由於理想之產生。關於這一層，將在下文接着討論，現在仍先講理論與概念之和結構之關係。

我在上文已經說過，結構與概念固然在其初是相符的，只是因為概念在符號方面的作用本居大部分，而在意義方面則勢必隨着理論而變。理論二字在此處是取比較上淺的意義，幾乎就是普通所說的觀念系統，故只名之曰「說」或「說法」，其義自較「理論」為淺。我以為無論任何初民的社會組織其背後必有一套觀念系統流行於這些人們的心腦中。須知文明與野蠻之分，換言之，即開化與未開化之分，即在於這些觀念系統自身是否合乎邏輯，尤其是在於其有無所謂外貫通。此理甚關重要，請詳言之。以實例為言，如古代中國社會是以「禮」來表現組織與秩序。但祭禮與婚禮不是一件事，兩者性質並不相同。在祭之中，祭天與祭祖先又不是一件事。祭祖先是慎終追遠，祭天則只由天子為之。但對於兩者倘加以理論的說明，則又必須得其置於一個統一的觀念系統之下。故禮記上有言曰：

『萬物本乎天，人本乎祖。此所以配上帝也，郊之祭也，大報本反始也。』

這顯然是以『報本反始』一個意義而把祭天與祭祖完全貫通了成為一個統一的說明。又如：

『男女有別而后夫婦有義；夫婦有義而后父子有親；父子有親而后君臣有正。故昏禮者禮之本也。』

這又顯然把昏禮的說明與祭禮的說明置於同一的原則之下。就是禮所以養人而爲之坊。這些都是很好的例證，證明每一個制度倘要明其所以然，則必有說。而對於這個制度的說却又必與對於另外別個制度的說相貫通。對於甲制度的說而竟與對於乙制度的說有貫通的地方，這便是所謂外的貫通。因爲甲制度與乙制度旣同時存在，則對於甲制度的說倘若是與對於乙制度的說立於不同的原理之上，則這兩個制度背後便潛伏有兩個不同的原理。這兩個不同的原理必是互相衝突的，勢必致這兩個制度永久在矛盾與爭鬪之中，而不得調和。但在一個時期上，一個文化中，所有社會上各種制度總是愈能基於一個原理愈好。反之，卽不能每一個制度有不同的說。所以同一的說，而能說明許多的制度乃是文化的進步所要求的。換言之，卽每一個制度的說與其他各制度的說，倘使這些制度是同時的，則必須建立於同一的原理之上。於是說起來，便言之成理了。或可說，就是講理上說得很通。這卽是外的貫通所以爲「說」之所以成立之必要條件。

現在再舉一個反面的例，如云「對於剝奪者施以剝奪」。這就是說剝奪者所有完全是不義之財，將這些不義之財使其吐出乃是正當的報復。這種議論如基於報復的原理，乃是純出於感情。倘使改爲凡足以產生剝奪現象的生產工具皆歸於公有，則便不是對剝奪者加以剝奪了。事實上雖都把不義之財拿出來，但理論上說法却有不同。一個是報復，一個是歸公。並且歸公亦不限於這些不義之財。這樣則前者理論上是說不通的，後者乃始說得通。

總之，中國謂之曰「理上說得通」，而在西方則是合乎邏輯。好像儒家自始卽很注意於此，乃有所謂「正名」。荀子說：

『王者之制名，名定而實辨，道行而志通，則愼率民而一焉。』

後來董仲舒亦說：

『名者聖人之所以眞物也。故凡百譏有黮黮者各反其眞，則黮黮還昭昭耳。欲審曲直莫如引繩，欲審是非莫如引名。名之審於是非也，猶繩之審於曲直也。』

這就是論語上『名不正則言不順；言不順則事不成；事不成則禮樂不興；禮樂不興則刑罰不中；刑罰不中則民無所措手足』的說明。其實，論語這一段本來甚爲明白，就是把『名之必可言也，言之必可行也』兩句倒過來，成爲：『行之必可言也，言之必可名也。』換言之，卽是以名來左右言，以言來決定行。所以說：「君君，臣臣，父父，子子。」就是實際上作君的必須在理論上正合乎君之概念與其含義。否則便是「君不君，臣不臣，父不父，子不子。」君而不仁卽是不君；臣而不忠卽是不臣；父而不慈卽是不父；子而不孝卽是不子。所以說：「爲人君止於仁，爲人臣止於忠，爲人父止於慈，爲人子止於孝。」卽是「在止於至善」的「止」字。在此訓爲完成。這便是以概念的含義而來糾正實際的情形。同時先以一套理論來劃定概念的內容。須知以概念的意義來校正實際上有些不合於這個意義之情形乃是古代改良社會的唯一辦法。其實卽在近代與現世，這個辦法亦是不可廢的。我在思想與社會上亦曾論及這一點。須知所謂的唯物史觀幷不是照世人一班所解釋的那樣完全排斥觀念在社會歷程上的功用。老實說，觀念系統苟通行於各個人之間便成爲公共的東西，所以觀念系統幷不是完全屬於主觀方面的。觀念亦可當作一個客觀的東西看待，幷且能在人心上發生力量。因此社會學家亦承認唯物史觀，但却取寬汎的解釋。我的態度亦是如此，可見承認概念與理論足以在社會組織上發生變化的影響幷不背於唯物史觀的廣汎原則。我在思想與社會上說，物質的變化在於改變社會，概念的釐定在於固定社會。就是先有一套理論，凝爲三數概念，使人人心目中都熟習了以後，社會的組織便可依照着而另成一種制度。所以革命必待客觀條件的成熟，而建設則必須俟新概念之普遍流行以後。這一點因爲已經說過了，不願在此再加詳述。現在僅說明古代儒家的「正名」，其施於社會却和現代我們所說的「講理」有同一的功用。我們要糾正社會上的過失勢必提倡講理，但講理又勢必講究推理的程序與理智的運用以及證明的方法等等，而這些全是邏輯的所有事。於是可知凡講理卽必須講邏輯。在此處我們必須承認西方文化有一個優點，却較我們中國文化高遠些。這個優點就是西方所謂理是與智永不分離。換言之，卽條理雖可謂爲自存於外界，然却終須由理智而窺見。所以二者不可分開。因此如要窮理便須訓練智力，遂走上理智的一條路了。卽訓練理智之結果可以得方法愈益周密，證明愈益確切，貫通的範圍愈益廣大，就中尤以貫通的廣大爲最要，其故在上文已言之，不贅述了。

理智訓練的另一結果是在反而愈益得發見謬誤。所以應知謬誤之發現乃較眞理之發現更爲重要。我常說一部人類文化史直不曾是人類自己發現其已往的錯誤之一部歷史。倘使不發現已往的錯誤，則決不會有進步。故進步就專靠這個錯誤之發覺。人類不斷地發覺自己的錯誤遂演成今日之文明。所以人類的第一大德是悔悟，而其第一罪惡就是怙惡。這一次德國納粹黨所表現於世界的乃是怙惡到底，這眞是人類惡根性的澈底暴露。如何方能發現錯誤呢？這却有待於方法，或換言之，即邏輯。在未討論這樣的邏輯功用以前，請先說一說理想與現實之分開。而用此藉明方法之改善與推理之演進是有助於理想之產生。

中國人相信一治一亂的循環局面，其解釋是一切制度日久就會生弊。弊字就等於西文的 distortion（即歪曲）。一切制度所以會有弊之故，在中國的傳統思想上却沒有說明。我的說明是個人爲滿足其過分的要求而生有所謂「利用」。關於這一層在前章亦曾提到。例如政府之設立原是爲了維持法律的秩序，但個人一掌握政權便可滿足其「權力慾」。這個權力慾就是由於利用而成。又如商業本是由於交換與貿遷（即物品由甲地移至乙地）的需要，但却有人利用此而嬴利。遂演成商人階級以操縱於生產者與消費者之間。這又是利用的顯明的例證。一切制度皆可因爲被人利用而致有弊，或換言之，致生有歪曲。所以我主張現實與理想之分離是在一方面由於歪曲之發生，而在他方面則由於因爲弊生了以後不能不有「正名」一類的糾正作用。在本章所要討論的尤其是這種糾正作用。這種糾正的作用在中國的傳統辦法上，就是所謂講理。講理二字幷不限於在中國的上層社會階級知識分子間通行，並且在一班普通的平民社會中亦通行着。不過他們所說的講理和我今天所分析的完全不同。我今把理分爲條理與理智。又於條理再分爲方法與秩序。再在秩序上又分爲自然的與倫理的。中國傳統的辦法則決不加以這樣的分別。所以他們所謂理是一個渾括的名詞。但這個名詞却暗示一種力量，就是宇宙間人事上都必須有秩序，在秩序中各有「當然」。朱熹訓理爲「當然之則」就是這個意思。所不同者只是有學識的人僅承認必然的秩序中是有當然；而一班俗人則幷約定俗成的秩序亦認爲有必然，遂亦有當然。換言之，即有思想的人主張有所謂合理的秩序；而粗俗的人則以為凡秩序皆是理，守秩序即是合理。這一點關係亦頗重大。例如世俗的人認皇帝的話就是理，官廳的文告亦就是理；而有知識的人則以為政府所為不盡合理。理是超然的。所以可見中國人所謂理在根本上即是有伸縮的彈性。換言之，即決不是固定的。所謂不固定不是指有變化而言。須知理的本身不能有變化，但人之有得於理卻可有淺深。淺理與深理又可以有衝突。只見淺理則不外乎維持現行的秩序而已，不會有進步。所以要想有進步必須對於理更加一層透視，發見其中的最後層。西方人在這一方面卻較中國人為高明，為有成績，就是他們發見了有所謂自然法，所謂自然的平衡，所謂普遍的人性。以人性為根據而說社會上通行的理即等於以物性為根據而說宇宙間所有通行的理。後者是所謂物理學。必須用研究物理的方法以研究「人理」。其實人理就是「群理」。物有其理，則人必亦有其理，而群理就是這個人理。詳言之，人理就是人性，或可說出於人之本性。群理就是人與人結合間所現的本性。西方學者在實際上其講理實遠甚於中國學者。因為講理所以必須推崇所謂「理性」，理性之見重乃是文化所以能有進步的緣故。在初民大部分為習俗所困，卻不是完全沒有辨別是非之能力。這種能力一經訓練立刻即會發展出來。所以西方人是把所講的理與辨別是非的能力合併在一起，加以提倡。既不是專主張只靠着外界自如的死板板的條理，亦不是專主張只靠着認識條理的辨別力與智慧作用。這是說西方文化偏重於理智方面是其優點。

至於汎言理想之產生，則不論中西皆不外乎由於特殊人物之出現。在此我要討論所謂「偉人說」(the great-man theory)。此說很尋常，就是以為歷史是英雄造的。我在此處和一班人有不同的意見。即亦承認歷史不是英雄造的，誠如山立格曼所說：

『沒有偉人的慎思敏行，則世界進步決不會有現在的樣子，但須知偉人之所以如此，乃係由於其社會環境所定。』(“Without the winged thoughts and the decisive actions of the great leaders, the progress of the world doubtless have been considerably retarded. But few now overlook the essential dependence of the great man upon the wider social environment amid which he has developed.” —— E. R. A

Seligman, The Economic Interpretation of History, p. 96)

但我所主張的特別人物幷不是指這一類的偉人。偉人在歷史有何貢獻非本書所要討論。或可說著者亦很贊成這種環境決定論同時亦承認可以減輕偉人之重要性。不過偉人之重要性和所謂「個性之重要性」(the importance of individuals)不盡相同。我却和詹姆斯 (W. James) 一樣，很贊成這個個人重要性之說。詹氏之說載於其書 The Will to Believe and the Essays in Popupar Philosophy，此處容不繁引。根據這個原則，我以爲不必是偉人，只須在思想上有一些發明，與在行爲上有獨立特行的一些地方，都足以致其影響於當世與後世。所以我不採取偉人說。所謂偉人是指秦始皇，唐太宗，拿破崙，俾士麥一流人物。我現在所要說的不是這些大人物，乃是指那一些有傻氣的人們。任何時代都可有這一類人。他們指摘當世，同時又說出理想上應當的樣子而與當世的狀態相對照。在西文稱這些人爲 utopians，可以說是西方所有的社會主義者都是屬於這一類。他們有熱烈的情感，有遼遠的想像，有嚴正的理論，更有堅強的信仰。他們對於現實的現狀有嚴厲的批評與堅強的反對。惟這樣方把現實在價値批評上揭穿其卑下的內容。惟這樣方把理想從現實以上提高了出來。所以理想與現實之分離之發生乃是完全由於有這空想的熱心家。這一類人名之曰理想家亦可，名之爲空想家亦無不可。雖則他們的空想永無實現之一日，但其刺激力却極大。乃永遠把人們刺激着使對於理想生一種企望之心，對於現實生一種厭惡之感。所以我們不能把理想認爲是空想，因其永不能實現而遂加輕視。須知其價値就在於能對現實不斷地喚起改造的要求。不滿於現實同時想改造一下就是理想之功用。但改造現實必須立一個標準。這個標準就是所謂「理想」(ideal)。理想必是一種原理。例如中國的聖賢所立的理想是「仁」，亦可說就是「博愛」。而西方理想家所立的標準是自由與平等。從仁的標準以驗當時的現實社會，則當時社會（春秋戰國時代）確是不仁。後世的社會亦未見得能仁。然而仁總不失爲一個高懸的標準，總要設法使社會現狀愈接近之乃愈好。儒家因爲不能一躍而躋於這種理想的社會，於是乃有大同與小康之分。這顯然是把理想認爲可以有層次的。所謂講理，便大有彈性。不僅表面上的秩序是理，既成的條規是理；並且所謂理還須含有更深一層的意義，乃是可以推進至於「止於至善」的地步。所以「講理」二字意義便有深厚的包涵，乃是由旣成而達到當然，不完成而達到完全，由未善而達到至善。須知希臘人所說的「諧和」與中國人所謂的至善亦都是理想。這些理想亦就是有層次的理。總之，在已然實然的條理中又深透一層而發見未然當然的條理，這乃是空想家的功績。空想家對於社會人羣的貢獻正就在此，切不可以其爲空想而短之。須知嚴格言之，人類的思想根本上就不會完全踏空。所以實際上並無所謂空想。凡所謂空想總可在實際上實現幾分之幾。例如穆亞（Thomas More 1476—1535）自名其書爲「烏托邦」（utopia），然其中所言有好些不僅可以實行，且有已經實行的，但其理想之全體仍爲不能實現的。反之，如馬克斯主義，雖自命爲科學的社會主義以別於空想的社會主義，卽意在表明其主張完全可以實現，並且將來必然實現。但迄至現在爲止，卽以實施馬克斯主義爲使命的俄國亦未曾照馬氏所說的原樣一一實行出來。卽此足證馬氏思想中就有空想的要素，或可說卽有幾分之幾是屬於空想的。所以我主張從社會改革方面而言，要提高理想，則空想是不可免的；而另自知識社會學而言，則又可說決沒有完全的空想。一切空想都具有推動的力量，足以使正在搖動中的現狀發生變化。因此我很重視空想，遂不名之爲空想，而稱之爲理想。同時以爲凡理想都必與現實有距離。如果十二分要切合於現實，則理想卽無由建立。因此我們正不必因爲某人的學說不能完全實行而就加以輕視。反之，我乃正因爲其未完全發爲現實而特別加以讚揚。人類社會所以能不斷地改良卽正由於有這些理想家出來，把其思想弄得好像日光一樣對於人羣照着，使人人雖都想趨近於太陽而終不能卽。這就是講到社會進步，所以理想家爲必不可缺少的緣故了。在古代這樣的理想家就是宗教家，或卽是創教者。不但是耶穌，并且如包羅以及舊約上的阿摩斯等人，都可算在內。中國則不但孔子，還有其他賢者。這些人有一種傻氣，不爲自己的名利，而抱定了一個理想，死生以之。理想一詞在中國舊日謂之曰「道」。所謂「守死善道」卽是此獃人。不過到了後來，這樣的人不能不變一個形狀而出現，於是便有科學家。我所謂的科學家不是指那些發明電燈電話的人而言。我在思想與社會上曾提出科學有兩方面，一是技術的方面，一是精神解放的方面。沒有自由的國家例如日本，其吸收科學只能限於科學的技術，決不能感受到科學之解放的精神之好處。現在所說科學乃是指後者而言。例如蓋列劉（Galileo 1564-1642）爲了地動說受罰，而不屈其所信。此外從純粹學術立場而自經濟學出發的馬克斯（Karl Marx 1818-1883），亦正是這樣的人。換言之，卽理想家而走入科學的路乃是後來文化進步的最好現象。西方的文化所以能爲世界文化而壓倒其他民族的文化亦正由於此。人類最可寶貴的地方亦就是把理想與科學會合爲一。因爲科學本身就含有理想。須知科學本是想從表面上的條理中另發見深奧一層的眞正條理；而想這樣去發見又必須用高度的想像力。例如看見蘋菓從樹上落下，而想到萬有引力。在那樣情形，這種科學的想像力是從理智的訓練而產生的。沒有這樣訓練的人決不會有作這樣的想像法子。所以西方文化上的講理是將其與理智訓練合併爲一事。理智訓練亦就是中國人所說的「學」，但中國人從事於學是學做人。荀子上有：

『君子之學也，入乎耳，著乎心，布乎四體，形乎動靜，端而言，蠕而行，一可以爲法則。』

又說：

『學惡乎始，惡乎終？曰：其數則始乎誦經，終乎讀禮。其義則始乎爲士，終乎爲聖人。眞積力久則入，學至乎沒而後止也。』

可見中西文化之不同亦就在於這個對於理智的態度有些不同。老實說，沒有一件理智上的工作而不含有實用的結果於其後的。中國所異於西方的不在於專注重實踐的智而忽略純理的智，這種分別的看法是很表面的。其實乃只是西方文化注重理智，由理智再開拓了實用之門。中國則直接把所有的心力都用於如何做人之一問題上。以言理智與做人之關係，西方是間接的，中國是直接的。中西文化之不同亦只是這樣的間接與直接之分而已，別無其他。關於社會秩序上的應該道理，中國人亦不是不講邏輯。最顯明的例是墨子的「非攻」說，請列其原文如下：

『今有一人，入人園圃，竊其桃李，衆聞則非之，上爲政者得則罰之，此何也？以其虧人自利也。至攘人犬豕雞豚者，其不義又甚入人園圃竊桃李，是何故也？以虧人愈多，其不仁滋甚，罪益厚。至入人欄廄，取人牛馬者，其不仁義又甚攘人犬豕雞豚，此何故也？以其虧人愈多。苟虧人愈多，其不仁滋甚，罪益厚。至殺不辜人奪其衣裘，取戈劍者，其不義又甚入人欄廐，取人牛馬，此何故也？以其虧人愈多。苟虧人愈多，其不仁滋甚矣，罪益厚。當此天下之君子皆知而非之，謂之不義。今至大爲攻國，則弗知非；從而譽之，謂之義，此可謂知義與不義之別乎！殺一人謂之不義，必有一死罪矣。若以此說往，殺十人，十重不義，必有十死罪矣。殺百人，百重不義，必有百死罪矣。當此天下之君子皆知而非之，謂之不義。今至大爲攻國則弗知，從而譽之謂之義。誠不知其義也，故書其言以遺後世。若知其不義也，夫奚說書其不義以遺後世哉？今有人於此，少見黑，曰黑，多見黑，曰白，則以此人不知白黑之辨矣。少嘗苦，曰苦，多嘗苦，曰甘，則必以此人爲不知甘苦之辨矣。今小爲非則知而非之，大爲非則不知非，此可謂知義與不義之別乎？』

這一段的辯論法完全是用上文所提出的那個「貫通」爲標準，換言之，亦就是以「說得通」爲據。所謂說得通，就是在甲範圍內某種說法能成立，迨其擴張至乙範圍，因爲性質未變，則某種說法必依然有效。從反面來說，就是在甲範圍中某一原理成立了，倘使擴張至乙範圍，性質完全相同，而要硬說必須另立一個原理，不復再用這個同一的原理，這決是不行的。墨子在上文所引就是表明這個意思。質言之，就是用上文所說的那個「外的貫通」爲標準。因爲凡適用於甲範圍的必亦適用於乙範圍。倘使在性質上二者相同，這亦就是外的貫通之一種。凡適用於甲範圍的竟會不適用於與甲相同的乙範圍，這亦就是違背了外的貫通之原則。我以爲文明之高低往往即決於此。即文化低下的人民，其思想往往不相聯貫，對於甲事作一種說明，對於乙事另作一種解釋，而不求兩者之間有所貫通。我們可名此種思想態度爲割裂的，即不求統一的原理，亦即是縱使有一個原理而亦不拿去普遍適用。文化程度漸高了則不然，必須求解釋得圓通。於是乃知若殺人爲有罪，則殺本國人固有罪，殺外國人亦必有罪。這樣用一個原理而使用於任何處所，只要情形相同即可不背，真乃是文化進步上講理的功績，亦正是理智發展的唯一特徵。所謂推進文化，所謂提倡理性，亦都是指此而言。舍此以外，別無打開講理之塗之法。上文所提到社會學家的話，謂文明人與野蠻人之差別卽在於文明人的思路漸漸變爲「邏輯的」，就可照這樣來註解。換言之，卽文明人的思路因爲講理之故不能不求「通」，而野蠻人的思路則依然是割裂的。從這一點來講，我們對於眞理決不可取「相對主義」(relativism)，以爲「此一是非，彼一是非」，或「公說公有理，婆說婆有理」。眞理固不能完全脫離其環境的狀況，然却不能各說同時皆有理。關於這一點，討論起來，勢必十分冗長，在本書體裁上不合，只好不多說下去。好在我在知識與文化書中已有專章討論了，讀者請參閱罷。

不過我在知識與文化上又提到不同的邏輯，卽我從文化的觀點來看，主張邏輯有多種，而不限於一種。我以爲一部邏輯發展史正就表現人類理智發展之史迹。各種不同的邏輯雖到了今天可以同時存在，然而其發生出來却有前後的次第。第一是所謂亞里斯多德的邏輯，實際上幷不是他一人所造，乃只是整理前人所已發現的規則而已。其次是培根(Bacon)的邏輯，到了彌爾(J. S. Mill)方算整理完成。再次是黑格爾(Hegel)的邏輯，却由馬克斯派出來又改變其性質。最後是所謂符號邏輯，這些邏輯的發展順序顯然代表西方文化自身發展之情形。詳言之，卽每種邏輯各代表一種需要，對付一個對象，向着一個目標。這些需要乃因文化的進展而次第出現，遂致不能不有新的邏輯來應付之。故邏輯發展之史迹正是文化上理性發展之史迹。西方文化上的所謂理性居然有此優點，卽是自身發展的，而不像中國把理認爲亘古不變，無增無減，萬世如一的。今後中國必須重振這個傳統的「講理之風」，但同時又必須兼收西方的優點，而把理認爲是發展的，不是不變的。換言之，卽不把理只認作條理與道理來解，亦不把條理只當作既成的來解，乃同時把理認爲是理智與條理之合一。因爲智慧根本上是「創造的」(creative)。條理既隨着理智的發展而開拓開來，則亦有增新與擴大，甚至於改變。這便是認理爲「發展的」。不過理之所以爲發展的却有兩方面：一是磨練理智，二是提高理想。說到理想，本來是在邏輯以外的，只能作邏輯推論的前題或假設，不能作邏輯推論的結論或證明。這是大家都知道的，似不須多說。但這樣的理想雖在邏輯以外，却仍必藉助於邏輯方能發爲論據與演證。所以西方文化上講理的優點是以理想來改善條理，又以理智來窺測條理。遂致所謂理於一方面與「善」相接軌，在他方面與「智」相幷進。這樣的態度和中國固有的理學亦並不是完全不同。中國傳統思想亦是把理與善認爲同一的，斷無合理而不好的，亦斷無好而不合理的。所以從一點上說，我們今天要重振講理之風，在中國文化的根底是本有所據的，不過必須改變爲西方人講理的態度方好。在上章前提到兩民族的文化相接觸時必須從其相似之點方可得了解，因了解而得溝通。西方人的講理態度可以到中國來乃正是由於中國本有講理之風。不過我亦知道西方的理性主義到二十世紀初期起了很大的搖動，受了很大的打擊。反理性主義乃抬頭了。此次全地球的戰禍似可說就是這樣反理性主義所造的。人們飽受了這樣的教訓以後，我敢說今後必重返到理性主義上來。因爲沒有理性主義就不會有平和。現在既要平和，既要建立世界永久平和，則舍於思想方面恢復理性主義外，別無他途。我想有識之士都已見到了，似毋待我多說。不過我却是不待今日而始作此種主張，在數十年以前就以爲凡與理性主義相背的思想決不能爲人羣造福。所以我敢說經此次大戰以後，二十世紀的中期思想乃適異於其初期。中期的思想既不能不是復返到理性主義，則對於十九世紀的思想與其說是相違反，不如說是相近了。或可說二十世紀自初期以後其思想潮流反而折回來與十九世紀相接近。現在卽正在這個趨勢進行中。郭湛波先生於十年前撰有中國近五十年思想史一書，把我亦列入，並評定爲在十九世紀思想一類中，我聞之並不引爲貶辭。因爲我始終自信十九世紀一類的思想反而會變爲二十世紀後期思想的主潮。凡是在二十世紀初期轟動一時的思想必定因爲引起大亂而終被人們所厭棄。現在我的預想果然都驗了。

第五章　自由與民主

在前兩章已討論了人格與理性兩概念，對於這兩個概念既作分析，又作歷史的追討。現在應當討論到與其相連的另外兩個概念，就是自由與民主。「自由」在英文有兩個字，一是 liberty，一是 freedom。前者係由拉丁文 liberta 而出。比較上前者偏於解放的意思，後者偏於自主的意思。但實際上前者往往指權利而言，後者却又不免偏於內心方面。這些區別幷不太大，不過在哲學上求其根底却不能不置有區別。「民主」一詞人人都知道是指 democracy。此字的歷史却頗有變化。正譯當爲「平民政治」。因爲 demos 這個字，在希臘是指一班下級社會的人民而言。所以在柏拉圖與亞里斯多德的政治學說中，不把這樣的平民政治列爲最理想最良好的政體。這個名詞雖起於希臘，但後世的用法却是與希臘時代不同。本書因爲自由是民主主義之心核，所以把這兩個概念合在一章中討論之。自由這個概念有種種的涵義，可以從哲學來討論，亦可從社會學來討論，更可從政治制度來討論。從哲學討論起來甚至於牽涉到心理學，從政治制度來討論有時便不能不兼述其沿革，又勢必涉及歷史。所以本書所取的態度是多方面的。民主一概念亦然。關於民主的學說更爲紛歧。有主張只是一個政治制度的，有主張必須從教育上着手的。民主這個概念又無論如何是必須在制度上表現出來。所以二者雖不可分離，然在意義上仍不失爲獨立的兩個東西。而況民主之與自由相結合，其間又必另有一個概念爲介：即是「平等」(equality)，因爲自由這個概念是與「個體的自覺」(individual consciousness)，即自己覺得是一個「主體」(agent)有密切關係，所以自由觀念却遠在平等觀念以先就發達了。平等觀念反而是後來參入的。我們從歷史上敍述這些概念之發展，自不能不先從分別說起，然後及其合併的情形。

詳述自由觀念之發展史迹亦頗不易，因爲比較上甚爲複雜。現在因爲篇幅有限，只好盡力從簡單來說，但在未述西方的自由概念以前，却要先講一講我們中國的思想。我敢說中國自古即無像西方那樣的自由觀念，其有與之相似的只是所謂「自得」。孟子說：「君子深造之以道，欲其自得之也，自得之則居之安；居之安則資之深；資之深則取之左右逢其源；故君子欲其自得之也。」其他如云：「無入而不自得」，又云「萬物靜觀皆自得」。這個「自得」却是中國思想，尤其是儒家思想之長處。自得二字的確解必須與理字之解釋同時說明，方能成立。我在上章已說過，中國的理字是作「分際」來解。所謂分際是起於總體上，必先有一個有機體的整體。因總體上有分際，遂形成各部分。前者就其本身而言；後者則從總體來決定而言。一切物之性皆由總體來決定，正猶目耳之性由於整個兒的人為來決定一樣。這個我嘗以目視耳聞為譬，以說明此情形，即目是為了全身而視，耳是為了全身而聽。視與聽各不同，乃是所謂分際。詳言之，目只應視而不必兼聽，耳只應聽而不必兼視，各盡其所司，即是分際。因分際而成各物。不是有目而後為之視，乃因是為有視方足為目。換言之，亦可說因視而決定目之所以為目，因為目是在全身上，不是單獨自己存在的東西。中國人的宇宙觀是把世界即認為是一個渾然的整體在其中，因有各種不同的條辨分界，遂形成各種不同的事物。這些事物對於總體各盡其不同的機能或職司。所以理是總體的宇宙上自己現出的條辨分界，使事物有不同的性質，各本此種理由所賦予的性質而以全成宇宙整體的性質。個物的個性是由理而成。所以朱熹竟把理認為宇宙的本體，想就是根據這個意義。在這一點，朱子的主張却有與西方思想上的柏拉圖相同的地方，但與後來由柏拉圖而出的英美「新實在論者」（neo-realists）的說法不同。個物依理而實現，在中國名之曰「盡性」，盡性者即盡其天賦的職司以完成其性之謂也。其性不是自己的，乃是由全體宇宙而決定。故儒家思想亦是偏重於主張「無自性」，但和佛學上的意義不同，即不是把無自性等於虛空，而乃是說個物的性不從其本身而出，只是為宇宙整然的一體而分別劃定。這樣從一方面是無自性，而他方面却反而有自性。於此可見所謂自得即正是盡性後的自覺，亦就是自己覺得合理。除「合理」外，又有所謂「當理」，即於理恰當之義。一個個體而盡了全體所賦與的天職，一分不多，一分不少，正恰當於其分際。這樣乃會完成其本性，自會有自得之感。所謂無入而不自得，就是凡事當下無不合理。無論空間上有移動，時間上有變化，而總是合乎分際，不會多一分，少一分，恰恰盡其所應盡的本性。這便是無入而不自得。所以自得二字與盡性二字必然相聯，同時又與合理（或當理）二字亦必然相聯。理既是作分際來解，性又是作天賦來解，則與合理盡性相聯的自得決不會有惡或弊的意思或可能性。因爲自得絕對不會含有「逾分」的意思。說到此，便顯見從儒家的立場勢必對於西方人的「自由」概念加以懷疑或反對了。自由二字照字面上講，確不免有「放縱」與「隨便」的意思在內，然而這只是望文生義而已。實則在西方人的思想系統中，雖就歷史說誠亦不免有一個時期自由太過而生流弊，然就本義說，却決不含有這樣的涵義。換言之，西方人的自由和中國人的自得，在出發點上誠是大不相同，在意義上亦復不同，然在精神上却不能不說竟有些相同的地方。就是西方人對於自由正和中國人對於自得，其態度頗有相似處，都是以文化的全體爲其背境。如不了解其背境的全體文化，則決不會眞知道自由與自得是甚麼。在上文已說明了自得，請接着說一說自由這個概念。

自由一觀念在西方文化上實有深與的意義。論者總是說自由有多種，有哲學上的自由，有政治學上的自由，兩者並不相同，且無必然關聯。例如彌兒的自由論在開宗就說：

『有心理之自由，有羣理之自由。心理之自由與前定對，羣理之自由與干涉對。今此篇所論釋，羣理自由也。』（嚴復所譯，但原文爲：The subject of this essay is not the so-called liberty of the will so unfortunately opposed to the misnamed doctrine of philosophical necessity, but civil or social liberty

——J. S. Mill, On L iberty Introduction)

換言之，即哲學上所討論的自由是與「必然」（即前定）相反；而政治上所討論的自由，則只與強權（即壓制或干涉）相對立。兩者各有其來源。但在文化的根底上，哲學上的自由問題與政治上的自由問題却不能完全沒有關係。在表現上則哲學上的自由是人生觀上的問題，雖涉及宗教，倫理，與心理，而仍不外乎思想上的問題。至於政治上的自由却是一個制度上的問題，必須有法律爲之保障。前者無形，後者有形。本書當然對於後者要多加討論，但爲追溯文化的根底起見，勢必亦兼及前者，用以表明二者之有相當的關係。

制度上的自由就是民主。民主制度有其悠久的歷史，并不是有待於「自由」觀念產生後而始成的。毋寧反過來說，自由之被認爲有其存在，乃是由於在制度上先有了民主的機構。所以我們討論制度上的自由或政治上的自由就是討論民主政治。民主政治其起源甚久，可以說與哲學上的自由問題簡直沒有關係。這我們可以說民主政治上的自由在西方是大概全出於希臘文化，而哲學上的自由與必然之爭却是後來自基督教中間接衍推而出。但兩者雖非同一起源，然後來却發生了關係。其關係有不得不然者，因爲關於人生價值與做人處世（即對於社會之貢獻等）在這些地方皆足使兩者相交叉。但我今爲敍述便利起見，反而想把後起的哲學的自由拿來先付討論。

哲學上乃是自由與必然之對立。首先提出這樣的問題則是由於道德問題上的「責任」概念之發生與其說明。據哲學史說，這樣的問題仍是起源於希臘。不過我則以爲就「自由意志」(free will)這個字面來說，却又是在希臘以後了。中世紀的思想比較上反而更顯明注重於這個「意志是否自由」的問題之討論，於是我們不能不把這樣的自由問題亦同歸於宗教。但宗教上的自由問題除此以外尚另有一種，即所謂對於異說之「寬容」(tolerance)。這乃是思想自由或言論自由之鼻祖。這樣的寬容是比較上先出現於英吉利人。我們爲便利起見，把這一種認爲眞是宗教上的自由。並且這種自由亦是現於制度上的。因此討論起來又不得不列入於思想自由一項中，而與哲學上自由與必然之爭無涉。

在哲學上自由和必然之爭論乃是由於先有必然，而後自由又出來，遂發生了問題。「必然」這個概念更是從宗教上來的。在最初是所謂「命運」，希臘文是 moira，乃代表命運的神（或更比神爲有力的人格者）。這種定命的思想在希臘文化的初期卽甚濃厚。據社會學家與人類學家研究，大概原始民族無不宥於命運的觀念中。我們要測量一個民族的文化進步與否，其標準就在試看其對於命運之信仰是深或是淺。凡是篤信命運的則可說其文化決是仍逗留於初期之中。我在論進步一章中曾說明這一類的迷信是根本上由於怕死的心理而出。對於死認爲不可抗遂委爲命運，因爲有了「命運」這個概念。乃遂會有「必然」這個概念產生。在希臘有一字是 ἀνάγκη，在蘇格拉地以前的諸哲學家著述中多見之。所以「必然」的思想是確在自由概念顯明出現以前。在自由概念未顯明出現以前，并不是沒有自由這個概念，乃只是雖有而不顯著。其所以不顯著之故卽在於其并未與必然相對立。換言之，卽這兩個概念並無衝突。這樣的情形不但在自由概念未顯著以前是如此，卽在顯明了以後其初亦是如此，必須直到後來纔發見其間不能免於有些衝突。例如奧古斯丁 (St. Augustine)，卽有專書討論自由意志，乃是由於解釋「罪惡」(sin) 之來源所逼迫而出。換言之，卽發見上帝（卽總體）與人（卽個體）之間有些不調和的地方而始有的。以總體總是與必然有同義的地方，以個體總是與自由有相聯的地方，個體的自由與總體的定局之間遂不能不有些矛盾。爲調和這些矛盾乃於必然之中承認自由。遂對於自由加以特別的解釋。其解釋之結果是在於使自由與必然完全調和。不過我們須知西方思想史上始終有兩個大潮流，卽一個是注重於個體的，一個是注重於總體的。前者是希臘文化的特長，後者則不得不歸於希伯來的宗教。奧古斯丁一派的思想依然只是表現在這兩種思潮之衝突中想由希伯來宗教而吸收希臘哲學的企圖而已。於是我們又須得先一述那個注重個體的思想。

希臘哲學上注重個體而提出多元論的當然要推德謨克里托斯 (Democritus)。但其前則尚有多人，如 Empedocles 與 Anaxagoras 亦不是一元論者。可見多元論的趨勢在希臘本是甚盛。不過德氏却未賦予以自由於其所說的「原子」。到了後來伊璧鳩魯斯 (Epicurus) 出來，乃把「自由行動」使其參入於原子運動之中。關於這一方面有 C. Bailey, The Greek Atomists and Epicurus 一書，述之極爲詳盡。以本書不欲詳述，用敢介紹於讀者，而本書卽因此從略了。這種思想，到了羅馬的時代却有陸克利鳩斯 (Lucretius)。他的關於物性 (De Rerum Natura) 的長詩是一篇傑作。就中卽有提到結約而成社會之義。迨至近世，代表多元論的人不能不推萊伯尼志 (G. W. Leibniz)。他把必然與自由調和在一起，直成爲一件事。因爲他於無數的「小一」(monad) 以外，又設有「大一」，卽是上帝。以上帝的自由卽爲宇宙的必然，各小一的自由仍在上帝預定之中。其實這乃是由多元論而降服到一元論的結果。有人謂萊氏曾訪斯披諾刹 (Spinoza)，並讀其道德學 (Ethica) 的手稿。此言如確，則此種思想不能不說是有些地方受影響於斯氏。斯氏在其書上把自由與本性合爲一義。

（註一）

這樣乃顯然把自由即完全等於「自發」(spontaneity)。自發亦就是自動，即自主的行動之意。這個意義却亦由伊壁鳩魯斯而創始。有一個註釋家說，他把每一個原子都賦予以這樣的性質。（註二）

這一段話是把自由導入於天然界中。近來有一派的學者就是這樣主張。我在拙作新哲學論叢上附載有一篇譯文，是英人席勒(F. C. S. Schiller)所作。讀者倘能取該書一讀，必可見西方學者對於天然物理上有無自由之一問題具何見解了。現在且不深談這個問題，因爲太涉及形而上學中的特殊問題，而非本書的主旨。

至於所以提及到這一點的緣故只在於表明個體的自由在全體的定局之下不是不能講的。不過這樣的自由却與中國人所說的「自得」頗有些相通。就拿斯披諾剎的思想亦足證明此說。（註三）因爲斯氏主張人的正當塗徑就是理性生活。理性生活就是把自己與上帝相通，而完全配合。這種思想和中國儒家所謂盡性可說十分相似。儒家主張窮理方能盡性，亦和斯氏所說的理性生活是最合乎本性一樣。所以照斯氏的說法，在一方面可以說是否認自由，是定命論；而在他方面却因爲個體與總體得以諧和，就在這個諧和上，個體得有了自由。這樣的自由即是「自得」。中國人說的「無入而不自得」顯然就是自由。質言之，即出處動靜之間無不恰到好處，亦就是無不當下合理。這樣的恰到好處與當下合理乃正是自由。因此我說中國思想上不是沒有自由這個概念；更不是忽視這個概念，只是中國思想始終以總體爲出發點，故對於個體之自由只能解作自得。而以爲自得乃是眞正的自由。我們亦未嘗不可說，如果要把自由不與放縱有絲毫相似處，則自由確就是自得。亦唯有無入而不自得

（註一）That thing is called free which exists from the necessity of its own nature alone, and is determined to action by itself alone." (Ethic, White's Translation)

（註二）"Spontaneity precedes, follows, and completes nature, and prevents it from being a mere mechanism incapable of improvement and subject to an inexdrable fatalism: it is for this reason that Epicurus maintains it."

（註三）"Our salvatics or blessedness or liberty consists in a constant and eternal love towards God, or in the love of God towards men."

乃始成爲眞自由。不過我的意思却以爲中國人的此種思想總不免太偏於個人修養方面，至於關乎公共的制度則付之缺如。這便是中國思想的一個大缺點了。我嘗舉孟子對於傳賢傳子的意見爲例，以明儒家不注重制度之弊。孟子說：

『天與賢則與賢，天與子則與子』。

於此所謂天乃是指「天視自我民視，天聽自我民聽」而言。所以說：

『昔者舜薦禹於天，十有七年，舜崩，三年之喪畢，禹避舜之子於陽城，天下之民從之。若堯崩之後，不從堯之子而舜也。禹薦益於天，七年禹崩。三年之喪畢，益避禹之子於箕山之陰，朝覲訟獄者不之益而之啓，曰：吾君之子也，謳歌者不謳歌益而謳歌啓，曰：吾君之子也。丹朱之不肖，舜之子亦不肖。舜之相堯，禹之相舜也，歷年多，施澤於民久。啓賢能敬承繼禹之道。益之相禹也，歷年少，施澤於民未久。』

其歸結是：

『聖人之行不同也，或遠或近，或去或不去，歸絜其身而已矣。』

可見其主旨只在歸絜其身而不問制度如何，以致傳子沒有繼承法，傳賢沒有選舉法。其結果變爲沒有固定的制度。這樣則對於比較複雜的大社會却是很困難的了。制度就好像道路。如果一個人行走或可不必有固定的路徑。倘使多數人往來則決不可沒有修成的道路。不然，往來雜沓便會互相碰着了。所以沒有固定的制度，只是隨着人的心術而變化，則大社會必感十二分不便。因此我以爲儒家在政治上的失敗恐怕亦未始不是由於這個緣故。根據這一點，我們可以說儒家所主張的自得只是與西方人所謂內心精神上的自由相當，同時儒家對於制度上的自由則太忽略了。

今後的中國當然不能對於制度方面再有所忽略了。自辛亥革命以來迄今三十餘年，始終對於組織國家的根本大法沒有建立。這件事如在西方必引爲極大的奇蹟，而在中國人甚平淡視之。一班知識階級在這三十餘年中只知道謀得一官半職來做，自命爲能實事求是。而對於替國家建立一個永久的制度則甚少有人引爲急務。可見近數十年來的中國讀書人雖所讀之書已不復是四書五經，而其心中仍不免有儒家傳統的惡習。所以我以爲中國要吸收外來文化首當從固有文化的缺點上設法補足來着眼。平心論之，中國文化決不是不好，乃只是不完備。而在某點上或反是特別優良。間嘗以譬喻明之，如一個家庭的房子，必有客廳，臥室，廚房，以及書房，浴室等，中國情形好像只有書房，沒有浴室，只有臥室而沒有客廳。在書房中洗浴，在臥室中會客，這實在不成樣子。雖則書房特別精緻，臥室特別寬大，而總是不相宜的。中國文化的不完備的情形卽可以此譬喻爲說明。雖關於個人內心的修養方面特別發達，對於公共制度方面則付之缺如。所以今後我們的問題決不是甚麼全盤西化，亦決不是甚麼中學爲體，西學爲用。須知關於公共制度方面的，例如憲法與選舉法等，這顯然是中國本來所沒有的。對於中國向來所無的而設法補充上去，這件事並不甚難，似乎無須要全盤西化的極端辦法，亦不必須中學爲體來作解釋。不過我亦承認雖只是補充空隙，然而却亦必須配合得上，使形成一個整體，不起內部的衝突。因此我對於以往吸收西方文化的態度很引爲有些遺憾。就是不從配合方面着眼，而專從衝突方面着眼。因爲把兩種文化視爲絕對相衝突的東西。所以遂對於固有文化認爲是進步的障礙，應得加以屏棄，於是一時髦的學者都以能咒罵固有文化爲得意鳴高。其實這是一個大錯誤。我在十餘年前有一天和熊十力先生談及中西哲學之不同，我說凡能徹底了解西洋哲學的，同時亦能了解中國哲學。現在一班學哲學的人不能了解中國哲學，并不是由於他們學習了西洋哲學，乃是因爲雖學習了西洋哲學，而仍未徹底了解。中國現代一班讀書人對於西方文化亦是如此。例如高唱打倒孔家店的吳某對於外來文化卽一無所知。胡適先生當時爲之附和，到了今天似亦應有所懊悔了。今天的紛亂，這一班作文化溝通與接觸的工作的人們實在不能不負責任。我在前章上已經提出，凡文化的溝通應從其比較相似或相接近的地方着手，方容易得其真。換言之，卽容易不起誤會。乃中國不然，竟專從相遠的地方下手。換言之，卽專從相衝突的地方從事。所以西方文化一入來，而固有文化便演爲天翻地覆的狀態。何以其他民族迎接西洋文化沒有像中國這樣扞格難入呢？可見這完全是由於迎接的時候有些不得法的緣故了。卽以自由一端而言，今後中國在制度上非有像西方那樣的規定不可，自不待言。但這却與其傳統的

「自得」概念並不衝突。且豈僅不衝突而已，乃實是可以兩者相得益彰。因爲西方亦本有所謂「精神的自由」(spiritual freedom)。在西方亦何嘗不是沒有精神上自由的人就不配享制度上的自由呢？

在此處所謂自由乃是一個積極的概念，不僅是在消極方面解除束縛而已。杜威說自由在個人卽指生長而言以應變化的需要，("Freedom for an individual means growth, ready change when modification is required" ——Dewey, Reconstruction in Philosophy. p. 207)。所以自由本是一個高尙的概念。決不是放恣，不是淫濫，不是隨便。姑舉一例，如有人示我以所謂「內幕」等書，大抵以揑造的事實，似爲是揭發陰私，好像利用言論出版的自由。其實這種下流勾當在文明的國家內本不應在言論出版自由之旗幟下出現，國人不能有正當的自由，而只有這樣的下流的放肆。眞可發一嘆！中國的民族生存靠着別人的力量得以危而不亡，已是僥倖，而內部自己的糜爛却仍是最可危的事。所謂內部的問題就是道德淪亡，教育破產，綱紀掃地，與是非顚倒。今後整理眞非一手一足之烈所可奏効了。這是題外的話，不願再說。總之，下流的放肆不是自由；而所以能有下流放肆的出現，却正因爲沒有眞正的自由。須知揑造事實，攻人陰私，是在法庭上可以控告的，倘使大家都有法律上的自由，則放肆的人決不敢胡亂攻人，可見這種下流現象只是在那個只許州官放火不許百姓點燈的情狀下始有的。所以我常說，自由之在國家與民族正猶人身上有免疫素一樣。一個國家有了自由，自會防止腐化，這亦正好像人身有免疫素可以拒絕惡毒的傳染一樣。一個國家要其不腐化，亦正和一個人必須常保康健一樣。何以自由制度能在一個國家內有免疫素的性質呢？乃就是由於我在上章所提出的那個「自然平衡」。因爲你有你的自由；我有我的自由，大家人人都有自由。但你的自由若逾分了，便侵犯了我或他人。我因爲要和你一樣，決不願把自由讓人來侵犯。所以人人都自由就是人人的自由都不能逾分。因爲一逾分便遇有抵制。在互相抵制之下自會不期然而然得着了平衡。因有這樣的自然平衡，各人的自由遂自會有天然的界限。這便是在分際內的自由。所謂眞正的自由，只是這樣的，決不是放恣與橫冲直撞的胡爲。所以西方人有一句格言，是：我的自由是以不侵犯他人的自由爲界限。可見自由若普遍賦予以人人，則自會含有「平等」概念。平等是基於人性上彼此大抵有個相同的所在。換言之，亦就是出於由人性而成的天然平衡。以實例喩之，如食，一個人至多能吃兩個人的糧，卽所謂兼人之量是也。但無論如何吃不了一百個人之所食。房子亦然，一個人只能住一間，有兩間比較寬舒些。但無論如何，一個人決不能住一百間房屋。在這裏便有一個天然的限制。所謂平等並不是說人人大家都得穿一樣的衣裳，吃一樣的飯。乃只是根據這個天然限制的原則以防止那些用人爲的方法企圖打破這個天然限制的行爲。所以平等是一個消極的概念，必須與自由這個積極的概念相配，方發生功効。可見自由概念中卽必然含有平等概念。二者不可分，有了其一，則其他自隨之而來。西方學者往往明知世上不會有絕對的平等，於是把平等改爲「平等的機會」(equal opportunity)，幷以此卽作爲其解釋。蓋有見於平等只限於社會上，而不關於天賦才能。人的天然能力有高下，這是顯明的事實，誰亦不能否認。孟子說：「物之不齊，物之性也。」正是指各物有其天賦之性。不僅性質有不同，且程度亦必有差異，決不能使其變爲一律或一樣或不同等。於是乃以爲對於此種天賦的不同的能力應使其在同等的機會下各各發展出來。能力高的卽發爲高度的能力，能力低的亦儘其量發揮爲止。倘若加以妨礙，則能力低的雖可如量發展，而能力高的却不能盡其量以發展。這便是以人爲的限制而阻礙天然的發展了。所以平等機會之說和我所說的防止以人爲方法打破天然限制是同一意義的。其實這樣的平等概念在中國固有思想上亦不是沒有。姑舉戴東原的話爲例，他就有下列的主張。

『理也者情之不爽失者也。……凡有所施於人，反躬而靜思之，人以此施於我，能受之乎？凡有所責於人，反躬而靜思之，人以此責於我，能盡之乎？以我絜之人，則理明。天理云者言乎自然之分理也。自然之分理，以我之情絜人之情而無不得其平是也。……情得其平，是爲好惡之節，是爲依乎天理。』（孟子字義疏證卷上）

他的這種平等說完全是出於大學上「絜矩之道」。絜矩之道之根本原則亦就是「己所不欲勿施於人」。乃是由於「以己之心度人之心」。這正是我在人性一章中所說的人人之性必有一個恆率。根據這個恆率，遂造成抽象的普遍人性。但以己度人（卽他人有心，予忖度之）仍是以我爲出發點。這和上文所述的互相抵制，在意義上是不相同的。互相抵制可以得着一個抗衡，即因互相抵抗而得均衡。西方人的平等說大約是偏重在這一方面。其實兩者是相爲表裏的。必須先從內心上有己所不欲勿施於人之修養，然後從外面的社會關係上乃能建立人人自保護其自由，不願受侵犯且能抵抗干涉之公共秩序。中國人只注重前者，誠然有弊。倘使只注重後者亦有所不足。自清末到民初，自由平等之說傳入中國後引起不少文化上的葛藤，未嘗不是由於這樣的偏重，忘却兩者應該並重了。再申言之，所謂互相抵制，就是由於我的自由如被他人侵犯時，我必抵禦之，因而必知道他人的自由被我侵犯時，他人亦必起而抵禦之。這正是己所不欲勿施於人了。這樣互相抵制而得相劑於平，不必等到實際上眞有抵抗發生，而在心中先不妨預存一個他人和我一樣的心理。我自求多福，同時承認他人亦自求多福。不以我之幸福而犧牲他人之幸福，乃正是由於我不願犧牲自己的幸福以遷就他人。可見以己度人還是比較上最根本的。無論客觀上有如何公平的制度，而在個人心理上若不先建立這樣的他人與我相同的觀點，則必是不能運用自如的。中國傳統的思想，以爲訴訟而得解決，不如無訟，就是根據這樣先建立心理的主張而來的。在西方思想上亦未嘗不把所謂「互相承諾」(mutual recognition)視爲重要。我在他章曾批評西方學者所主張的結約說。須知結約說之優點即在把契約主體的雙方乃至多方都認爲是有同等的人格者。倘一方有人格，他方無人格，則契約即無由締結成功。社會的結成正好像一個契約，雖是比喻，却旨在表明這樣的關係是離不了所謂同意，亦就是離不了把對方當作和我一樣的人。所不同的地方只在對方不是一個人，而乃是極多極多的一羣人。所以自由平等之說是和「民約」的思想根本上相聯的。我們只能在某些地方對於民約論一派思想加以修正，而却不能從根本上爲之完全推翻或否認。

根據上述的道理便可知那個伏在自由背後的平等乃只是一個「限界概念」(limiting concept)；不必一定有具體的內容。雖不是具體的概念，却自有其特殊的功用。所以凡從人的智能才幹天然不齊一方面來攻擊平等概念的，完全都是文不對題。美國的一個生物學大家說：

「民主主義的平等不是指遺傳上，境遇上，教育上，與職業上的平等而言，尤其不是說智能才力的平

一三四

等，……只有民主主義是承認人有自然的區分，與其對於社會的貢獻相應，而與人爲的區分正相反對。」("Democratic equality does not mean equality of heredity, environment, education or possessions; least of all does it mean equality of intelligence, usefulness, or influence…… Democracy alone permits a natural classification of men with respect to social value, as contrasted with all artificial and conventional classifications." —— E. G. Conklin, The Direction of Human Evolution, p. 132——3)

須知平等思想之重要只在於其反面，就是不可於天然的不齊以外再有一個人造的不平等。人造的不平等就是所謂「特權」(privilege)。我們名此爲「社會的不平等」以與天然的不平等相分別。天然的不平等本是無可奈何的。但其間却因此反有公道，例如能力大的人其收獲自較能力小的人爲多，勤儉的人其所得自較惰懶的人爲多。這不是不平等，乃正是表示公道。所以天然的不平等不但是無可奈何的事，並且其本身實在不足爲害。我們對於天然的不平等不必憂慮，大可聽其自然。因爲這樣只是於人羣有利而幷無害。所可注意者只是人造的社會的不平等。歐洲十七十八兩世紀的思想有一個功績：就是主旨在於揭穿這個社會的不平等。可惜這些學者使用名辭不十分愼重，他們遂以爲有天生的自由與自然的平等。後世學者不知道所謂天生的自由與自然的平等就只是指社會的不平等之反面，乃妄加批評與攻擊，以爲人生下來本沒有自由，並且自然界亦本無平等。殊不知這些在十八世紀學者眼中早已不成問題，盧騷的話就足爲證明。(註一)

可見當時他們並不是不知道人類有天然的智愚強弱等不齊。他們並且早知道人類有天生的智愚強弱不齊並

(註一) "I conceive that there are two kinds of inequality among the human species; one, which I call natural or physical, because it is established by nature ……and another, which may be called moral or political inequality, because it depends on a kind of convention. This letter censists of the different privileges which some men enjoy to the prejudice of others…… It is useless to ask what is the source of natural inequality. …. again it is still more useless to inquire whether there is any essential connection between the two inequalities."

不爲害。所有的問題只在那個人造的不平等。這個不平等有時正和天然的不齊相反，舉例言之，如天生聰明的人反而沒有錢不得受教育的機會，致無由發揮其天才；天生愚笨的人反而得着極大的遺產，雖得受高等教育，然無成就。這便是社會的不平等硬行於天然的不平等之上。今天的問題主要在先設法廢除這個社會的不平等。社會的不平等廢盡以後，再看一看天然的不平等是否從生物學遺傳學等上有法子可以從事改良？這乃是純粹屬於科學的事了。現在關於這樣純屬科學上的事尚不能着手，就是因爲有社會問題夾雜在裏頭。把精力集中於打破社會的不平等乃眞是十八世紀歐洲思想界的貢獻。我們今天不能不有所感謝。其間最大的是分兩派：即一個是民主主義，另一個是社會主義。社會主義亦發源於十八世紀，這是不可不銘記的。前者是對於政治上的權力想設法祛除其人造的不平等。換言之，即前者發見社會的大弊病在於專制，後者發見社會的大缺陷在於剝削。其實我在第一章中已暢言之了，這兩者乃是一件事。須知政治上的專制就是經濟上的剝削，兩者相得益彰，互爲表裏。斷沒有政治上是專制，而在經濟上不剝削的。所以這兩者乃是一件事的兩面，根本上不可分開。十八世紀的思想能貢獻到這一方面自是可貴，但其缺點却在於把兩者分開了，各別立論。這可說是一件根本不幸的事。這件不幸的事一直演到今天尙沒有得着美滿的結果。其原因就是因爲當時學者沒有看淸政治的高壓和經濟的剝削是一件事，遂致對於改造的方法不能不各有所偏重。民主主義者注重在個人自由，遂不能不承認經濟方面的放任政策與其所發生的自由競爭。社會主義者感於變更經濟制度的社會革命必須借重實力，遂主張在革命時期中爲鎭壓反革命計不得不採用專制政治。這樣顯然是在民主主義者爲了個人可以犧牲平等，而在社會主義者爲了理想可以犧牲民主。殊不知不民主即不能實現社會主義。到了今天，眞理所昭示於我們的只是兩者的不可分。須知離了民主而講社會主義決不會有眞正的社會主義。反之，同樣離了社會主義而講民主主義亦決不會有眞正的民主主義。並不是民主主義是社會主義之前期，亦決不是社會主義乃係民主主義之另一方式。兩者在實質上在本性上應該只是一個東西。徒以學者不明此種作分歧的發展，致使兩者竟生了衝突。這是何等不幸的事啊！現在且綏述此兩者必須合一之故，而先從歷史上一述其分別發展的情形。先就政治方面而言，十七十八世紀的思想家大抵看到政治的壓制之罪惡。所以彌爾在自由論上就說：

『與自由反對者為干涉。此二義之爭，我曹勝衣就傳以還，於歷史最為耳熟，而於希臘羅馬英倫三史所遇尤多。……故古者愛國之民常以限制君權，使施於其羣者不得恣所欲為為祈嚮；其君所守之權限，其民所享之自由也。』(The aim of patriots was to set limits to the power which the ruler should be suffered to exercise over the community; and this limitation was what they meant by liberty —— Introduction)

可見自由之精義只在於其反面，就是抵抗不自由，或撤廢不自由，或破除不自由。所以自由這個思想之所以發生是先由於有了不自由的事實。彌兒把抵禦強制與高壓為自由之定義(by liberty was meant protection against the tyranny of the political rulers)乃是很對的。因此我們便應明白自由本無所謂自然的。自然的自由只是一個自然的本態。這個本態又只可說是「自如」。而沒有甚麼自由與不自由。所以一談到自由必須先假設有所謂干涉與強制以及高壓等違反自由的事實存在。自由只是對於這些違反自由的事實而爭鬬。所以自由是一個鬬爭的觀念。苟不鬬爭，則這個觀念便無作用。換言之，即自由是一個歷史上的概念，必須有歷史的背境方會發生很大的功用。倘使不明此理，而把其歷史背境抽去，則決不能了解其意義。所謂歷史背境，就是說在某一個文化境況上因為其前是如此，所以現在必須如彼。換言之，即前一個文化境況決定後一個文化境況中所需要的是甚麼。所以我嘗說自由是一個「文化的需要」。尤其是在不自由的境遇中自由更為需要。不過自由之為需要却并不限於在某一個特殊段落中，乃是確乎永久貫串於全部文化進展之中。因為自由只是文化上的需要，所以沒有自然的自由(或稱天然的自由或本然的自由)。既沒有天然的自由，則所謂自由就只是文化上的一個範疇，不能使用於非文化界上。詳言之，即自由乃是一個「文化的價值」(cultural value)。我們必須把自由當作一件寶貝(即價值)來看，當作一個人工製造品來看。這樣纔會值錢，即是有價值。所以自由是價值界中的一個範疇。這個價值却是跟着文化進展的歷程而實現的。這個歷史背境只在西方為然，至於中國則無此歷史。所以自由概念在中西文化上是以不同的形式而出現，請詳述其情形。

在西方誠如彌爾所說，自希臘羅馬以來，始終有一個抵抗政權壓制的思想流行着。因此在歷史上演成不斷地人民與君主之抗爭。在人民方面就是要把政府的權力加以限制，使其只在某一些範圍內，而不得越過雷池一步。這種努力一直演到法國革命後英國與美國的立憲政治成立，方算已得完成。其在思想則十八世紀的學說即代表這個高潮。而溯其根底，却由於西方的統治關係上治者與被治者總不免有些「契約的」(contractual)，或類乎契約的一流的性質。中國在古代却亦是如此。迨到了秦一統了天下，情形便不同了。漢朝繼之。其在思想方面則又由於儒家之獨被尊舉。儒家思想根本不把治者與被治者視為對立，根本上不從外部設法以限制治者的權力，而專想從內部以改革治者的心理。所謂「革君心之非」，便是想要「致君堯舜」。這乃是專從道德修養上注眼。所以孟子主張人皆可以為堯舜，就因為「是非之心人皆有之」。這樣的良心論係從家庭為出發點的。我嘗說儒家的一切理論皆以適用於家庭者為底本。例如道德行為只重動機而不計効果，這亦是只限於在家庭中可以通行的。儒家的政府論亦是家庭的放大。凡適用於家庭的無不適用於國家。一個人在家庭只是認家庭是善，決不會認為惡。而西方思想則竟有與此相反的。竟把政府認為是惡，不過是無可奈何，不能去掉而已。所以稱之為「不可缺少的惡」(necessary evil)。這顯然把政府與家庭分為絕對不相同的兩種性質的東西。因為家庭決不會如此。從這一點上看來，可見儒家思想的單獨流行却與後來中國文化的發展大有影響。雖經過千百餘年而始終沒有像西方那樣限制政府權力的思想發生，想即職此之故了。不過到了清末以來，西方文化入來，固定的社會基礎漸漸搖動，家庭制度亦起了破綻。雖則如此，但直到今天，而中國的社會依然尚未辦到像西方那樣以個人為社會之單位的情形。因為中國以往是以家庭為社會之單位，現在不過僅僅搖動與破壞而已。須知以個人為社會之單位，這即在西方亦與產業革命相關聯。中國在經濟方面未經過產業革命的那樣情形以發展機器工業，當然不能辦到澈底以個人為社會之單位，這却毫不足怪。西方所以造成這樣的個人主義的社會，其由來亦是逐漸而來的，並非一躍而躋的。除了經濟方面以外，在宗教方面亦有其原因。所謂宗教改革運動(如路得(Martin Luther)卡爾文(John Calvin)等人所倡導的」，大部分是主張重新喚發個人的良心，不以服從教會為信奉上帝，而以為上帝卽在個人的良心中。這樣是主張眞信仰由個人良心出發。便顯然是打破傳統的習慣，而提倡個人自覺。表面上雖是只限於宗教方面，却可致其影響於人生的全部，而社會政治卽包括在內了。所以自由觀念在西方歷史上確亦有宗教的背境。宗教在某一方面是有害於自由，却另一方面有助於自由。苟從歷史上看，則兩方面正表明一件事：卽自由是自覺的結果，不自覺(卽不能自我實現)卽不能有自由。有一個美國的學者遂謂基督徒的良心中上帝乃較希臘人的崇尚理性對於個人自主性的自由更為有力，就是有見於此。(註一)

這幾句話很有道理。就是基督徒對於現行法律與政治狀態的反抗本是具有很大的精神。中國的基督徒未能十分發揮這個基督教原來的精神不足以證明西方的基督教徒根本上都是附和強權的。其實基督教的這樣精神正和儒家之注重個人修養相彷彿，不主張有天然的自由，而主張有自覺的自由。自覺的自由乃是把自己與天地合化而後得的自由。換言之，卽自己與宇宙合流以後，由自覺而了解自己的地位，并有以實現自己的地位。既與天地合其德，便非自私。所以這樣的自由主義却不是個人主義，乃與所謂全體主義完全無忤。可見這樣的自由思想實在不能分為個人主義的抑或為全體主義的。眞正的個人主義乃是後起的。必須先有這樣的自由思想，在這個階段上，儒家思想是有用的。今天輸入西方文化上的自由觀念還只得採取儒家這種態度。至於徹底個人主義的自由，則因為中國在社會結構上與經濟發展上都沒有到那樣的程度必是尚還不十分合適的。這種以自覺為自由的思想倒正與目前的中國相宜，且有儒家固有的思想為其底本，似較容易了解。這乃是完全從個人修養上出發的，在西方謂之為「精神的自由」，上文已說過了。必須先有精神的自由，然後才配有「公民的自由」(civi Liberty)。公民的自由亦稱之為社會的自由。中國一班守舊者根本不了解西方文明是甚麼，遂疑自由為放恣與放縱，乃把自由與道德分為二事。殊不知自由在本質上乃是一個道德的概念。西方歷史上之有自由概念出現正

(註一) "Conscience is not to be judged by the law; it judges the law, with the Greek philosophers, reason als passed judgment on the law...... But christianity goes further: it makes disobedience of the law under certain circumstances a moral duty." (E. D. Martin, Liberty, p. 40)

表示其民族之道德的概念。西方歷史上民族，其道德發展到某一段落，乃始有自由的要求。所以自由正和個性自覺相同，完全是顯示道德的進步。學者不察，誤以為自由只是一個法律上的概念。殊不知任何法律都是文化上某一現實要求之形式化。在文化上尚未完成某種要求，則在法律上縱有規定，亦必等於具文。所以今後中國人要爭自由，必須從文化向上去努力，而單恃法律規定不為功。今後擔負這個責任的人，與其是立法家，毋寧是教育家，或整個兒的社會。在教育方面主要的還是所謂「學術自由」。學術自由的意思是說凡不同的學說只要言之成理，持之有故，總須公開講授與公開討論。其反面就是不得對於某些主義懸為厲禁。換言之，即是沒有被禁的思想。韓文公對於佛教徒要人其人而火其書，這是錯誤的。不但不應火其書，且應提出其書中之義公開辯駁。關於禁書一層，彌兒論之較詳，說得很好。

『今夫事有相似而懸殊者：存一說以為是，而任天下人之求其非，惟無可非，乃以為是，此一事也。主一說以為是，而禁天下人之言其非，吾之所是乃不可非，此又一事也。是二者若黑白旦夜然，必不可混而一也。』(There is the greatest difference between presuming an opinion to be true, because, with every opportunity for contesting it, it has not been refuted, and assuming its truth for the purpose of not permitting its refutation.)

關於這些意義的討論，我在另一文（題為思想自由與文化載於拙著知識與文化之附錄中）已曾論列過了，現在不想多說。總之，學術自由的涵義不僅是說凡現存的一切學說一切主義一切思想都不能即被認為絕對真理，並且認為一切學說與思想必須與其反對的思想相並立，而激起辯論，方會自己修改以趨於比較圓滿些。我在論文明與進步的那一章中即提出此理，以為西方文化之所以能有進步，就在於思想的基型上有對立的情形，兩者常相激盪，以致有所推進。所以學術自由是文化推進的必然條件。但學術自由卻和出版自由，集會自由等一類的公民自由一樣，都得由法律為之保障。這些非本書所要討論的。現在可以總括一句，就是：人民的一切自由權是以所謂精神的自由為根本；而精神的自由之最直接的表現就是思想自由。所以思想自由是一切自由之中心。沒有思想自由，則其他自由亦不會存在。自由既以精神的自由爲主幹，則必是純爲一個文化上的問題。詳言之，即必是文化的進展上到了某種飽和的程度，人們有了內發的精神上自由的要求，然後法律上關於自由之規定方會不致淪於一紙空文。著者今年六十歲，自問一生是專爲思想自由而爭，但在事實上，就今天而論，我亦何嘗不知道中國文化尙未達到某種飽和的程度。今天要爭自由自當先從其反面入手，就是必須先將一切妨礙自由的制度，例如特權階級與特務警察等，完全撤廢，這是消極方面。至於積極方面，則尙有待於教育的推進，幷不是不受高尙文化的薰習就配有自由的，因爲自由是一個關於文化全體的道德問題。關於此點，中國人們很少注意，所以我願意再多說幾句。

在西方歷史上學術自由之開始是起於所謂文藝復興（the Renaissance）。文藝復興的最大貢獻，是把希臘文化上之「自由」概念重新提出。希臘人的自由觀念却與理性觀念完全相一致，質言之，即自由就是合理，愈合理，便愈自由。反之，人們若困於物慾，乃只是不自由。只知美衣豐食，這不是自由。就這一點來講，我認爲苟提倡儒家的精神而加以整理，則大可與西方文化接軌，因爲這樣的自由正即是儒家所謂的自得。上文已說過，恕不再述。不過稍有不同的地方：即自得是個體合理後的滿足之自覺，而這樣的自覺純是一種「受用」。但在西方則不僅是個人的受用而已，乃是集合體的自身發展之必要條件。不僅爲了個人進德之用，乃且爲總體向上之資。換言之，即不僅個人關於自由是須臾不可離，乃並且是社會之不可缺少的條件。社會如果沒有自由，即不會有進步。進步是由自由而逼出的。這個意思我在上文已曾提出，並以免疫素爲比喻而說明之，現在亦不多說。總之，西方人因爲生長在其間，所以對於自由是一個道德上的問題一層比較上自會看得清楚。在上文所引的那個美國學者馬丁就有一章題爲How freedom becomes a moral issue，即痛揭此理。足見西方人所謂自由與其「理性」概念完全是一致的。只有合乎理性乃始是自由。爲感情所拘着而委屈一邊，不但不是自由，並且不解放。所以「解放」一個名辭亦是必須與理性相結合，而後方有其意義。以合理爲自由，遂致理性主義與自由主義爲之合軌了。這是希臘的精神，後來却經過文藝復興，又透入近世初期的科學運動，例如蓋列劉與歌白尼等人的貢獻，乃演成十八世紀的思想。十八世紀的自由主義暗中却仍以理性爲背境，這是不可不知道的。不過那時候何以會把自由掀起來作爲高潮，則又另有緣故，乃是因爲社會與個人之關係到了那時，個人重要之需要又甚於社會重要之需要。這個道理必須細講。須知個人與社會之間必須有一個平衡，即分子與全體之間不得不有所勻衡。但是這個平衡却非固定的，有時全體特別重要，則分子便應爲全體而犧牲。有時則應限制總體以滿足各分子之福利。這完全視情形而定。例如在一個國家對外作戰，爲了全民族的生存，自不能不把人民的自由加以限制與減削。在這個時候便是社會重要超過於個人重要。然在平時則又決不許政府有所藉口而侵犯人民的自由。可見個人與社會之間，即分子與全體之間，必常有一個畸重畸輕的情形，隨著其文化環境而變。西方歷史在法國大革命前後，十八世紀的思想正代表這個個人重要之要求，乃正是由於其以前的狀態是太不自由了。由不自由而逼出自由的要求來。從文化上的需要來講個人的自由與總體的統制孰爲重要，在上文所引的白芝浩已早開其端了。他說：

『專制之生於初民社會，正猶民主之生於近代社會，都是政制隨需要而變，求有以切合當時的時代精神，但專制不適合於變化之需要，故適合於此一時代者未必即適合於亦一時代也。』

當文化之定於一尊而致停滯已久，則情勢自會要求分歧發展。此分歧發展即白氏所謂「變化之原則」(the principle of variability)是也。要使文化上起多樣多種的變化，則非許個人思想與精神先有自由不可。十八世紀個人主義與自由主義之抬頭正是應運而生的。馬丁對此亦有下列的話：

『在古代希臘，理性是指「可解的」與「自制的」而言。足爲個人進德之助。但在十八世紀則表現羣衆要求解放之意，對於制度有所改革。換言之，即在亞里斯多德以爲惟合理方足爲自由人，但在十八世紀則自由不在於個人之行使其理性，而在於環境上使各人皆得發展其理性。』(ibid, p. 113)

足見希臘時代之自由概念尙只限於道德觀念，以爲個人進德必須自由，而要自由必須發揮其理性。迨至十八世紀則更進了一步，乃不限於個人進德之用，而用爲改革社會制度之標準，即必須使社會制度改變到一個程度，在其中人人都得自由。這便是我之自由以他人之自由爲界限。我欲自由決不侵害他人之自由。自由如果只是個人的一種品德，則不發生何等的力量。一旦變為大衆的要求，則便發生為革命的力量了，同時亦會帶了感情的成分。這樣由個人的自由變到大衆的自由正乃是十八世紀思想的貢獻。我說他們正合那時的時代要求就是為此。不過誠如霍伯浩斯所說，一人之自由如太發展至逾分時，便不能不妨害到他人的自由。(What we mean by liberty as a social conception is a right to be shared by all members of society, and very little consideration suffices to show that, in the absence of restraints enforced on and accepted by all members of a society. The liberty of some must envolve the oppression of others" —— L. T. Hobhouse, Social Evolution and Political Theory, p. 190) 十八世紀以後的社會已成為個人主義之社會，尤其是在經濟方面實行了所謂「放任政策」(laissez—faire policy)。這都是大家所熟知的，恕不多說。總之，把個人自由變為大衆自由，這是文化發展到某一階段的現實要求。這個要求實現了以後，文化又演進到另一個階段，乃遂發生另外一個要求。這個新要求就是霍伯浩斯所說的「集體責任」(collective responsiblity)。他以為這不是一個自由與干涉孰為好壞的問題，亦不是分子與全體孰為重要的問題，乃只是實際上個人自由與總體的干涉之如何分配之分際上的問題。就是因為個人自由如太逾分了，總體不得不起來負一種限制他的責任。這種情形在歐美先進的國家確係如此。資本制度演成偏枯的現象。不過在中國却幷不一樣。在前清時代胡亂吸收泰西的民權思想固然不免有盲目之譏，而近來又隨人家咀咒自由，則尤為可笑。殊不知即在他們雖明知二十世紀的支配原則已不是十八世紀的思想，然而却仍承認這是文化發展的根本條件。(註一)

照我在上文所說，在文化之長流上本有社會的集合責任與個人的自由放任互相輪替為重要之情形。有時個人放任是當前切急的要求，有時却反以集合責任的干涉為重要。這在文化進展上固有不得不然之勢。然却亦有狡點

(註一)"It is true that the idea of a liberty, an equality and a brotherhood which would include every class, colour and nation has been only the rare dream of isolated individuals, yet the universal element has persisted and grown in spite of partial interpretations and frequent betrayals." (K. Martin, French, Liberal Thought in the 18th Century, p. 11)

者想乘機來利用這個潮流。在上一次世界大戰終了後，有許多學者恍然悟知戰爭都是政治家故意製造的。在當時我記得看見一部書，名曰 How the Diplomatists Make Was，但忘却其著者。這乃是揭破所有的戰爭都是由於少數人製造而成。這些少數人有些是政治上的外交家，有些是在內幕的資本家，有些是主持參謀的軍事家。他們利用新聞的宣傳，利用教育的貫輸。在這樣情形下，先指定某一國爲其假想敵，然後造出許多許多的口實來把全國人的視線使其集中在某一國。其實某一國未必眞是其敵人。這完全是政治家的把戲。這種把戲所以能一弄即見効的緣故乃由於其假想敵的某國亦有政治家。遂藉此得大做其文章，結果弄假成眞，造成一個極大的戰禍。最顯著的例就是日本與中國之關係。日本不僅以中國爲一塊肥肉，時時想吞下肚去，並且總是恐怕中國萬一強盛起來，日本必致大不得了。其實到了今天，事實已證明中國縱是一塊肥肉，日本亦絕對無法將其吞食。並且更證明中國即使強盛了，不但與日本無害，乃反而有利。可見政治家所蓄心製造的全不必與眞際相符，但求能遂他們的野心就行了。日本政治家故意製造這樣的對華糾紛至少已有七八十年之久。我用此實例只志在證明有時全體重要性超過個人自由乃只是出於政治家的製造，並非實際上不得不然。換言之，即一個社會有時偏重於全體，有時偏重於個人，這樣的畸重畸輕的情形往往是出於政治家的撥弄。即政治家往往知道側重於個人自由不易驅使人民，所以凡是政治家無不歡喜提倡全體的重要性。側重於全體而使個人犧牲其自由，這是政治家所最斤斤樂道的。爲了達到這樣的目的，所以他們總歡喜把平時狀態的國家變爲戰時狀態，而最好是備戰時代的半戰爭狀態。這樣的狀態最容易爲他們所利用。他們於是提出全體主義的理論，而高呼「國家至上」。在此却暗中把國家即等於首領，把全體即等於獨裁者。所以民主思想的國家觀決不採取這樣的國家至上說而只視國家爲達到人民福利之工具 (instrumental view of the state)。政府只是公僕，即由於國家的結合是爲人民所設的。反之，全體主義的理論，完全是梟雄故意造出來以便利用的。經過許多次的戰爭，我們可以大膽歸納一句話。就是近代的戰爭無一不是政治家故意造成的。他們的目的不是對外，乃是在於對內。他們所求的只是那個戰爭前夕的統制狀態。至於眞起戰爭，那是由於在趨勢不得不然的推演而強迫以成，並非他們的始料所及。換言之，即他們想利用一個原則，我名之曰「鬭爭原則」。以下請即詳細說明這個鬭爭原則。

在要說明這個鬭爭原則以前，先得從社會與人性兩方面作一個基礎的說明。先說社會方面，我在前幾章中已曾提到，就是社會無論如何總是含有兩個相反而又不可分開的趨勢：一個我名之曰「社會的團結要求」(social solidarity)，另一個則名之曰「社會的利害衝突」(social antagonism)。或可說前者是社會的向心力，後者是社會的離心力。向心離心往往在一個比較平衡的狀態上維持着。祇有向心是不行的，同時祇有離心亦是不行的。不過這是社會學家從科學的立場作客觀的視察方作此論，至於政治家與革命家却對於這樣純靜觀的理論是不引爲滿足的。他們要想利用這種社會的本然狀態以達他們的目的。所以政治家一旦得了政權，站在政府的地位，無不想出種種方法來以謀向心力之增加。反之，革命家想推翻政府，當然要利用社會中本然就有的利害衝突，使其擴大與增高，這兩種人都是利用社會中本然的趨勢。至於人性方面，我在人性一章中已早說明了。人類幷沒有「爭鬭本能」，好像雞，牛，蟋蟀那樣，一見即角鬭起來。學者中有人以爲人性好鬭，這是沒有充分事實證明的。不過鬭爭却可以由訓練而得，換言之，即可以使人由習慣而得上癮，由有癮而特別感覺與趣與滋味。根據社會有本然的兩種不同趨勢，又根據人性可以馴至以鬭爭爲樂，於是政治家遂製出所謂鬭爭原則。所謂鬭爭原則並不是任何政治家故意發明的。在邈古之世，部落的首領能擴充其勢力已早在不知不覺之中把握了這個原則了。這個原因是甚麼呢？就是想借用一個被指定的敵人，把大家的心思與品德都加以統制與訓練，使其變更了原來的樣子。以實例言之，即如服從一端，這個品德就是這樣養成的。有了服從方能有組織。所以所謂組織就是把行動使其有紀律，把意志使其能統一。而要能得此結果，則又必須假想一個敵人作爲鬭爭之對象。於是意志集中了，行爲統制了，指揮遂成立了。所謂鬭爭原則就是無論如何必須立一個對象以引起內部人們之向外的敵愾心，藉以團結內部與訓練內部，庶可增加服從，便利指揮。因此鬭爭原則便變爲政治家之法寶了。一個對象消滅了以後，不恤再尋另一個對象。總使永久在鬭爭中，庶可內部不致渙發。我所以特別要說破這個內幕的緣故乃是由於我要解釋個人與總體之間有畸重畸輕的情形。我雖不是主張所有的偏重總體都是出於政治家的故意造作，但我確窺破大部分是如此的。因爲偏重個人就是將個人的自由擴大，同時必是把政府的權限加以限制，使其縮小，這樣則在政府方面必感不便。於是狡黠的政治家要想打破這樣的局面，却不敢公然主張政府萬能，惟有假借機會，利用外來的威脅，把鬬爭提出來，使人們自己甘心犧牲其小己的自由。所以我敢說，大體上所有的偏重於總體都是由於政治家的揑造，意在減低個人的自由。根據這一點，我認爲十八世紀的自由主義確有其萬古不磨的價値。我們決不可當作一個時代的特別產物來看，以爲只限於那個時代是眞理。殊不知這種自由思想雖確是一個時代的物產，却仍含有普遍的要求，可以永遠有其價値。二十世紀的思想自以爲得着眞理，而揭穿十八世紀思想之缺點。其實二十世紀思想中所包含的普遍要素與永久價値反不及十八世紀思想那樣多。二十世紀思想只是反動，這一點又較十八世紀思想爲甚。至於何以演變到這個樣子，却是主要由於經濟方面，請卽講經濟發展的情形。

自從資本制度成立，個人的自由便有偏枯的情形。資本之發生是由於機器生產上之機器發明。但機器之發明却不是直接的原因。資本制度之造成，其原因是很複雜的。可以說是在於產業組織。而產業組織却是一個複雜的東西，其中有心理的要素，又有社會的要素，甚至於還有政治的背境與宗教的影響。所以我們對於資本制度之所以造成，現在不加詳述，因爲說起來雖作一章亦還不夠。現在所要說的，只是資本制度之形成，雖在經濟方面，却對於整個兒的社會使其更趨向於個人主義，則益爲顯明。換言之，卽自資本主義的產業組織成立以後，個人主義的社會乃得愈益完成。所以初期的資本主義是代表一種文化。在這種文化中，個人的重要性愈益得其發揮。但是資本主義自身却有愈發達愈致社會貧富懸殊之勢。馬克斯所指摘資本主義的弊病全是至理名言。後期的資本主義却又代表一種文化。在這種文化中，因爲個人之間發展太不平勻，乃反而需要有集體性的干涉，此卽霍伯浩斯所謂共同的責任是也。美國經濟學家布克（D. F. Boucke）著有放任狀態與其以後（Laissez-Faire and After, 1932）一書，卽分析資本制度下工業發展之放任情形，同時證明其決不能繼續下去而不變化。他不承認十八世紀思想中個人主義之人性恆率，以爲個人只是社會的產物。我則以爲這種思想正代表二十世紀的文化。殊不知十八世紀思想在當時實使其文化歷程上曾得着一個滿足。迨到了後來事過境遷，不是思想不進步，乃是現在的環境已不復是當時的狀態。需要變化了，自然便須另求滿足之法。至於我恭維十八世紀思想不是僅就其能滿足當時的文化要求而言，乃是承認其中尚另含有普遍的眞理與永久的價値。這個普遍的要素，如果要指明出來，似乎就是以無論何種「代治」總不及自治，就是由於代治是從外而加上的，自治是從自己出發的。自治與教育的原理完全相合。不過十八世紀以後確有變遷情形，乃係因放任太過，以致到了十九世紀末二十世紀初的經濟狀態確需要加以干涉與統制。這是歐美的情形，至於中國並不相同。歐美的經濟狀態有趨重於側重全體之勢，因而影響到政治方面，致政府之權力加重，個人自由遂被限制或縮小了。中國的情形不同於歐美先進各國，自不能仿照他們的辦法。所以在這一次大戰未起以前，尙有一部分中國人醉心德國與義國的辦法，高呼黨化一切，這眞是東施効顰，令人齒冷。經過這次世界大戰終了，我不知這些人們其內心有無慚德。我幷不是主張中國情形無偏重全體之需要。我以爲中國確需要有一個強有力的中央政府，不過這個政府必須以統一的政令保護人民的自由。換言之，即中央政府必須用助長人民的自由權來糾正地方割據之弊。須知中國今天破壞人民自由的大半是地方割據的政權。中國確需要統一，但決不是需要有一個大的獨裁者把許多的小的土皇帝吞併了，乃是需要在上有一個賢明的政府，而與在下的人民攜手，把中間的地方割據性的多數土皇帝打倒。無奈自辛亥革命以來，所有握中央政權的人都不了解這個天然的使命，只知道在地方割據之上造成一個保護這些小土皇帝的太上皇帝，於是人民遂受了兩重的高壓。號稱革命的其結果依然不能跳出這一條道路去。還有一班海外歸來的留學生不察中國情形與歐美不同，亦隨着歐美潮流對於十八世紀自由主義加以誹薄，徒適足爲中國的有變態首領慾的先生們張目而謀自身騰達，令人在暗中看了不免要好笑。這話愈說似乎離題愈遠了，就此爲止罷。總之，歐美之側重全體限制個人之要求，是由於經濟方面放任狀態所逼迫而然。中國之政府加強之要求，則只在需要有一個能助長人民自由的中央政權以鎭壓地方政權之妨害人民自由權利。兩者情形不同，不可相提並論。

論到此，我們又得回到關於鬭爭原則之討論，我以爲必須廢棄鬭爭方能有自由。此事一加申述，便可明白。一個國內如果劃出一部分人來指爲鬪爭之對象，則這個國內便沒有自由，或自由減低了。這就是把這一部分人屏諸四夷，不與同中國。因爲這一部分人既被認爲反對的對象，以現在流行的可怕的名詞言之，即是所謂「淸」「反」「肅」「剿」的對象，自然不會容許其尙有自由權了。有所肅，反，淸，剿，於是乃有所謂「特務」。要根本不使所謂特務者存在，則必先無肅，反，淸，剿。須知即在自己內部這一邊卻亦因爲有所鬪爭，有所敵對，不能不把服從與紀律提高，而將個人精神的自由減低。所以在「淸」「肅」「剿」的主體一方面亦只會內部有腐化與墮落，而不會有自由。總之，把一個國家中的全體人民劃爲兩部分，一部分是被淸者，被肅者，被剿者，則這樣的國家決不會有自由。有些學者因此就事實的教訓知道沒有平和不會有建設，我以爲這尙只見一半，須知沒有自由是不會有平和。把鬪爭原則提出來認爲是一個普遍的眞理與永久的法則，而不知道其爲罪惡，這是出於誤解馬克斯主義。到了今天以實行馬克斯主義爲宗旨的蘇聯俄羅斯已竟於無形中拋棄了這個原則。這乃是蘇聯對於今後全人類文化上之一個極大的貢獻。蘇聯取消第三國際，即是不再相信世界革命。同時加入世界平和之國際組織，又足證其亦見到要一個國家內沒有鬪爭，同時必須國際間亦沒有鬪爭。須知國際平和是基於「人類主義」（或人道主義），而國內平和則基於「國族主義」（亦稱民族主義）。國族主義之構成即建立於「友愛」（或博愛）一觀念上。總之，不斷的鬪爭與長期的革命都是意在摧毀人民自由的野心家所提倡的謬論。最可嘆的是蘇聯已走上了新路，而中國人既不贊成社會主義，卻於這些地方反自以爲是效法蘇聯。此外，且須知承認鬪爭是永久現象的人們把自己置於鬪爭之中，其所訓練於自己的只是如何鬪爭，勢必完全喪失了淸明之氣。這卻關於人性影響極鉅。我之所以談此乃是在於要說明自由與平和有必然的關係。現代社會主義者因爲主張革命的緣故，不恤偏袒鬪爭而犧牲自由。實則鬪爭只可爲一時的，萬不得已而爲之。如要建立社會主義亦必先有平和，沒有平和則任何建設皆不成功。所以我并不是完全反對鬪爭，咀咒革命，乃只是反對那種永久鬪爭的學說而已。主張這種學說的人說在共產主義大成以後還有鬪爭，乃變爲人與自然之鬪爭。我以爲人與自然相抗，想利用自然，遠在文化開始之初期已早有了，并不須等到共產主義大成以後。而況人與自然之爭和人與人之爭，其性質絕不相同。可見這些人根本上是對於「鬭爭」一名詞不予以嚴格的定義，以便到處作比附。這實在不是學者的態度。所以我以爲鬭爭原則在社會主義者只是一種策略，不是一種理論。這個策略大有流弊，其結果遂爲反社會主義者所利用。建立學說眞不可不愼重。總之，近代的「國族主義」(nationalism) 是以全民合爲一個國家，其中各人皆是兄弟一樣，在國內萬萬不可有鬭爭。有鬭爭卽無平和，無平和卽無建設，無建設卽無自由，當然不會有民主了。可見這些完全是互相關聯的。

討論自由已冗長了，應該說到民主，但討論民主就是討論自由；離了自由卽無民主。須知民主不僅是一個政治制度，乃是包括各方面，例如道德方面，思想方面，社會方面，宗教方面，法律方面，經濟方面等等的一個綜合性的制度。我在思想與社會一書中已經說過，民主之根本要義在於自己治理自己。但全民族各個人自己治理其自己，則不能不有自由討論。因爲人數一衆多，意見有多種。多種不同的意見必須經過互相討論而得到一個折衷的調和。所以有人說民主是自由討論的政治(government by free discussion)。這個界說雖不完全，却亦道着一半。任何人只要是公民，卽具兩個資格，一個治者，一個被治者。但此二資格在性質上是不同的。前者是「集合的」(collective)，後者是分散的(distributive)。後者沒有甚麼問題，一切困難問題皆在於前者，就是因爲必須把各個人的意思集合而成爲一個「總意」(general will)。這個總意來作治者以統治各個人。在理論上似乎很簡單，而實現起來却十分困難。因爲如何方能形成一個總意實有問題。並且老實說，把每一人的意思都參加於這個總意之中而無遺漏，在事實上根本辦不到的。換言之，卽總意雖說是全體人民意思之總合，而實際上總不免有一部分人的意思遺留在外。因此所謂民主不免是有程度的。從來決無百分之百的民主。此理我在思想與社會書中論之甚詳，務乞讀者參閱是盼。但這幷非著者一人之私言，西方學者已早有此說了。(註一)

(註一) "We are compelled ...... to return to our conclusion that democracy is a matter of degree, and that no complete expression has yet been given to democratic ideals." (A. F. Hatterslay, A Short History of Democracy, p. 10)

"Democracy will only be logically complete where the general will of the community which he represents (ibid, p. 6,

雖實際上從未達到這樣理想的境界，我們却亦不可因爲其未達到而遂以爲民主政治是根本上不可能的。我在前述的那本書上曾反覆申言之說：民主只是一個高懸的理想標準，可當作一個精神來看，這個精神能貫徹一分就算一分，不必一定要百分之百的實現，不過多一分自較少一分爲好。就已有的國家而論，從來就沒有一個能發揮到頂高度的。例如資本主義的國家，其經濟上的剝削就是眞正民主的一個障礙。但社會主義的國家却又因爲專注重在剪除經濟上的剝削，而適用馬克斯的理論，實行無產專政，殊不知無論任何形式的專政都是與民主原則相背謬。這正恰似中國的一句老話：如扶醉人一樣，扶得東來西又倒。前者忽略經濟的不平等，後者輕視政治的不自由。須知平等與自由在民主原則上是幷重的，缺一不可。所以我說民主主義而不與社會主義相伴，則決不是眞民主主義；反之，社會主義而不與民主主義相伴，亦決不是眞社會主義。我們今天談民主當然必須把社會主義包括在內，就是必須把國家的觀念加以變化。馬克斯說國家是剝削階級對於被剝削的一個壓制機關，這句話雖不是完全眞理，却是一半眞理。因此我們必須把國家改爲所以爲人民謀福利的一個工具。雖不必如無政府派完全不要國家，然至少必須使國家與社會兩個概念極其相近而有同一的意義。所以離了社會主義決不能有眞民主。不過我們對於實際上的情形却不能不承認各國有各國的特殊狀態，實行民主時自不免有程度高低之差別。就中國的情形，當然不能立刻責其必須實施高度的民主，但却必須走上民主的軌道。關於民主主義之制度的方面，本書不想加以詳細討論，因爲這種討論本來是屬於所謂「政府學」(theory of government)。在這種政府學中當然會討論到何種的選舉比較上容易現出眞正民意，何種的政黨運用不違反於民主原則，何種的立法與行政之分開能免去不民主之弊。凡此種種都不是本書範圍內的事了。本人不是政治學專家，所以本書亦只是僅從哲學的立場說明民主原則是個「不刊之論」而已。

「民主」一個名詞當然有種種不同的涵義，我在思想與社會書中曾經提過。民主如果當作一種政體（即政治的體制之一種），則當然會與「君主」等幷列。這種解釋很足以把民主的眞義淹沒了。創造者是希臘的柏拉圖與亞里斯多德，後來却直到孟德斯鳩。等到盧騷出來乃稍稍改變，但仍苦於不甚顯著。國人講習政治的亦都是狃於這個常習，以致對於民主沒有眞切的認識。其實歐美學者到了後來已早看破民主不僅是一種政體。玆就美國維萊所述便知其大概：

" Such writers as Conklin, Giddings, Cooley, Croly, Weyl, Hobson, Small, Dewey, McLaughlin, Ellwood, Mecklin, Hobhouse, Barnes, Adams, J. H. Robinson, Sims, Tenney, Tufts, Willoughby, and A. L. Lowell regard democracy in some wider scope. "

但除這些人以外，以我所知，就在其下文所見，尚有 Miss Follet, B. Russell, Wallas, Lippman Sumner, Martin Webb 等人，因為：

" For most of this group democracy means…… the form of societty. It is even conceived of as an ideal or spirit. "(The Theory of Democracy, by M. M. Willey, in Dunning,s A History of Politica Theories, Recent Times, p. 62)

我在序論中曾說過，中國人所最缺乏的就是關於這一方面的知識。換言之，即中國人只知道民主是一個政治制度，而始終未了解民主乃是一種文明，包含有社會，道德，思想等等方面。如果當作一個理想或精神來看，則其包括文明的全體更是易見了。因此我們可不稱之曰「民主」，而稱之曰民主原則 (democratic principle)，或民主理想 (democratic ideal)。其實凡稱民主都是指民主原則或民主理想而言。本書所討論者亦只是這個，請讀者不要誤會。

但民主精神與民主制度有密切關係。用民主來作一個理想，懸為標準，而來釐定制度，看一看何等制度最能使這個精神實現出來。換言之，卽最符合於民主原則。但又須知任何制度決不能將民主理想實現到百分之百。這就是我在上文所說，民主是有程度的了。不是民主原則與民主理想本身有程度，乃是有各種不同的制度以實現這個唯一的民主理想，遂致有了程度。換言之，卽制度與原則之間無論如何總有距離。因理想必須附麗於制度上，遂致民主有了程度。我們對於這些不同的制度，可從其能實現民主精神之程度的多寡來判定其高下。凡只能實現很少的民主精神的則便是最壞的制度。姑舉一例，如民國二十五六年所實行的國民大會選舉法。就國民大會而顧名思義言之，當是民主的，因為國民黨要還政於民。但其中規定國民黨中央委員全體都出席於國民大會為當然會員，這顯然是「不民主的」。因為民主原則根本不容有「特權」。特權之否定當然是基於平等原則，但亦與上文所說的鬬爭原則有關。總之，民主主義在自己的國家或社會內，不論其國家或社會大到何等範圍，其內部決不能有對敵的部分劃分出來，必須實行孔子所說的「四海之內皆兄弟也」這句話。所以西方的格言於自由平等以次必須再上一個「友愛」(fraternity)，因為民主是建立於博愛的情感上。同時必須排斥那種所謂「恨的哲學」。倘使在一個社會或國家內劃出一部分人來，以為這些人是可以憎惡的，則決不能使民主主義實現起來。民主的根本要義即在於把全社會或全國的人們都視如親手足一樣。換言之，即要實行民主必須把革命的理論矯正過來。中國近五十年來的禍患就是由於對革命沒有認清。友人胡石青先生在二十餘年以前曾大倡「一度革命」之說，即革命只可限於一次；既不可再度三度接續不已，亦決不可使革命狀態延長，革命完成後立刻即當走上建設之途，不復再是革命了。無如中國的活動政治者全不懂這個道理，而竟把萬不得已而為之的革命當作好玩的把戲；把只限於短期間變更現狀的革命當作長期間繼續把持的藉口。於是一國遂永遠在鬬爭中，而將和氣完全消除，以致充實了戾氣。我敢正告社會主義者中對於民主有感情的人們；我們在馬克斯與恩格爾斯的文獻中不是尋着建立共產社會如果萬一竟有不由革命亦未嘗不可的一類話麼？可見他們始終把革命當作手段。手段之使用與否須看目的之達到如何而定。只須達到目的即不限定必用這個手段。後來不了解此義的人們乃是不把革命當作手段，而把革命當作過程，且當作必然的過程。一切弊病即出於此。此即所謂「公式主義」。講社會主義而流於公式主義乃是讀書沒有讀通之病。總之，只有在變更政府現狀的那個短期間是革命，過了以後即不能再算是革命。所以不能有所謂「反動」，更不能有所謂「肅清反動」。因為在平時凡謀顛覆國家的造反本有刑法規定，照法律規定可也。至於和敵國合作，乃是賣國。倘使刑法不足，尚可補充。這雖是暗含道德問題在內，因為人格破產無由以立國，而表面却是法律問題，則與所謂鬬爭完全是兩回事，不可相提並論。以上所說，皆是最普通的常識。無奈中國的政治人物無論在朝或在野，對於這種常識，不是毫無所知，就是明知而仍概不理會。此中國之所以有今天也！率今之道，無變今之俗，又安能會有民主！最可憐的是中國人已沒有自己矯正的能力，只會跟着外界來變化。幸而這一次世界大戰的結果使人類比較上偏於光明一方面。新國際組織上有「愛好平和的民族」(peace-loving nations)字樣。須知對外愛好平和必是對內愛好自由。這一次的重組國際盟約可以說是以民主主義為骨幹，亦就是民主主義的諸國之大結合。我曾在思想與社會一書中希望新國際組織以道德的力量干涉參加國內部的不民主。所以我對於中國前途絕不悲觀，因為新事實的推演已將中國人腦中那些荒謬觀念從實際上糾正了不少。雖則如此，但仍須在理論方面作一番廓清的工夫。我之所以拋棄了哲學本行而作此書，就是為此。此一書還是不夠，希望以後多多有闡述民主理想之書出現。

我並不是絕不承認民主是毫無缺點的。須知我們既把民主制度與民主理想分為兩事，則我們對於所有攻擊民主主義的議論便可以有一個很好的回答。就是可以斷然說，凡民主主義的缺陷，都是在於其制度方面，而不關於理想與原則。所可惜者只是理想決不能離開制度，正好像人的精神不能離其身體一樣。學者因此便合併來討論，以致對於民主的全體加以攻擊了。倘使我們加以分別，對於理想方面當然無問題。所有一切困難皆在制度方面。因為無論何種制度沒有十二分完善的，不是在這一點上有缺陷，就是在那一點上有漏洞。這就是我所說在實際上民主不能實現到百分之百的緣故了。詳細辯解這些攻擊民主的理由非本書之目的，不過就中有一點比較上最大，我願特別提出一為討論，好像有人說過（或許是胡適），民主政治是一個最幼稚的政治。這句話不甚明確。倘使是指民主政治是建立於一班人民而言，因一班普通人的智能水準不高，故以為其政治不免於幼稚。我以為此處便牽涉到普通人的知識能力與道德等的程度之問題了。現代心理學家教育學家及社會學家都告訴我們任何民族中的一班人其知識能力與道德都是從實際上經驗與訓練而成的，從來沒有在未得實習以前就會有的。民主政治的好處，就是給人民以實習的機會。英國學者本恩斯根據此義，所以說政府之機能本含有教育，而教育之主旨在於自修，故民主為最好的制度。("All government is a method of education; but the best education is self-education; therefore the best government is self-government which is democracy——C. D. Burns, Democracy, P.72)。這種議論在英美已成極普遍的。社會學者開斯亦說民主是能因人民自習而得時時改善的。(Democracy…… tends to correct its own evils and to move on towords something better, for the reason that the people learn by their own efforts and thus educate themselves in public affairs."——C. M. Case Social Process and Human Progress, p. 51)這個意思並且包含有苟使人民因實習而獲得自己教育，則其能力與知識可以逐漸級級增高。凡實行民主制度已久的國家，其人民的智能必較其他政治下的人民為高，並且決不敢拋棄民主而改採其他政體。所以我們可以說民主政治或許在最初是比較幼稚的，亦未可知。但一旦建立以後，有了實際的習練，決可得有進步。因此我們可以稱民主政治為進步的政治，即有進步可能性的政治。進步的政治就是能將人民的知識能力道德逐漸提高不已之謂。有人說中國不需要進步，只求安居樂業就夠了。果真如此則中國永遠困在白芝浩所謂的「靜止文明」之中，中國便不能躋世界強國之林。須知西方之有進步觀念亦是後起的，我在第一章中已說過了。其故是由於在政治方面有民主，在學術方面有科學。而其在思想的範疇上則全係自由，人格，理性，平等諸概念。凡此皆是本書所討論的了。不過須知民主與科學二者必須合一。只有民主而無科學，不能有進步；只有科學而無民主，亦不會有進步。曾記在民國十一二年的時候，陳獨秀提出德先生（即民主）與賽先生（即科學）只有二者足為中國當務之急，實有灼見。二十七年五月間我在漢口尚和他見面一次，多年老友，相見不無感慨。臨別時他還對我說，自由主義尚有大提倡之必要，可謂語重心長。不料從此即成永訣。中國今天要民主與科學就是要進步，不是要實際上如何的進步，乃是要先踏入進步的軌道上便確有進步之可能性，以後即逐漸自己向上。

說到此處又引出一個問題：就是民主制度下是否容有所謂領導？「領導」這個字實在令人誤會。我以為最好屏棄不用。上文說過有許多觀念宜加以清理，領導亦是其中之一。須知真正的民主之下本無領導，但人民確有所要求，不但要實際的要求，並且有理想性的要求。因為沒有一個人不願意比目前更多一些福利，增加福利就是人民的普遍的要求。如有人能具體把握住人民的要求而自己先走一步，在前面作先鋒或代替人民來努力，或領着人民來衝上前去，這個人就是領導者。至於並未把握住人民的要求而硬要強迫人民去跟他走，這不能算是領導。說明這個道理最好借用阿當斯密司的「心目中旁觀者」之說。他的學說我曾在拙作道德哲學中略有敍述，讀者請一參閱，此不詳述。治者必須心目中隱然有一個假設的監視者，即是抽象的全體人民，或稱之為平均的全體人民。這個假想的全體人民之平均人常常在其耳旁用無聲的語言告以其所要求。治者即用全力以謀達到此要求。以實例言之，如這一次蔣介石先生始終把握住抗戰而不會搖動，就是他所以能於中國歷史上在這個段落上是成功的人的緣故。依我推想，必是他心目中隱然有一個「平均的中國」，並且知道平均的中國人之要求是甚麼。總之，所謂領導在表面上是治者領着人民走，而在實際上乃是人民領着治者走。所以「爭領導權」一語是不通的，本無所用爭。誰能在實際上跟着人民走，誰才能領導人民，更無有所謂權。若想獨佔，便大錯而特錯了。

其次尚有一個比較困難的問題，就是民主政治既必是全民政治（即全體人中有同等的參與政治之機會），則對於階級的分野有無調和呢？對於階級鬬爭將如何處理呢？要說明這個問題必先一講所謂階級鬬爭。馬克斯在其共產主義宣言上說，人類歷史不論過去與現在都是階級鬬爭史。（"The history of all human society, past and present, has been the history of class struggles."）這句話必須加以限制的說明。就是我在第一章中說過，人類在有歷史以前，確是有一種另外的文明。馬克斯主張階級之判分純由於生產方式。當原始時代，只有共同生產，而沒有個人私產的生產，則決不會有對立的兩個階級。所以階級的發生是起於我在第一章中所說的那個第二期文明中。階級既不是與人類同始，則階級鬬爭必亦決不是永久的。馬克斯本人就主張將來可以有一個無階級的社會，到那時即沒有階級鬬爭了，可見他決不是以為階級鬬爭是與人類文化相終始的。在著者却很承認有所謂原始共產制，同時并主張有原始民主。換言之，即在我所謂第二期文明以前，在經濟方面是原始共產，在政治方面是原始民主。美國學者亦有見到這一點的，遂主張應該復歸於民主。名之曰「再民主化」(redemocratization)，詳見 N. L. Sims, Society and Its Surplus, p. 334。我們既要復歸於民主，則在民主下當然不容有階級。不過「階級」一名詞又須加以分析。普通在社會學上的意義却和馬氏所說不同：馬氏是從剝削着眼而限於經濟方面，把人只分爲靠利息而坐食的與靠工資而勞作的。至於醫生與教員一流的職業者，在馬氏以爲不能在社會運動上居主動地位，遂不加重視。而社會學則對於階級取廣義：凡不同的社會地位都可形成一個階級。我們取不能不採取社會學的見地，以爲經濟上的剝削現象取消以後，雖沒有坐食的資本家，然却仍可有種種不同的職業；並且因職業不同，致收入亦不同。若取廣義則仍是有階級。於是我們便得有兩說：即如階級的意義是採取馬氏所說，則階級鬪爭是以前本無，以後可廢的。如階級的意義採取廣義而與不同的職業相聯，則社會主義大成以後，階級依然存在，但却沒有鬪爭。

由前之說，是民主理想如能高度實現，則階級即歸無有，當然不有鬪爭。由後之說，是階級之存在本不與鬪爭有必然關係，則民主充分實現時自無問題。以上所說全是就原理而言。

至於說到實際情形，則不能就各國的國情而汎言之。我在民國十一二年的時候曾撰一文論社會主義，我即主張中國應該有中國的社會主義。須知同一社會主義到了英國即變爲「行會主義」(guild socialism)；到了法國即變爲「工會主義」(syndicalism)；到了俄國即變爲「多數派主義」(Bolshevism)。完全是因國民性的不同而對於同一的抽象原則加以若干的應變的變化。所以我當時很忠告那些熱心於社會主義的朋友，說社會主義不是不能實行於中國，只是必須有合乎中國國情的社會主義。那篇文章距今已有二十多年，不但使我仍願固守原議，并且在這二十多年中事實證明那種只知呆板的公式的人們用削足適履的辦法已把中國害得夠受了。現在說到民主主義，我的意思亦是與此相仿。就是中國必須有中國的民主主義，但這句話切不可誤會爲國粹主義。我決非國粹主義者。國粹主義者是以爲歐美的自由主義與蘇聯的社會主義皆不適合於中國；中國應有獨特的政治與文化。我今此說則不然：乃只是主張自由主義與社會主義僅爲抽象的原則，而要實施時必須按照各國的國情加一些實際辦法。中國既有特殊的國情，當然對於抽象原則在大體上不有變更，而對於實際施行便不能不有若干上下。因此便在抽象原則的廣大範圍內不得不加上一些專爲中國而設的東西。此即是我所謂中國的民主主義。須知並不是指中國有獨特的政治制度與文化精神而言，依然是屬於民主理想之標準下的。記得民國初年曾一度大討論內閣制度與總統制之優劣，爭執甚烈。其實美國之所以創出總統制正由於美國有特殊的國情。按理美國是從英國分出來的，應該採用內閣制，又何必另創一個制度呢？可見制度須合國情，而其標準則為一種普遍性的理想。理想本身不會大變，而制度則不限定為一樣的或一律的。只要不違背原則，能達到理想，制度不但可以加以變化，並且可以另創新的。我所謂中國的民主主義是指制度而言，而與普遍的理想無干。因為社會學與政治學告訴我們說：決沒有一個不切合於國民性的制度能在這個民族上發生效率的。總之，從原則言，從理想言，從標準言，民主主義與社會主義之在中國沒有問題。但從制度言，從實施言，則必須有深知中國國情與中國文化的學者同時又深知西方文化與政治，這樣的學者多多益善，大家會同研究出來一個專為中國而設的制度。決不是死守公式，支離滅裂，所能為功的。其實呆守公式并不是忠於理想，乃是誤解其意義。我現在舉一個淺顯的例以明國人對於西方思想之誤會實在太多。例如常聞人言「爭權利」，殊不知權利之原文為“right”：此字當譯為「應當」。而譯為「權利」，卻是由於日本人。我以為日本的譯名幾乎十分之六七都是導人於誤解的。國人不察，概為沿用，實在受禍非淺。如果譯為應當，則爭其所當爭，又復何害。不爭反而自隳其人格。可見西方此種[illegible]想本不含有毒素，至於變為爭權奪利，只是出於中國人之誤解。此外再舉一例，如有所謂「國民革命」。我實在淺學得很，眞不知道這個名詞相當於西方何字。在西方文化上是否有這樣的一個東西，實在可令人懷疑。但好像中國人說起來卻甚為理直氣壯，以為西方先進民族經過了國民革命，而中國卻正在需要這個階段。我在上文已說過就西方的 revolution 一辭而講，是只指推翻當時的政府或政治秩序而言（可察The Shorter Oxford Englich Dictionary, p. 1729）。只是說一個事故，并不指一個很長的期間。論到此我要附帶作一個聲明：就是民主原則與民主理想乃是永久的。倘以為民主革命是社會革命（卽社會主義的革命）之前一階段，則顯然是誤解了民主的眞義。我們只可說非把社會主義拿出來不能使民主理想更得着一層的高度，卻決不可說先實行民主主義，後實行社會主義，二者是必然經過的兩個段落。總之，如果「國民革命」一辭是類乎法國大革命那樣一流的東西，則不外乎是建立民主政治的運動。果爾，這句話顯然又有問題了。因爲高呼國民革命的朋友其本心上未必眞有對民主的信仰。可見中國人對於還具有以文化全體爲背境的一些名辭，實在是大多數人皆不了解，同時又反而製造出來與原訓相背的另外意義。

我們最怕的是積非成是，使社會上所流行的全是這些歪曲的意義。這種歪曲原義的翻譯爲害實甚大。國民黨北伐以前的二三年我曾來北京訪梁任公先生於協和醫院。彼時他正要施行手術，我向之進言謂文化運動未有不含政治改革者，故僅文化運動是不夠的。他告訴我，他之所以不願再談政治就是對於民主完全提不起信仰來了。我聽了只好唯唯而退。到了今天回想起來，實在不能不引爲中國之一大損失。中國之始終未能走上民主軌道可以說就是爲沒有人肯作民主主義之殉道者。必須有人和迷信財神與送子觀音那樣，不恤徒步登山，數夜不睡，以迷信於民主主義，則民主方會發生力量。環顧海內，這個天賦的天命應該降在梁先生身上，他竟未曾擔起，豈不可惜。爲甚麽他最相宜呢？就是我以爲民主運動根本是一個道德的掙扎，即對於不自由不平等不向上的一種抗爭，可以說是純粹出於道德的動機。在西方最顯著的例是美國開國時的民主主義者。他們都是清教徒（puritans）。在英國受了壓迫而逃避到美洲去。清教徒是有嚴肅的生活與宗教的良心的。他們變爲相信民主的黨完全是出於道德的觀點。所以在中國如果眞能對於民主有了解的人必定是儒家，即深有得於孔孟精神的人。我並不是說儒家學說與民主主義相合，讀者切不可誤會。我只主張儒家的律己精神可以作民主理想中人格觀念之出發點。例如：行有不得必自反。這種觀念實在是由於先在心目中設想有一些與我同等的人格者存在。所以隱然即可與民主精神相通。要之，儒家是有兩部分：一部分是關於社會，一部分是關於自己。我以爲關於社會的那一部分，因爲時代已成過去，完全不適用，應該全部廢棄。所留者只有關於個人修養的這一部分。這一部分確是中國的國寶之一。我在另一文中曾稱之爲「中國的心理衛生」。現在青年們有種種的精神病態，需要心理衛生學來治療。其實不必外求，即拿中國固有的理學中若干格言來細味之，便得受用無窮了。根據這些意思，我所以主張必須由中國人中深有得於儒家的一些先生們出來以接受西方的民主，由自己的體現來作文化的溝通。

這樣則西方的民主方會眞正輸入到中國。這樣的情形不僅在國民黨北伐以前有需要，卽直到現在亦還是當務之急。須知現在雖高唱民主的人幾乎全國皆是了，然叩其前身，有的是全體主義者，有的主張黨高於一切，甚至於有與敵合作者。所以我們今天所需要的還只是那些在血管中有民主精神的人，并不限於口中高呼。不然，民主在中國不能生根，只是隨風飄來飄去而已。

總之，中國人以爲民主制度易於引起搗亂，自由就是放縱與隨便，平等是以高而遷就於下；殊不知這些乃完全是誤會。其故是由於主持民主的人其本身沒有修養，不出於道德的動機。如照本書所講，便當知自由，平等，民主都是道德的爭點。但道德不是責人的，乃只是律己的。必須自己血管裏與丹田中確有民主的精神存在；平時一舉一動都有容人立己的意思，方足以形成民主的社會。所以我說民主是一個生活狀態。西方學者稱之爲民主式生活 (democratic way of life)。和孔子所說的造次必於斯，顚沛必於斯，又三月不違仁等是一樣的。換言之，卽民主與生活必須打成一片；不必口口聲聲民主，而一言一行，無不合於民主原則。并且須知自己不民主而希望他人實行民主，這是不可能的。個人如此，政治上黨派亦是如此。如要辦到這樣，必須澈底立於理性主義上。因爲理性與道德根本是合一的。

論至此，大旨已說完了，不妨再總括幾句作一個結論。自由是一個自己向上發展的積極性道德觀念；平等是必然潛伏於自由中的一個消極性界限觀念。民主則有兩方面：一是當作理想與原則，一是指制度而言。兩者雖好像心與身一樣，是分不開的，但制度却可有多種。我們可以唯一的民主理想來驗看各種不同的民主制度，以看其中那一種最能使民主精神發揮至比較上最高度。無如實際上却尙沒有一個最好的制度使民主理想實現到百分之百，這亦只可歸於無可奈何的事了。不過愈發揮一分當然是愈好一分，這是不用說的。本章所說大體上是補充我在思想與社會書上論民主主義之一章中所述的，務請讀者合併觀之，方得其全義。

第六章　中國之過去與將來

本章述中國之過去與將來，不得不分兩段：一段關於過去；一段關於將來。過去是屬於歷史，將來則是一種理想。兩種性質不同，却必須聯結在一起。目的在於使理想不落於空想而有歷史的根據。換言之，卽是由過去以推測將來，則所推測的必是比較有把握些。不過所謂由過去以推測將來，其關鍵就在於對過去作何觀察。觀察一有不同，則推測卽隨之而異。所以本章不能不把關於過去的歷史方面亦加以論列。

在論述中國歷史以前，先須汎言歷史之性質。須知普通所謂歷史，在意義上頗爲含混，有時指過去的事情，有時却指關於過去事情之記述。前者好像是本人；後者好像是其人的攝影。這樣一說，便知兩者顯有區別。不過有時人們却會忽略這個區別。乃是因爲本人已死，不能再出現，所以不能不把照片，畫像之類的東西卽當作其本人。但同一人却可有不同的多種畫像，於是我們便知一個畫像只能當其人的一方面，而不能把一個畫像直與其人全體相等。照這樣說，便引出一個問題：卽史家對於歷史的事實眞相之距離是怎樣的？因爲歷史的記載都是史家所修。史家修史却不是完全記錄下來而無選擇。因爲無選擇把所有出現的事情完全記載起來，在實際上是不可能的。既必須有選擇，則便不能不問：其選擇的標準是甚麼？我們對於史家修史時選擇材料的標準可分兩種：一是有意的，一是無意的，卽不自覺的。先說後者。這種不自覺的就是史家在他的時代所受的思想環境之拘束。換言之，卽是他在那時的「思想形態」(ideological pattern)把他拘束着，而自己却不知道。我所謂思想形態是指當時流行於社會，同時又爲當時社會制度所陶冶的思想及其格式而言；乃較馬克斯的定義爲廣，同時又較波格達諾夫 (A. Bogdanov) 的定義爲狹。至於有意的則卽是所謂歷史方法。歷史方法向來包含兩部分：一是考史的方法；另一是修史的方法。中國的史學家反而多注重於修史方法。有所謂「史例」，卽是修史的體裁。此外他們又提出所謂「史筆」「史識」與「史德」。關於這些在此處不欲多說，因爲篇幅太有限了。但這三者却充分表示修史的人的主觀色彩。史筆與史德姑且不論，卽史識一項就十二分證明史家對於史料確有很大的棄取。這還是講有史料可資選擇，至於沒有史料而只在人們日常生活中，史家若不去特別注意便都會遺棄。可見史料亦是有限制的。我們憑據已成的各種史以爲對於過去事情已全知其眞相，這是很幼稚的見解。但我却亦不主張過去事情根本上不可知。我們雖明知歷史的記載與過去的事實之間有相當的距離，但就在歷史的記載中亦未嘗不可藉窺過去事情的樣子於幾分之幾。此說我名之曰歷史之相對的可知性，就是因爲絕對的可知性是永遠不可得的。

此外還有一點可爲此種相對的可知性之證明，就是所謂「歷史的相續性」(historical continuity)。乃是說過去的事情其本身雖則過去了，但其遺跡與其影響却尙留存於現在。我們由現在可以推知過去，這就是所謂以今例古。不過這個方法必須與歷史的記載相合倂而使用之。換言之，卽必須憑借現在的情形而證以歷史的記載，然後方可加以推想。從反面言之，卽僅憑借現在情形來作推想是很危險的，因爲古代的情形不見得完全都有其影響痕跡直留到現在，而況愈古則愈留下來不多，以致古今頗有懸殊。但我個人却很偏重於這一方面，以爲今日史家所以缺乏推想的緣故，就在於對現在情形未得充分認識。日本某學者撰了一部歷史，完全用倒溯的敍述法。我以爲這個體裁雖不爲正統派所許可，然却深有得於此旨。就是我們要了解淸末的情形必須以民國的情形來作憑借。要了解明朝的情形必須以淸代的情形爲憑借。因爲愈近，則我們愈知道淸楚。我們以知道淸楚的來推想那些不知道不甚淸楚的，則必可亦多知道一些。這種倒溯法當然不是唯一的方法，但却有一個長處，卽足以證明於歷史之相續性以外尙有累積性。我們所以特別注意於此之故，乃是因爲歷史上的事情有相續性的方足爲我們注目之的，至於無相續性的便沒有多少歷史的價値。但歷史的相續有兩種：一爲直接的；一爲間接的。直接的大概總是關於制度，例如地方官制，民國的制度和前淸的制度雖有變化，而大體上究竟差不多。推而至於明朝宋朝唐朝，都可因其沿革而尋着其線索。間接的則範圍太廣了。主要的尤在於以歷史知識爲媒介。例如有一件事情，其本身雖是完全過去了。但人們却都知道這件事情，或則有人模仿之再作一回，或則有人認爲教訓，力求避免。這便是這件事情有其事後的影響。史家的記載史事往往就目的在於這些地方，尤其是中國的歷史家，他們總是以歷史的記載在於取鑑。所謂前事不忘，後事之師，又前車之覆，後車之鑑。所以司馬光撰通史，名曰資治通鑑。不過一個事件所遺下的影響並不能完全如史家之所期望的。例如春秋上記載臣弒其君者有多起。在今文家解釋孔子修春秋之義，以爲是有所褒貶。孟子甚至於說道，亂臣賊子懼。但實際上亂臣賊子並沒有從此絕跡，而後世篡奪之風反由此而大開。曹氏能篡漢，司馬氏當然便能篡魏，這乃是模仿。所以西方人常說歷史是重演的。我想歷史之所以往往有重演之故，就是由於歷史知識爲大家所熟知，遂於不知不覺之中仍走舊路上去了。這完全是以歷史知識爲媒介所致的。這種歷史知識對於國民性之鑄成是很有力量的。不但一個民族總是要鼓勵其後裔必須知道其以往的歷史，即一個家族必總是要使其子孫能記得祖先的前言往行。這樣便把後世人們的性格加以陶冶了。這亦就是所謂相續性。

另外我們還得述及史家有意建立的教訓，我名此爲「歷史的意義」(historical significance)。須知把意義加於事實上，乃是史家之所爲。科學是從許多事實上抽出一個普遍的法則來；歷史則是對於每一個事件都予以相當的意義。記載事實不僅在留存其事實，乃實在於以其所附的意義宣示出來，以爲將來之取鑑。中國向來科學不發達，但史學却比較發達。因爲中國人素來就注重於後者。所謂取鑑却並不止於鑑乎一事之所以成，且亦鑑乎一事之所以敗。因此對於記載便不能不務求公正翔實。明明是失敗，不能諱之謂爲成功。中國歷史記錄之所以有公平眞實即由於此，而其所以崇尙公正平實亦是由於這個正反兩面取鑑的緣故。根據這個理由，所以我主張我們對於中國的歷史不必太用懷疑的眼光去看。這句話並不包含說古史不可疑。當然年代愈古，其事跡愈有可疑。不過中國史家傳統的辦法既是在於取鑑，則對於僞造事實，由情理上言之，似乎不必有，亦不應該有。因爲僞造事實與取鑑之宗旨根本不合。至於把事實賦予以某種意義以後，則事實的眞相便不能不有一些歪曲，這却是無可如何的，因爲我們無由將已過去的事實拿來與史家的記錄相對照。所以作歷史的考證工作，如以發見事實原樣爲目的，這是沒有太大希望的。反不如研究史家的當時文化環境用以窺見其所以作這樣的記載之故。

這句話却並不包含謂除了記載的意義以外，對於事實是完全不可知的。因為我在上文已聲明了，歷史的過去事情是有相對的可知性的。姑以堯舜之禪讓為例，以禪讓為傳賢固是儒家的一種解釋，後來便有人疑之，以為事實未必如此。史通上說：

『審云，某地有城，以「囚堯」為號。識者憑斯異說，頗以禪讓為疑。……據山海經謂放勳子為帝丹朱，而列君於帝者，得非舜雖廢堯，仍立堯子，俄又奪其帝者乎？觀近古有姦雄奮發，自號勤王，或廢父而立其子，或黜兄而奉其弟，始則示相推戴，終亦成其篡奪。求諸歷代，往往而有。必以古方今，千載一揆。斯則堯之授舜，其事難明，謂之讓國，徒虛語耳。』

劉知幾這種議論是根據於汲冢瑣語謂「舜放堯於平陽」云云，其實在以前韓非子亦有云：

『舜偪堯，禹偪舜，湯放桀，武王伐紂，此四王者，人臣弒其君者也，而天下譽之。』

可見同一事實而述者賦以不同的意義將其遷就之乃有如此多種。我們倘專從疑古入手，從而辨別孰是孰非，實為一件愚笨的事。有人說，堯舜以前與其以後都是世襲，故決定禪讓為可疑。更有人說，歷史是進化的，斷不容前優於後（見呂思勉白話本國史）。這些議論都是由於太沒有人類學文化社會學以及西洋歷史之學養了。老實說，舜之與堯，禹之與舜，究竟是禪讓抑或篡奪，實在無可判定。我們只能說從儒家主張仁義禮讓來講，當然要把這件事認為讓國。從法家主張性惡恃法來講，當然要說是爭位奪權。從道家主張無為而反於自然來講，當然要以為堯舜是鄙夷帝位。所以我們可說史上的事實往往隨着歷史記述者的思想體系而變。疑古派只知動輒謂為後世作偽，但却不辨為甚麼會有作偽。若照我此說，本無作偽，只有史家以事實來遷就其意義。這種遷就却又出於很自然的，因為其思想體系所使然。所以任何史實都是在文化評價的系統之下的。離了文化評價的系統而謂另有獨立的事實，這是不了解歷史之性質的。不過文化評價的系統又隨着時代而變。在某一時代的文化環境可以決定其對於以往事情的歷史評價。過了這個時代，文化的需要有了變化，則對於歷史上同一的事情會有另外的看法。每一個對於歷史上過去事情的不同看法都反映當時的那個時代的文化狀況與其需要。西方學者有謂一切歷史都是「現代史」。這句話如果加以我這樣的解釋，則亦有一部分眞理，但却決不是把以往的事實都變爲現代正在當今的事實。不過我們必須把現代當作眼鏡，而把「古代」當作由眼鏡而透過去的視野。視野確是受眼鏡的限制與影響。所以我在上文說研究歷史應該以今推古，却和劉知幾所謂以古方今完全不同。乃是將這一個時代的文化境況從其對於往事的記載所賦的意義與評價態度上分析出來，然後再看那個往事在前一時代作何種敍述，其敍述受前一時代的文化境況之決定是怎樣的。這樣不是撥開一切記載者所賦的意義以求事實之眞正的本相，乃正是卽在記載事實的各種史家之態度上由其相續或相反等等藉以窺見這個事實本身在那裏怎樣的延綿下去。所不幸的就是自漢朝以後，儒家獨尊，於是史家的思想格局乃只有一個了。以後便只是以儒家的「史眼」來編歷史。我們的問題遂變爲：且看儒家的觀念系統套在歷史的事實演化上成甚麼樣子？

說到此，且暫緩解答這個問題，請再回到堯舜繼位的問題。我以爲就上述各種不同的傳說來研究，還是儒家的禪讓說比較妥當些。我說這句話並不是以爲禪讓是眞正事實，乃只是從其反面言之，所有其他諸說却都不能成立。先言篡奪。須知篡奪是起於君王之權太尊貴，太可羨慕，而在古代却決不如後世那樣。至於及冢書謂放堯於平陽，殊不知相傳堯本都平陽，則「放」字便不能成立。若謂舜立丹朱而又廢之，更不合古代情形。須知古代並沒有嚴格的傳子制度。王國維先生統計殷朝的帝王，傳弟（卽由兄傳位於弟）反比傳子爲多。足見傳子並未成爲一個固定的制度，則舜又何必先立丹朱呢？總之，後世所以對於禪讓說致其懷疑之故，乃由於儒家鼓吹謂純出於道德的動機。倘使我們把其故意作此善舉一層加以輕視，或可反少疑惑了。

至於問儒家思想之格局套在歷史事實上成甚麼樣子？這個問題請從兩方面討論，第一是：儒家思想與後世事實演化是否合拍？須知儒家思想和道家思想一樣，都是希望復古，特兩者所要恢復的古則不同。莊子上有：

『昔者容成氏，大庭氏，伯皇氏，中央氏，栗陸氏，驪畜氏，軒轅氏，赫胥氏，尊盧氏，祝融氏；伏羲氏，神農氏，當是時也，民結繩而用之。甘其食，美其服，樂其俗，安其居：鄰國相望，雞狗之音相聞，民至老死而不相往來。若此之時，則至治已。』

這一段話不能完全當作神話來看。須知各部落沒有被一個大部落兼併之時，其各相安無事，確有這樣的情形。我在第一章論文明與進步已早提到這一點。我們的這樣的文明（例如有國家，有政府，有戰爭），乃是由兼併而始。在這文明未起以前，還有一個狀態，從我們的觀點謂之為未開化狀態。但假使換一觀點必以為這種狀態亦有許多優點是我們文明時代所無的。究竟文明對於人類有幸福呢？還是這個文明以前的狀態有幸福呢？亦正難斷言。而主張後者較文明狀態為有幸福的人，在中國就是老莊，在西方則盧騷亦有這樣傾向。老莊主張應當恢復到這個文明以前的狀態。近人考證謂老子必在孔子以後。從這個思想的性質上講，却必須是與孔子同時。為甚麼呢？孔子出世是在周朝統一以後封建的全盛時代已經過去了，封建自身正在那裏逐漸崩潰中。孔子對於這樣的封建末期的一切弊病，必是親見親聞，知之甚切。老子必亦是深知這樣的封建末期的弊病與惡劣現像。二人對於現象之不滿是相同的；而想撥開這個現象另建立一個理想社會又是相同的。但老子曾為周守藏室之史，大約看見過古籍，對於周朝統一以前的情形知道一些。他於是以為在兼併以前的未開化狀態比較上為佳，遂主張人類必須恢復到那個渾渾噩噩的狀態。所以老子的思想是復古。孔子必是知道老子這種復古思想，相傳孔子授業於老子似乎不為無根。但孔子却以為這個思想雖很好，然實際上決不能辦到。於是退一步，雖仍主張復古，但却只主張恢復到封建的初期那個統一時代。所以說：郁郁乎文哉，吾從周。乃是主張恢復到周初時代的文明狀態，亦是復古。所不同的只是老子一派思想僅能變為空想，而孔子一派主張却有幾分實現的可能性。然無論如何，儒道兩家都是錯過了時代。所以儒家思想套在歷史演變的事實上總是好像頭大帽子小，永遠有些套上不合式的樣子。因此法家乃應運而生。法家的主張比較合乎時代。迨後來秦朝統一失敗，漢朝代之而興。漢朝對於秦朝可以說是一個反動。儒家又起來了，這個儒家却和原始的儒家不盡相同。毋寧說是把道家法家都雜揉在內。有人說漢魏以後中國思想只有混合的，這句話是有相當真理的。以後史家便用這樣混合的儒家思想來套在歷史事實的歷程上而想要使二者嵌合。無如事實總是溢出這些史家的觀念格局以外。但他們的觀念格局却亦並不是完全沒有作用。此處便牽涉到一個問題：即唯物史觀的真理與其限制是甚麼？我在思想與社會一書中對此曾有討論。

一個有「社會平衡」的社會，不僅是從本身內部決不會產生革命的思想，並且由外傳來的革命思想亦決不會因此卽掀起革命。必須在實際上自己先失了平衡。社會平衡最容易發生破壞的所在乃是經濟方面的生產關係。換言之，卽貧富懸殊的趨勢。所以唯物史觀在解釋革命之起因是確爲眞理。但革命起了以後，舊秩序破壞了，新秩序尚未建設，或卽建設而仍未穩定，在這個時候却不是專憑所謂「物質條件」就能奏功的。而必須有一套新的觀念格局，尤必須將其普遍於各人心中。由各人心中對於這些觀念以爲合理，願意推行，於是新秩序乃得趨於穩定。因此我主張觀念的作用只限於在使一個新建的結構爲之穩固化上。根據此理，我們遂可說歷史上所有重大變端，由史家從心理方面爲之記敍，這便不免於錯誤。但其以此爲垂訓，使後人得以取鑑，却不是完全無用的。否則歷史便成了一個自然的演化，絲毫人力不能參加於其間了。這個態度卽在馬克斯本人亦所不取，因此我們承認中國的史家採取儒家的觀點對於後來歷史的演進不無一些影響。其實不是史家的思想能致若干影響，乃只是社會上所流行的儒家思想（這個儒家思想亦不是純粹的，已如上文所言），因爲其既在社會上流行着，當然會有影響及於其當代的歷史。史家只不過爲這個廣汎的思想格局所浸染而已。但照上文所說，道家儒家都是錯過了時代，何以儒家思想還會流行着？我的答案是：這却只靠着中國有一個特殊的階級，曰士階級。關於這一點，我在知識與文化一書中言之甚詳，務請讀者參閱之，庶可與此書所言者相發明。關於階級之討論，容暫緩提，請先提出關於整個兒的中國史之論述。

我以爲中國史向來分若干期，好像一個長的竹竿一樣，有許多的竹節，是一條直線下去的，恐怕這很容易導人於誤會。分期當然是有的，但前一期必有其殘留在後一期中。所以其情形頗有好像下面的圖的樣子：圖中一二三四五表示五個時期（姑假定爲五），用黑色塗去的部分表示那個已經消去不有殘留勢力的。照這個圖樣來看，可見第一時期有其殘留一直到第五時期，第二時期亦然，所以用直線表示五個時期的相綿延，不如用橫線來表示五個時期的相並列。在這個橫線所表示的之上，便可見愈是時期較後，那個時期便愈是內容複雜。第五個時期中有一二三四共四個時期的殘留包含在內。以上是抽象而言，現在請卽說到中國史上就事實而分的時期或段落。向例是以帝王的「易姓」爲標準，於是有所謂斷代史。朝代之劃分以君主的易姓爲界。這個辦法其實只能表示一方面，卽一個政權由革命而轉移，而對於文化全體的變化有時反未必能表現出來。新的史家已多不贊成這個辦法了。我對於歷史不是專門，現在僅就管見所及，願另立一個分期法。就是以文化全體大流上之大變化爲關節，至於那些潛移默化的小變化，何時蔑有，當然不必細分了。照這樣說，周朝之封建式的統一在文化全體上確能起一個大變化，所以不能不算爲一個關節。於是在周朝以前的，我們都可名之曰封建以前的文化時代。這個乃是中國歷史的第一時期。在這個第一時期中文化是甚麼樣子呢？這一時期的文化雖不是完全無考，然却很難得到信史。孔子尙且說，文獻不足徵。我們去孔子已遠，安能更得可靠的材料。傳說雖有多種，然大抵去古愈遠，其不可靠性卽愈大。司馬遷亦言，其文不雅馴，薦紳先生難言之，不外乎以這些傳說不免有些異怪，所以我們不必十分強爲之解。近人好用殷墟卜辭以窺見殷文化，這亦大有問題。以卜辭上所現至多是殷文化之一端。若謂窺豹之一斑，卽見全豹，這是何等危險！因此我以爲反不如藉助於人類學而多用一些想像力。司馬遷說非好學深思，心知其意，固難爲淺見寡聞道也。或則就和我此意相同。大概初民社會的情形是這樣的：當一個一個部落各不相援的時候，必是如老子莊子所說的那樣，雞犬之聲相聞，老死不相往來。迨後來有一個部落強大起來了，向外發展，兼併了其他部落，那時節的文化便與以前的文化會有很大的不同。被兼併的部落的人們往往會被放逐到更遠更荒的地方去。同時這個得勝的部落其首長的權力亦因此而增大。得勝的部落的人們把所有新佔領的土地得分配一下，於是有所謂農民。這農民乃是得勝的部落的兵士之化身。有些缺乏想像力的學者以爲農民是被兼併的部落的人們所改充，這或許反而失當。要知古代部落都是一個大家族，卽所謂氏族制是也。一個氏族其人數甚衆，其社會中的勞力階層不限於是異姓的人。直到現在還有許多地方是一個村莊數十百家全是同姓的。所以農民並不

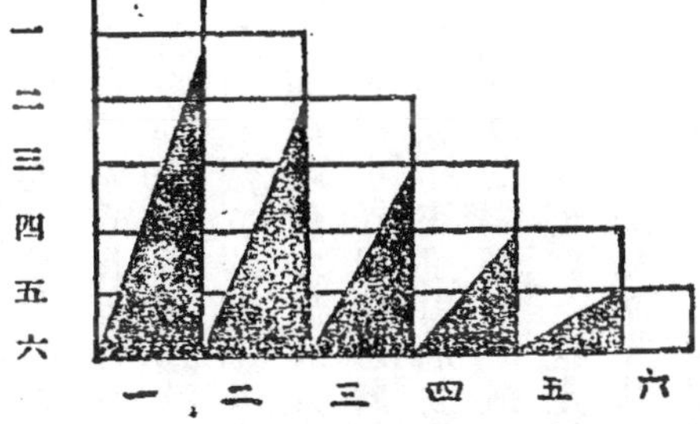

是農奴。奴隸的發生和農民的成立乃是兩件事。孟子說，「或勞心，或勞力。」這個在一個氏族中是自然的分功。並不是勞力者由於被征服。不過當一個氏族兼併他部落時，本族中勞力的人可以變爲不勞力了。總之，在氏族中農民和兵士沒有太大的分別。要知農民與兵士之分亦都是後起的。因爲「社會分化」(social differentiation)，在當時還沒有十分顯著起來。並且須知在這樣未分化的社會之中，卽治者與被治者之分亦不如後世那樣厲害。治者並不會有十二分的尊嚴與高貴，亦不是神聖不可侵犯。須知每一部落當然有首長，其首長的權力變爲強大乃完全是由於向外發展的兼併。兼併的版圖愈大，遂成爲封建。於是首長乃一變爲高貴的帝王了。當其在部落時並不如此，只是一個家長而已，或稱之爲族長。族長對於一族有指揮權，乃仍只是由於實際上年高有德，並不有法律的根據。最初的首長亦只是由有年高有德而已。中國歷史上還一點很爲顯明。大部分是由於有所發明，發明就是其人之德。例如包犧氏是發明收畜及文字的；祝融氏與炎帝是發明火的；有巢氏是發明巢居的，軒轅氏是發明器具的。神農氏是發明農事用具及辨別植物性質的；后稷是發明耕田的。其中最顯明的是大禹的治水。所以可以說中國歷史上所有古代帝王在實際上都是發明家，乃是以其功德而被奉爲首長。並且因爲是一族的緣故，大家情感相通，所以凡大事必咨。雖不必有一個固定的咨詢制度，但首長却決不是獨斷的。有德始有位，這正合儒家的主張。而儒家如此主張亦正由於此種事實。第二個時期，就是封建成立的時期。當然是西周爲始。雖以前未嘗不具有雛形，不過使異部落爲之臣服與同化，這不算作封建，而必須以本族的人去作封主方可。嚴格言之，封建制度之眞正成立不得不以周爲始。最可笑的是受日本影響的新派史家只把西周認爲是奴隸制時代。殊不知奴隸本是早有的，決不足以作爲周朝制度之唯一的特徵。而奴隸的繁多正是由於封建的封主之權力加大與地位增高。單提奴隸不免於倒因爲果。尤不妥者是好像把封建之成立移後到秦漢，這更是反乎常識。這種信口開河的怪論竟不見有人起而糾正，使我不能不爲新派史學前途抱悲觀了。總之，抱定了一個呆板的公式而想尋覓事實以塡入之，這種削足適履的辦法不僅表示做學問的生吞活剝，太有成見。並且是自己先爲公式所拘，使自己的精神不能昂揚自主。從唯物史觀來解釋歷史可以說史學上的一個大發見，但必須善用之與活用之。像這樣以周爲奴隸制而非封建制的一流怪論，恐怕是徒爲唯物史觀增一汚點而已。第三個時期是封建解紐的時代，就是春秋與戰國。第四個時期是統一成立時代。這個時期中君主的絕對大權亦同時成立。這就是君主專制的制度，這卻以秦始皇置郡縣爲開始。但秦的統一之基礎並未穩固，所以陳涉吳廣以及漢高祖等起兵，都得奉一個被廢的封建故主。這便是封建的勢力仍潛留於統一以後而得乘機復起。漢朝成功以後，蕭何等人首先採用秦制，於是統一與封建得到一個折衷與調和。漢朝所以能維持一個比較長期的時間，就是由於採取這樣的中間道路。在這個時期中有一點是可注意的，就是王莽之託古改制。王莽的改制在事實上是應乎當時實際的需要。乃是因爲太平日久，人口增多，同時經濟方面土地私有發生破綻，以致強豪得田甚多，而貧民無立椎之地。可惜他的政制推行太猛，對於反動勢力沒有充分準備，於是遂變爲後漢。其實後漢雖是一反王莽所爲，然仍酌採其中若干點，顯然又是一個調和與折衷。例如禁止販賣爲奴，後漢就是沿用王莽的制度。第五個時期是一個大破壞的時期。在這個時期中自以五胡亂華的南北朝爲中心，但三國魏晉卻是其序幕。這個時期中政治上是接二連三的篡奪；經濟上是恢復到實物交換時代；土地是因爲人口頓減與遷移，遂有重行分配之事。雖有文學，那只是無可奈何，遂託之於呻吟而已。在文化上仍不失爲黑暗時代。但這個時期中並不是沒有異彩，印度佛教思想的盛行，就可算是其特色了。佛教之所以盛行卻有其社會的背境。帝王顯貴等建立寺院，是爲了福田用以抵消其罪孽。而學者文人之投入禪門卻是爲了避世。總之，不外乎以超世的辦法來抵消現世的苦痛。可見在那時現世的苦痛是眞深了。第六個時期是重返了統一的時代，但自漢朝把郡縣制與封建制並行以後，始終是處於折衷與兼容的地位。所以隋唐的統一更不是固定的。唐朝之藩鎮到後來便成爲五代，五代雖延長五十餘年，卻只是藩鎮之殿幕而已。在這個時期中對於佛教卻漸起了反動，直到北宋遂形成所謂理學。第七個時期是外族在中國本土猖獗的時代。外族的侵入當然不自這個時期始，南北朝的北朝全是胡人，但其前卻亦還有外族侵入的事。中國自有史以來本來是夷夏混雜的。倘使外族對於中國不甚壓迫，則中國人便自己不形成種族一體之自覺，同時亦不把外族視爲非我族類，其心必異。所以夷夏之辨是在這一個時期中始漸顯著的。

其原因是一方面由於金人遼人元人太虐待中國人了。他方面則由於理學之提倡氣節。不過這樣的夷夏之辨依然只限於讀書人階級，卽在讀書人中亦不是普遍的。第八個時期是明朝。第九個時期是滿清。其實從外族入主來講，明朝只可算是一個反動。滿清的入關在歷史的意義上却和金，遼，元是一貫的。都是因爲漢族太不競於武事，太文弱了，致爲野蠻民族所乘。明朝朱元璋根本就沒有種族觀念，先剿平陳友諒等本國人，然後始取元朝而代之。所以這一朝的功績在歷史上並無甚麽可言的。第十個時期是西方帝國主義勢力侵入的時期。姑以鴉片煙戰爭爲始，其實以前已早有外國商船強硬進來了。中國以前名此爲「商戰」，而中國遂從此爲商戰之戰敗者。帝國主義者以開闢殖民地的方式來到中國，中國於是便變爲「半殖民地化」了。這個情形就在目前，讀者自易知之，似無待多述。在此十個時期以外，我以爲從本年（一九四五）或明年起，因爲世界文化將入於一個新段落，恐怕中國亦會踏入了第十一個時期。關於這個時期的敘述，卽所謂中國之將來，容於本章後半段詳之。

以上所述各時期自是十二分簡單，僅爲大概而已，因爲主旨不在詳述歷史，而只在表明每一時期都有殘留的勢力一直餘留到現在。所以愈後則內容愈複雜，愈複雜則愈包含有衝突與矛盾。一部中國歷史可以說是衝突與複雜愈趨愈甚的一個歷程。我現在將這樣的內部矛盾分幾點來申言之，第一可以說第一期文化與第二期文化之矛盾。關於第一期文化與第二期文化之分別與性質已在第一章論文明與進步時詳述之了。這乃是我的創見，讀者不妨先承認之，再看其下文。所謂二者之衝突乃只是第一期文化仍殘留於第二期的時期中，事實上第一期文化的殘留眞是極少極少。但其思想方面却是有深厚的色彩。第一期的文化是如老子所說，小國寡民的那種樣子。到現在還有人入山修道，就是要想過活這樣的「森林文明」。卽在現在的世界中，這種超世的生活方式與出世的觀念思想亦在在皆有。不過中國人始終以爲這是人類的本態，以後便是從此墮落。莊子上有言：

『南海之帝爲儵，北海之帝爲忽，中央之帝爲渾沌。儵與忽時與遇於渾沌之地，渾沌待之甚善，儵與忽謀報渾沌之德，曰：人皆有七竅以視聽食息，此獨無有。嘗試鑿之。日鑿一竅，七日而渾沌死。』（應帝

(五)

這雖是寓言，然却頗足表示一些人們對於第一期文化之仰慕與對於由第一期文化轉到第二期文化之厭惡。這種思想是以爲應當回復到渾淪自如與無爭。後來因第二期文化發展得太厲害了，這些殘留不能爲有組織成片段的東西，而却總是有一鱗一爪出現。例如後世帝王明令禁止奇技淫巧，便是其一端。又如反對貨幣而主張以實物交易，亦未嘗不是受此種思想之賜。儒家思想中亦吸收有這一類的觀念。所以我說中國的歷史是演變的，而中國的思想則是復古的。換言之，即歷史是爲事實所迫，不得不往前跑，而思想却總想對之向後拉回。思想之向後拉回亦不是完全沒有力量，於是思想與事實之間便演成一個衝突。此即爲第二種矛盾。儒家比道家透遂一些，明知恢復第一期文化是絕對不可能了，乃改爲主張恢復到第二期文化初發時尙未發現弊病的狀態。但事實是停不住脚的，總得推演下去。於是儒家思想仍爲一種挽回。從此以後，中國的歷史數千年却永遠是在事實推之，思想挽之，這樣一推一挽之中過下去了。在此處我要補述第一期文化與第二期文化上之生活狀況。在第一期文化中，人們是自耕而食，自織而衣，換言之，即自己生產而自己消費。其最大的缺點是沒有閒暇，用以從事其他建設與研究。在第二期中則生產與消費劃分爲二：雖人人都是消費者，却未必都是生產者。因爲生產者與消費者相劃分，於是馴至生產者反不得有充分的消費，消費者反得大量的生產品以供享用。而爭奪遂因而起，演爲比較有規模的戰爭。我所謂事實推之即指此而言。唯物史觀解釋歷史在這一點上是不磨的眞理。但思想却不是物質狀況之反映，好像照像之與本人一樣。思想總是想對現狀有所改變，這乃是由於思想之本性使然。雖思想之挽不能有多少阻止事實之推，但思想却始終不能忘其挽。因爲不挽即等於不要思想了。第三是封建與統一之矛盾。這個矛盾直到現在可以說是中國的一個最大難題。恐怕必須等到將來大興工業以後，全國鐵路公路如密網，那時方可望解除。在今天和今後十年以內恐怕還不能完全解除，因爲在以往的歷史上鬧得最厲害的亦就是這個地方與中央之不調和。在歷史上我們看見地方割據以致全國分裂的情形不僅是數見常見，視爲故常了，並且歷時甚久，反比統一的時候爲長。可見封建勢力作祟得厲害了。但一班人只知叫咒封建勢力，却不知其從何而來，何以如此蒂固根深。要作進一步的說明，我不能不更引出另一種矛盾來。此卽是第四種矛盾。這個第四種矛盾是農民與軍隊之衝突。關於封建與統一之衝突。本可詳述；無如事實太明顯了，人們稍有中國史的知識，一提卽可明白，所以不必多說。不過封建與統一之矛盾却和農民與軍隊之矛盾是一件事之兩方面。封建與統一之爭是關於地理方面的，換言之，卽地勢所使然，而農民與軍隊之爭則是關於人事。關於這一點，我要詳細討論之。

我以爲一部中國歷史只是一部農民負擔史，同時亦是農民對於負擔的反抗史。這話怎講呢？世人往往迷於階級之固定性，以爲農民與軍閥是兩個截然不同的階級。其實軍隊完全是由農民而來的。可以說自古就是民與兵同源。農民之所以遁爲兵士正是由於逃避負擔。所以農民之負擔愈重，而其逃避之法亦愈只有當兵與爲匪之一途。須知爲匪與當兵在名稱上雖二，而實際上只是一件事。中國在經濟上唯一的財源只有農業，於是唯一負擔者卽爲農民。工業商業雖亦負擔種種之捐稅，然而却依租稅轉嫁之原則最後仍歸到農民身上。農民是被榨壓者，其唯一的反抗方法是求爲榨壓者。因爲農民根本不成一個階級，沒有階級的自覺心，不會團結成一體，所以從來不想把整個兒的一個農民階級從苦痛中解放出來。乃只有單獨三五成羣以另打出路，正好像中國舊社會中婆虐媳一樣，媳的唯一希望是他日自己變爲婆再去虐媳。所以軍隊是農民的尾閭，正用以逃避榨壓。不僅是逃避了榨壓，且可翻過來以壓制他人。於是我們應大大明白中國只有政治性質的榨壓，這句話並不是謂完全沒有經濟性質的榨壓。須知一切經濟性質的剝削都是藉着政治性質的榨壓而始存在。換言之，卽前者只被包含於後者之中，而其本身不是獨立的。日本學者們多謂太平天國是農民革命，我看了不覺好笑。其實中國自秦以後，那一次變亂不是農民革命？只是有些比較上純正，有些不純罷了。不僅黃巾是農民革命，卽陳涉吳廣亦何嘗不是呢？甚至於劉邦朱溫雖自立爲天子，然亦只是同一性質的。須知「造反」與「換朝代」是一件事，現在則稱之爲革命。洪秀全的作風亦決不代表全體農民的利益。所以不能單把他認爲農民革命。要知中國歷史上由農民起而取得政權的事情本是屢見不一見，毫不希奇。並且總是自己由被壓迫者中跳出來乃轉而壓迫他人，根本上由於財源只在於農業。當其跳起來的時候，是揭出救民於水火的旗幟，並實行免稅免賦，以資號召。於是人民在壓迫中希望昭蘇，自易起而響應。迨其成功以後，却為了財政的緣故，依然還得向擁護自己的人民身上來剝削與榨取。所以中國的屢屢換朝代的君主專制政治決不能維持至二三百年以上。唐，宋，明，清，雖都比較有長期的治安，但其間仍有變亂時時發生。可以說中國歷史上一百年以上的無內戰實為罕見。這乃是中國的病根。將來愛國憂國之士必須從此點着眼。須知這種情形不僅是由於事實所使然，並且還附有所謂「觀念形態」（此乃馬克斯派的術語），卽漢朝的讖緯或圖緯是也。何以讖緯的思想在漢朝而大盛，根本上是由於劉邦起自平民。史記說：

『旗幟皆赤，由所殺蛇白帝子，殺者赤帝子，故尚赤。』

因為事實是客觀的，而心理是主觀的。但人們並不直接了解客觀事實，而只是順着事實，混在其中，為其所推而行；同時主觀上却不能不另造一套說法以應合此趨勢。所以凡事實必附有一套理論，我名之曰「說」。讖緯是一套神話，正所以說明這種不可以個人能力所左右的政治變化。創此神話者並不是志在惑人，乃實在於堅強自己的信念。所以中國這一套讖緯思想一直到後來猶未消滅淨盡。現在尚有一些未開通的鄉人還會相信有「眞龍天子」出世，換一個朝代以蘇民困。推背圖與燒餅歌所以能風行一世，亦就是為此。我嘗推究農民何以會變為兵士以造成軍閥之故，乃發見中國自古以來卽賦農民以自禦其田之力量。周制以五家為比，五比為閭，四閭為族，五族為黨，五黨為州，五州為鄉。同時鄉有軍，州有師，黨有旅，閭有卒，比有伍。其詳雖不可深考，然而亦足見古代耕種與守禦完全是一件事。耕者必能自守其土，方足以使其田為己有。可見在古代得了土地以後，必須能守，方能開耕。於是耕者與守者遂同為一人，此卽是所謂農兵合一。在這個農兵合一上却會演出農兵分裂，以致二者對立。這種農民自禦的情形直到現在還依然存在。由農兵合一而變成的農兵對立就形成治者與被治者之衝突。這乃是第五種矛盾。這個矛盾在他國決不似中國那樣。我嘗說中國除了在邃古時代不計外，始終沒有實現民主精神。因此中國治者與被治者之衝突特別厲害。倘使有人願意用「階級鬭爭」一名詞，我則以為只有這種衝突是可謂階級鬭爭。總之，中國的剝削是政治性質的，中國的階級鬭爭亦只是政治性質的。若專從經濟性質來解釋之，便爲失當了。治者被治者之鬭爭可以相安於一時之故，大半由於治者允許被治者納稅以後不再多加干涉。被治者但求不擾，亦就願意供出其一部分的收獲。證以鄉間所謂自治組織，不外乎目的在代替官吏徵集租稅，只須完納以後，便請官家不再過問。官家亦正樂得省事。否則擾民，而擾民之結果卽演成造反。須知中國社會只有三個階級，一個是官，其中又可分爲士。關於士，我將特別論之。此外是商。商只是官之化身。地主更卽是官或其子孫。作官的無不以其宦囊來買田。至於收租却亦靠着官場勢力。倘不如此，佃農得種種藉口而不繳付。凡經商亦必須借官場的勢力，所以純粹的商人本極少，在社會上不占勢力，故商亦只可歸入於官的一階級中。還有「紳」，就是下野以後的官。第二個是民，亦卽是農。第三個是軍與匪。所以農與民是一個階級；軍與匪是一個階級；官與商是一個階級（但此處所謂商當然須把商店中的夥員除外）。但只有農與民是被壓迫的。農民要逃避這個壓迫，亦只有遁而爲軍或爲匪，上文已說過了，恕不再述。官與商所以能成爲能壓迫者乃是靠着軍的力量。所以中國情形之可怕處不在階級分界的嚴明，而反在階級之可以混易。於是治者與被治者不成爲兩個階級，乃只是兩個界域，人們可以自由出入於這兩個界域間。凡治者享盡人間幸福，被治者受盡人間苦痛。除了不交通的鄉村爲政府權力所不及者以外，被治者總是不斷地想搖身一變爲治者。所以「治權熱」在中國人心中比任何國人都厲害。在這個情形下，生產者永久是負擔者，反不得有享受；而不生產者却得充分享受而無所負擔。自從帝國主義以商戰侵略中國以來，這些不生產者更把從農民身上剝削下來的財來買取外國貨，於是國乃愈窮了。這是人人所能看見的；無如有些學者爲「公式」所迷，反而熟視無睹，豈不可怪。最好笑的是日本的新派史家以康梁與孫文之改革謂爲有產階級革命。殊不知 bourgeois 與 protetaian 這兩個名詞在馬克斯是以所謂「餘剩價值」來作分別的標準而定的，乃是指恃利息利潤與租金爲生活的人們而言。這純是就經濟方面來說的。中國的榨壓既完全是政治性質的，則當然無所謂有產階級革命。須知辛亥革命並不是成於有產階級的士大夫，乃是成於所謂新軍。清末如不練新軍，恐怕就不會有辛亥革命。所以辛亥革命雖建立民國，但其性質却和以往的換朝代並沒有十分大不同。在名號雖是民國與共和，而在實際上已經三十餘年迄未有國家組織根本法的憲法，政治亦從未走上民主的道路。就是因為這種革命還沒有離開中國歷史的老套子。翻過來說，倘使完全不踏入中國的老調，恐怕辛亥革命根本上就不會成功。梁任公一派人主張只問政體不問國體，章太炎一派人主張推翻清室。後者畢竟得到中國歷史的教訓，所以前者沒有成功。到了今天大家應知道順着中國歷史的老軌道來往下走，縱使有許多變化，必依然不足致中國得躋於現代國家之林。總之，在中國歷史上治者與被治者之矛盾是特別重大。傳統的辦法是換朝代，使治者與被治者有時可以易位，但這個辦法完全是無用的。

於是我們應得換一方面，另述一種矛盾，這就是第六種矛盾，亦甚為厲害，即外來的西洋勢力與中國固有文化之衝突是也。所以我從鴉片煙戰爭起特別劃為一時期就是為此。辛亥革命是受了歐美思潮的影響，這誰亦不能否認。但辛亥革命却與法國大革命，美國獨立等不可相提並論。在以前西方勢力之侵入乃是西方帝國主義以武力為商品推銷之後盾，而一舉將中國化為「推銷場」(dumping field)。加以不平等條約，由關稅之不自主，遂使中國束手自困。關於這些情形，坊間頗有許多書論述，本書不必複述，就中現國民政府主席蔣介石先生之中國之命運前半段亦即言此，尤為國人所應讀。不過這個情形既陳列目前，為人所共睹，則更無詳說之必要。在清朝末季可以說完全為此問題將一切人的腦中所充滿。於是有變法自強之提議，其動機是想効法於西洋而用以抵制西洋的侵略。在此處乃又包含有一種矛盾，即是西方的帝國主義侵略勢力與西方的文明思想之衝突。西方勢力到中國來，把中國當作殖民地，這是帝國主義之所為。但西方各先進國却自己居於文化最高的地位，以為應當自由，應當平等，應當以科學發見眞理。這種思想和歧視他種民族之自慢心本不相合。於是西方國家對外的作為與其文化中所含的根本概念未嘗沒有很大的衝突。這個衝突到了中國來即變為以西洋的學術謀自強而抵制西方勢力之侵入與壓倒。這一點上却和後起的各民族之運動相同。在最早的有意大利之建國；在最近的有土耳其之建國。中國適應此世界潮流，知識分子相率講究新學，這亦是自然之勢。但迄至此次世界大戰起來為止，並未成功。其原故乃是由於倘有中國固有的文化在暗中作梗。我們可以把西方勢力與西方思想之衝突列爲第七種矛盾，而把西方思想與中國固有思想之衝突算作第八種矛盾。中西思想之最大衝突點是：近世西洋思想是個人主義，而中國則始終未能脫離家族本位的觀念，以故對於個人主義遂誤會爲個人享樂的主張。總之，這三個矛盾只是一個，而這樣情形頗足致中國於紛亂，直到現在仍是十分嚴重。

此外我更要提出一種矛盾。在上文曾說過，治者與被治者之間有永遠不磨的衝突，而在治者階級中，除了軍隊不能完全在內以外，在歷史上只有君主與官。在官的階級中，我們雖可說倘有「士」，但士却不能算完全在於其內，因爲中國以往是讀書的機會並不十分難得。農家子弟只要聰明又能得讀書的機會，一經考試便可爲士。所以中國歷史上的辟舉與考試等制度，實在是一個好制度，能把人才不拘階級提拔出來。在以前，可以說只有官，讀書亦只是爲了做官，所謂學而優則仕。但自孔子出來却另賦予士以特別的使命，不僅是充官吏而已。這一點我在知識與文化一書中曾暢論之。在思想與社會一書亦有提及。我以爲孔子在中國歷史上確是唯一的特別人物。他的不朽的功績就在於把一大部分官吏的候補者劃而爲士。須知士並不是現任的官，亦不是退職的官。但同時却可以在官。於是我們便有了第九種矛盾。這就是士與官之衝突。要明此點，請先一述士是甚麼？士是維持風化的人。一個社會中，其道德標準必須由有若干人以己身作榜樣來維持之不致跌落，其他人們對於是非善惡忠姦之批評都自然而然跟着這種人走。敎化與風化之責任遂自然會落在他們的肩上了。他們是用「自律的」(autonomic)道德行爲來作砥柱。中國沒有宗敎，幸而有他們來作宣敎師。他們可說是「道德家」(moralists)。須知在西方道德之維持完全靠着宗敎，卽窮鄉僻壤亦都總有一個敎堂。這個敎堂中的牧師隱然卽代表這一鄉之關於道德的輿論。某人賢，某人不肖，某事可作，某事不可作，皆以牧師一言以爲準繩。而中國却就是士。在淸朝，鄉間只要有一個秀才便可以其言行爲大衆之規範。所以士不定要做官。讀書人而躬耕，本不算甚麼。自孔子劃出一部分的官來改爲士以後，漢朝的董仲舒等更藉君主的力量以推行之。直到唐宋遂發展爲理學。自理學興，士之所以不同於官更爲顯著了。淸朝雖爲外族，但在這一方面却並無變化。錢穆先生著中國近三百年學術史，以爲顧亭林不應允許其幼輩事異姓，此論未免太苛。須知當時只是皇室變化，而不是文化變化，決不可與現今日本之侵略中國同日而語。不過在中國歷史上士能發揮其使命的，則比較上以宋朝爲最。有呂氏的鄉約，范氏的義莊，有朱子的社倉。凡此都不是藉着官力而辦的，乃眞是士之所自辦。不僅有關於教化，並且有助於組織。不過士之原本的職務仍是在於掌禮。胡適先生以爲掌禮是士的職業，這句話却道着一半。須知卽在西方，凡婚喪等禮儀亦都是由教堂司之。社會上確是需要有一類人懂得禮節，能指示一切，俾得遵行。中國的禮節又特別繁重，更非有專門知識不可。雖則士是以其所有的關於禮儀之知識來教導人，但他却並不以此而獲得收入。他並沒有固定的收入。所以胡適先生的以掌禮爲職業一語，職業二字却有語病。孟子說：無恆產而有恆心，惟士爲能。可見士雖爲社會掌司禮教，但卻並不能以此而得報酬，有固定的收入，以維持生活。這卻和耶教的牧師，佛教的和尙不同。因爲他們的教會與寺廟都自有產業，得以生活。士既不是一種有收入的職業，於是爲了生活計，只有遁入於官之一途。此卽所以士與官總是常相混合之故。在一方面既沒有固定的生活基礎，在他方卻必須爲人羣主持風化，爲社會立道德儀表，這實在不能不算是一種艱難困苦的事業。並且由講禮而引出講理，則更是一種學術上的負擔。須知禮是節制，是人爲的秩序；而理是法則，是自然的關係。在這個一轉移間便由實用而進至純粹學術。於是士之使命不僅爲社會上有一種作用之人，且必兼爲學者。學不深則見理不切，見理不切，則言行之感人必亦不深，士之事業至此可謂更難了。所以我嘗說，在中國歷史上，士階級雖未必百分之百完成其固有的使命，但確可說是功多於罪。因爲我們並不是不知道在以往士人確有種種弊病，例如尙文，孤標，黨同伐異，只知替人計劃，而自己無擔當力等等。後世因爲相率爲官之故，更染了無數的官場惡習，此則不必深論。不過拉長了看，士在中國歷史上尙可算一種有負擔的人。中國只有三個階級，我在上文已言之，卽君主與官是一個階級，軍與匪是一個階級，農與民是一個階級。農民是中國自有歷史以來唯一的負擔生產任務者，當然只是有功而無罪。在不生產的一類中有功的卻只有士。至於官與軍在中國歷史上始終是罪多於功。君主與匪更不必說了。所以我以爲士若眞了解其使命，則士與官在本質上必是衝突的。我遂把士與官之衝突列爲第九種矛盾。在歷史上這樣衝突的事件亦不是沒有。最顯著的是南宋禁朱熹僞學。不過到了清末，改科舉爲學校以來，讀書人習得一技之長，自然走入作官之途。所餘有志之士，只有變爲革命黨。只有這一些從事革命的人還有些士氣。但士的革命是不會成功的；因爲中國歷史上所有的換朝代都是由於軍或匪之蹶起。辛亥革命在表面上是受了西方影響；而在實際上其所以成功，仍由於合乎老調。所以我嘗說，士是一種輔治階級，而不是治者階級。只能輔佐別人去治天下，而不能自己作政治上的主人。若按照民主政治的原則，民主是自己治自己，則被治者固是自己，而能治者卻亦是自己。這樣則士顯然不合乎民主原則下的民治主人的地位。所以中國迄今未走入民主的軌道，固然是原因甚多，例如軍閥專橫，官僚腐敗，封建勢力的餘殘，以及大多數人的不識字等，但士的根本性格沒有民主精神從歷史上培養下來，要亦不失爲原因之一。自辛亥革命以後，把君主廢棄了，士便失了其所輔佐的主人，而士自身又沒有力量自作主人，民主政治所以不能成立正由於此。今後要建立民主主義，必須把士的性格略略改變一下。這乃是後段所要提出的，現且不談。

以上所述，共九種衝突，雖分九種，不過是敍述便利而已，並不是各各獨立，而沒有互相包含的地方。從這許多的衝突來看，顯然可說中國歷史或中國社會乃直是一個包容多種衝突的東西，並且是愈到後來愈加多衝突的種類。我這句話並不是說世界上只有中國社會是包含這樣許多衝突的。須知社會衝突本是社會歷程之一種，其反面是所謂社會和諧。一個社會只有衝突而絕無和諧是站不住的。所以任何社會雖有衝突，而至少總要有一些和諧，方不至潰散。其問題是只在於比例上衝突與和諧究竟孰多。如果衝突大於和諧，則這個社會決不會穩定下去。今天中國的現象就是如此。今後要使中國走入穩定的道路雖不是把衝突一舉消除，然至少必須將其漸漸減輕或減少，以致和諧得大於衝突。減削衝突之法不在於把衝突中的兩項而除去其一，乃只須使兩項得着一個相當的安排，各守範圍而不相越，便可相安於無事了。若是不明此旨，而想剷除其中之一，必致勞而少功。因爲衝突之所由起就由於有相反背的兩項存在。其存在不是容易取消的。話雖如此，但兩項在衝突中亦自有消長，不會永久平衡。現在我即要一述這些消長的情形。我之述此同時目的即在證明中國目下之危機，並由此或可展開今後之希望。在未述這些消長以前，我又不得不於九種矛盾之後再加上一種矛盾，就是第十種，乃係中華本族（卽漢族）與外族之衝突。外族是指歷史上的胡人，如鮮卑，契丹，女眞，突厥，匈奴之類而言。故此種衝突卻與上述的帝國主義侵略之衝突完全另爲一種。本書對於此種衝突所以不願詳述，就是因爲在歷史上雖爲重大事件，而到了今天則完全成爲過去了。這便是消長之一好例。我在上文已說過，各時期皆有所殘留，卻亦有雖殘留於若干時以後而仍歸於消亡的。降至今日，我們對於各時期所殘留的不妨加以淸算，而淸算之法卽爲在各種衝突中看其消長如何。先言第一期文化與第二期文化之衝突。這顯然是第二期文化更增長，而有完全壓倒之勝利。其故是由於西方物質文明之傳入，更足以使中國人厭惡那些古樸的生活。次則是思想與事實之衝突。這卻就是西方文化與中國文化之衝突。在事實上是西方文化以泰山壓頂之勢而來，誰亦無法抗阻，但在心理上卻尚有許多人是不願意的。這個衝突中兩項的消長已顯然而定，但尚未到最後的定局。我們今天所應努力的不在順着自然的趨勢以助長一方，推倒他方，乃只在於設法使各得相當的安排，互有界限，不出範圍，化衝突而爲調和。再其次就是封建與統一之衝突。這在歷史上卻是封建得勝時爲多，雖則有短期間統一能實現一下，直到現在依然是這個樣子。因爲歷史上所有的統一並不是眞統一，仍舊包容封建在內。可見完全打倒封建是何等難事。民國建元以後，以武力謀統一的已有數起，不但未成，卽成亦只是封建式的統一。何謂封建式的統一？就是把地方割據化爲擁戴中央，在事實上依然是割據地方。於是我們不能不說中國雖有數千年而眞正的統一卻從未充分實現過一次。從這一點來看，則我們今後的努力當在何處便可不言而喻了。此後民主主義如要成功必須先解決這個封建的殘留勢力。這種殘留勢力不完全建立於地理上，並且社會的原因與政治的原因居其重要地位。今後的改革必須先從解決軍隊問題與官僚問題入手。關於這些容在下文論列之。地理方面之改善在於建立全國鐵路與公路之密網，交通之便利與國家統一之構成是大有關係的。又其次是農民與軍隊之衝突。中國的軍隊有一個奇特的地方，就是軍餉之所由出。我查歷史上農民所負擔之田賦數量，例如十五分之一與三十分之一等。就表面上說，不能算十二分太重，但我卻疑心在實際上每一朝代的末葉，在中央權力解紐，地方割據形成的時候，農民所負擔決不止此。這僅僅是一個紙上文章而已。須知中國的軍隊都是由地方供養。這一筆軍費完全出自當地老百姓身上。這件事可謂自古已然，於今為烈。換言之，即農民自古以來即於正規的田賦負擔以外，尚有不規則的供給必須繳驗。此所以中國農民始終處於困苦的境地。而並非自近百年為然。因此我以為農民與軍隊之衝突是農民永遠在被壓迫的地位，即永遠處於失敗的地位。今後如對於軍隊問題不能得合理的解決，則農民的困苦永遠無由昭蘇。又其次是治者與被治者之衝突。這個衝突在中國歷史上是最可注意的。中國所以不成為現代國家正由於此。須知任何國家其治者與被治者之間總有利害不一致之處。換言之，即兩者利害完全一致，只有完全的民主制度方克致此。世界上到今天還沒有完全的民主，只是程度上有較高或較低而已。所以拿現代的英美等國家而論，無論如何，其治者與被治者總是大部分利害一致。即俄國除了其共產革命的當時流血不計外，其後建設時代亦是治者與被治者利害一致處甚於其不一致處。這一次的苦戰中沒有漢奸出現，尤為證明。總之，一個國家其治者與被治者利害一致遠甚於其不一致，這不僅是民主精神之標準，同時亦正是現代國家之表識。無如說到中國，卻不能不令人短氣。每一換朝代的時候，免稅減賦赦刑，這些只能算治者取悅於被治者，而決不是代表被治者以發揮其意志。歷史上漢武帝唐太宗都有對外的武功，然而亦未見得是替整個民族打開前途。所以我們可以說只有這一次的抗日是治者真代表被治者，二者利害完全一致。這真是二千餘年以來唯一的光榮事。我說這句話並不是恭維國民黨的政府，國民黨除了這一件事以外，其執政時間的治者與被治者利害不相一致乃與其前軍閥時代並無絲毫兩樣。中國直到現在所以不成為一個健全國家，正由於任何國家其治者與被治者利害不一致未有像中國那樣子的。所以中國還是一個古國，而世界各國已皆成為現代的東西。中國處於這樣的現代國家之林，而自身落後，豈有不大糟而特糟的麼？須知就這一點來看，西方學者把國家與社會分為二，又分社會為有意的組織與天然的聯結：前者名曰 society，後者名曰 community。這些道理用之於中國愈令人覺得對。中國的人民真是一個天然結合的社會，至於以治者為代表的國家乃是添加上去的另外一個東西。在別的民族，這個添加上去的國家未嘗沒有其重大的用處，因此這個東西雖是添上去的，卻亦絕對不可缺少。獨有我們中國不然。自有史以來，唐虞之世太渺茫了，當然不計。從此以後數千年之久，而國家卻始終未能盡其天職。國家的唯一天職是維持主權獨立，不為外族侵略。試檢中國史可以說外族侵入幾乎沒有一次不是成功的。所賴以抵抗外族的，不是政府，不是軍隊，而反是文化。即外族到了中國以後被中國的文化所潛移默化了。可見中國的治者除了壓制被治者以外，直絲毫未盡其天賦的使命。被治者對付他們之傳統辦法就是納稅以後希望不再有干涉。人民確有反干涉的心理。從這傳統的態度來看，足證政府之為物在中國實在是一個無奈何的東西，而並非絕對必要的東西。我希望經過這一次日本軍隊蹂躪大半部中國以後，國人當會自此改變態度，於一方面應知國家是絕對有用處的；而他方面應知歷史上所有政府都未完成其使命，今後必須大大改良。須知無政府主義之不能實行只是由於各民族都有政府，成為國家，獨立自主，則在其間決不能有一個民族無政府。倘使萬一有一天能由地球上一切民族都相約不要政府，這原是一個最理想的辦法，想來不會有人反對，無如只是可望而不可即啊！所以我以為唯有經過亡國之痛的人民方會知國家之重要；亦唯有知道國家重要的方會起來以改良其政府。正猶公司中的股東，經過了蝕本以後，各人攤派了損失，以此苦痛的經驗方迫起對於經理之督責。所以改造政府使治者與被治者利害打成一片，必須在被治者有了切身苦痛的經驗以後方可。今後我希望國人不要忘卻這一次的苦痛，而應痛定思痛，明白政府如不能盡其天職則必須立刻加以改造，否則遺患有不堪言者。總之，今後要把治者與被治者使其利害相一致，則唯有實行民主政治。民主主義可以化二者的衝突為調和。因此我曾在思想與社會書中提出民主主義的政治是政治的正態，而其他如專制等則都是政治的病態，就是因為治者與被治者利害若太不一致，則實在失掉了人類所以要有政治行為的意義。所以專制國家一經外患，不但抵不住外患，且同時會反而引起內亂。一個國家常在內亂中，則即足證治者決不能代表被治者。故自民國以來亦和其前一樣未曾有好政府是誰亦不能否認的。今後中國的問題就是如何永絕內戰。倘使不能有一二百年以上的長期無內戰，則這個國家無論如何總是沒有上軌道。所以今後國人所應集中精力以從事的就是必須建立一個基礎，基於此得使內戰永不再發生。不過這是一件很複雜的事情，並不是專就任何一方面改善所能為功的，其詳容在本章末段再討論及之。

復次我們又要說到士與官之衝突中兩者之消長，因爲中國數千年都是君主專制的緣故，士與官之衝突可以說永遠是士失敗而官成功。用老話來說，便是小人道長，君子道消。一部中國史大部分是在這樣的情形之下的。幸而士有一個特長，即所謂守死善道與殺身成仁。他們本來不求成功，所求的只是不屈，所謂朝聞道，夕死可也。顛沛必於是，造次必於是。無終食之間而離其道。只要道在，成敗生死本所不計。因爲這個緣故，士雖屢屢失敗，而並不能因此使其短氣灰心。士在中國社會中經過數千年始終不絕如縷亦就是由於此。不過到了今天卻不是士爲官所征服的問題了，乃是士本身改行的問題。所以現在說只有官而沒有士，這乃是改行新式教育所致。現在學校的教育只是授與以知識即專門學術，畢業後得成爲一種有技能的人才。自然科學一方面固勿論，即在社會科學方面，政治習後是爲做外交官的，法律習完是爲充律師的。這樣一辦，於是士乃漸漸眞絕跡了。現在存在的人中，除了馬一浮梁漱冥熊十力等尙有士君子風度以外，簡直是愈過愈少了。新式教育固然有這樣的結果，但最近左傾思潮之傳入又更加重其影響。左派動輒罵人爲「小資產階級意識」（即小資產階級的心思與想法），實則須知凡是有知識的人沒有不是愛獨立，多思考，不輕易與人相同。這乃是知識發達到某一限度之結果，並不一定與小資產有甚麽密切關係。倘使知識更進一步，亦未嘗不可免除。是於後起的讀書人信奉了唯物論以後，更沒有自勉爲士君子的了。殊不知馬克斯派否定道德之絕對性乃是其學說系統中之一大弱點。須知把道德觀念使其等於經濟的社會狀態之反映，隨着生產關係而變，這就是否定道德之絕對性。而在我們則以爲道德確有隨着時代變化之部分，卻亦有不變化之根本原理。我在道德哲學一書中對此曾有詳細的闡明。因此我對於道德問題是完全佩服康特(Kant)的。世人但知其貢獻在知識論，其實他的千古不磨的功績乃在道德論。他主張道德是自己立一個法度以拘束自己，同時又使凡有理性的人都能實行。換言之，即道德是爲了不便於己而設的。如果凡事但求便於自己即不必有道德。這種自律主義並不是唯心論，乃是社會中合羣所必需，不然人與人之間即無法和諧與一致。這種道德原理是不拘社會經濟環境如何變易而本身不能有改動的。此外又確有隨着社會結構而變化的，例如在資本制度下之道德移到社會主義的國家中，就有許多不適宜的了。但這種樣子卻不害於道德的抽象原則之有絕對性。康特的主張是所謂「方式主義」(formalism)，卽是只注重在抽象原則，而不管實際內容。這個抽象原則好像是空洞，卻有其拘束力。因此我們主張一個社會不能完全以其經濟的因素爲唯一的充足的決定力。學者不明此理，乃是由於不分別必要的條件與足夠的條件。經濟的因素是必要的條件，但並不兼爲足夠的條件。所以經濟方面有所解放以後，道德卽自然提高。此種議論未免太儱侗了。例如竊盜的犯罪，誠然是由於貧窮，一旦生計有辦法，當然可以絕跡。但有些惡的行爲卻並不是完全由於經濟的壓迫。希特勒引起世界大戰，其作惡的動機若求之於經濟方面恐怕絕對無法說明。再拿中國的情形而說，佃農往往有預繳租錢之制度，就是因爲總是拖欠。工人入廠往往須有舖保，亦就是因爲常常偷物外出。我確信這些都是爲貧窮所迫而始致此，但我不相信農人工人於既染了此種惡習以後，一旦生活提高卽會完全自動改善，而不必有人爲之敎化。所以我認爲敎化還是一個重要的事。因此我主張士在今後的中國依然有其使命。如果以爲只須把國家建立於農工之上，而不要士，則我願把太平天國之實例來作一個反證。太平天國是農民革命已有許多學者說過了，但我以爲太平天國之失敗與其說是敗於淸軍，毋寧說是敗於自身，而所謂敗於自身亦就是指洪秀全楊秀淸蕭朝貴韋昌輝之道德的破產。若謂起自田間卽本具高尚道德恐不足信。其反面則是曾國藩羅澤南等人。這些人確是士類之表率者。太平天國之所以不能成事卽由於盡驅士類爲反對派以助淸廷。士雖不成爲一個嚴格的階級，在中國歷史上亦從未居於主人地位，但其左右時局卻並不是沒有力量。就因爲任何事情非深明事理者不能辦，任何對人非深有修養者不能成。士就有這兩種長處：一是代表理性主義，二是代表道德主義。換言之，卽講理與做人是也。所以在中國的各階級中只有士是可以講「志」的。須知升官發財不是志，志必與道相聯。道不行乘桴浮於海，這是其他階級所難能的。有志方會有守。所以我以爲中華民族數千年所以有文化，其文化所以不墮者，大部分是由士在那裏負擔之。到了今天，如果以爲固有文化有缺點而另須搬來新文化，恐怕這個負擔者仍不能舍士以另求。故農工專政的議論在中國由歷史證之是有害而無益的。我說這一番話亦並非將士之弱點完全忘卻。在以前士誠有極大的苦悶處，卽欲行其志只有入官之一途。而歷來官總是利用士而不容許行其道。官之所以必挾士以自重，就是士之學問人品足以號召衆人。於是士只有兩途；卽有功利心者被人利用，如王安石可算是一個代表；無功利心者永爲隱士，如文中子可算其代表。士類亦至爲不齊，亦有甘心被利用者，還些墮落分子當然可以不必細論了。總之，在中國歷史上士可以說是一個最苦痛的階級，本身沒有經濟基礎而又負擔了一個特別任務。前面則良心常常加以督責，而後面則社會惡勢力又爲之逼迫。所以士類之中能站定脚根者便人數不多了。但環境愈苦難，則所需要的內心修養便愈須加強。不然無由以相抗。因此宋明理學所主張的修養方法與道德條件乃較先秦儒家爲高得多。在這一點上，宋明理學不僅在學理上有貢獻，並且在社會上亦大有其功用。我在知識與文化一書中已詳論之了，請不贅述。今後士之出路必須大改，我以爲只有兩途，其一是以教育爲終身職業，但必須實行「同業公會的社會主義」(guild socialism)，亦可譯爲職業自治的社會主義)，卽組織同業公會用以自治。此制將來英國必暢行之，在拙作思想與社會已曾討論，此處亦不必多說。另其一則是與農打成一片。以前曾有人提倡大學畢業生回鄉，深入民間，不知其用意是與我說相同否？不過在中國歷史上並不是無此先例。讀書人躬耕本是分內事。現代人不願下鄉乃是因爲鄉間生活太苦，其實鄉間生活是可以提高的。如前淸中葉江南一帶鄉間食有魚肉大米，穿亦是絲織品，又何嘗太苦。今日鄉村破產只是由於帝國主義的傾銷政策所致。至於我爲甚麼要主張士與官絕緣呢？就是因爲我已在前面說過，官與地主，鉅商，紳董乃是一個階級。這個階級卻非完全根本剷除不可。我用剷除二字並不含有殘待的意義。我以爲應得由國家立法的力量使其逐漸改業，使其仍有生活，並可作正當的貢獻。至於用革命方式，殺之，捕之，壓制之，監禁之，則是我所反對的了。須知使其改業並無任何不公道，因爲去掉他們亦不甚難，各級政府機關皆實行民選，官僚卽被淘汰了大半，土地另立一個新制度（其詳容下文言之），則地主自然消滅，但卻必須計及善後。換言之，卽必須同時設立社會保險制度，對於他們的失卻收入有合理的救濟。應知社會改革決不是逞感情，快人意的事啊！

現在須述到中西兩勢力衝突之消失。以往近百年間可以說是西方帝國主義的勢力簡直將中國壓倒了。此種情形似無待詳述，讀者自行參閱坊間諸書，必能知之。所幸西方的帝國主義自家起了大破裂。老實說，前一次世界大戰就是德意志想起來亦作成一個侵略他族的帝國，乃是很艷羨英國與荷蘭西班牙當時覓得殖民地，克服其他民族，以供自己驅使之行爲。如英國之征服印度尤其使初興的德意志民族眼紅。他雖挑起了一個大戰，想從他們已取在手中的搶得若干以分其肥，不幸竟未成功。用中國老話說，春秋無義戰，則這種新舊兩帝國主義之戰當然不是義戰。隔了二十年光景，德國仍不忘此企圖。同時日本亦以初興民族之故，想蹶起在東方作一個帝國主義的國家。這兩個新帝國主義者便不加深思向舊帝國主義者開始攻擊了。中國本爲帝國主義所蹂躪的，當然新帝國主義者要比舊帝國主義者更爲凶猛苛毒，中國之抵抗乃是行其所當行，不必問成敗。在此卻居然得叨了極大的徼倖：即他們爲了戰禍之太慘遂覺悟帝國主義必須加以修改。這次中國之得慶更生，在一方面是新帝國主義者因太橫決了致自遭慘敗，在他方面是舊帝國主義者因覺悟了而自動撤去其帝國主義的行動，雖尚不敢說撤除百分之百，然不得不承認確已廢棄百分之五六十光景，以後或許更好轉，亦未可知。雖則其撤消亦是由於環境所迫，但卻不是中國所迫的。須知這乃是徼天之倖。中國的任何黨派，任何階級，任何個人，決不可引爲己功。但這句話並不是說大家皆未盡力。須知各就本位，能盡一分力亦可算有功，不過有功與成功卻有分別罷了。在個人盡其天職，本亦是應該的。所以我很怕有人不明此義而竟會虛驕起來。總之，這種謀畫建立新勢力圈以代舊勢力圈的企圖，西方學者名之曰新野蠻主義。而這個新野蠻主義以其凶惡的面孔卻引起人們對於舊野蠻主義的厭惡之回想。可以說德日兩國從其反而對於人類前途未嘗無功，就是他們變本加厲把帝國主義之獰惡的態度拿出來，使人回想以前亦有這樣類似的情形，而反以促進人類作普遍的反對之覺悟。這就是說帝國主義的勢力在中國今後總是消而不是長，似可斷言了。但帝國主義形態之日就消除卻與西方文化的傳入之漸次增強成爲反比例。今後對於中國文化與西洋文化之衝突必形成一個中消西長之勢，最淺的原因是國人經過了這一次的戰事沒有一個人不深感科學之重要了。然而西方的物質科學是與其社會科學（包括政治法律等）有密切關係的，這就是所以國人必須力爭民主之故。原子炸彈未被德國發明正是由於德國盡把猶太籍的科學家都驅逐到美國去了。可見科學的發達完全與政治有關。其次是國際關係之加緊密。爲了合作的緣故，中國在在須受其善意的干涉。這些都足以使國人在心理的根底上自然而然與西方文化合流。西方文化之大量傳來在今後已早不成問題。所成爲問題的只是：在這樣的形勢下中國固有文化是否完全衰亡？如其不然，將如何配置？我以爲完全衰亡恐怕在事實上是不可能的，故這一層不必討論。中國文化只可大約分爲兩部分，一部分是具有美術性質的，例如字畫，建築，甚至於詩詞，都可算在內。這一部分不僅中國人不願其衰亡，並且外國亦正在嗜好之。即所謂「東方美」，確有恬靜與淡雅之風味，故這一部分是不在話下的。另一部分則即是儒教。我們對於儒家思想可以分兩部分，一部分是關於社會組織的，另一部分是關於個人內心修養的。前一部分因爲儒家以封建的極盛時代認爲模範社會，乃總不離家族中心，所以到了現代已是完全不相適合了。就以往而言，日本學者研究中國社會形態，以爲從古即是家族共產制，其根據是：父母在，子女無私財。這本見之於禮記，如曲禮云：

「父母存，不許友以死，不有私財。」

根據這樣的禮敎，於是後世遂有禁止分居之刑律規定，如唐律云：

「諸祖父母，父母在，而子孫別籍異財者徒三年。」

這樣的家族共產制之維持，其目的並不在於經濟方面，乃只是目的在建立家族共同責任的制度。這個家族共同責任制可於所謂夷三族，誅九族等連坐法見之。就是一人犯罪，其家族共同負責任。財產是責任之必然的附件。所以要維持家族共同責任制，便不能不同時維持家族共同財產制。前者是主，後者只是賓。到了現在，於無形中仍保留這個家族共同責任制。往往一個人初入社會任事，對於他有信用完全是由於對於他的家族有信用。所以在實際上家族共產制已早逐漸崩潰了，所殘留的卻就是這個家族共同責任制。雖則刑法改善了，在新的法律系統中已改爲個人責任制。這乃是西方文明之所賜。不過在不涉法律的範圍內，社會習慣卻依然於無形中流行着這樣的家族共同責任制，雖不完全，卻亦未消失，這是實情。家族共同責任制的創造是由於君主想統治人民比較來得容易，所以用刑法來表現之。現在君主政治雖改變了，但實際上依然是官僚政治，從來沒有走上民主的軌道。須知與家族共同責任制相反的是所謂個人責任制。這個個人責任制乃是民主政治之柱石。不實行個人責任制於社會上，則永遠在政治上不能建立民主制度。所謂個人責任制又與個人財產有密切關係。個人的禍福由本人自己當之，決不牽涉到他人，這卽是個人責任。換言之，卽一切成敗利鈍由自己負其責任，這樣卻必須以財產爲負責之擔保品。故個人責任制與個人私有財產制是有關聯的。特在此所謂私有財產制卻與社會主義所主張的生產工具歸公並無衝突。因爲我在前幾章中已說過，財產的私有可分兩種：一是生產的財產，一是使用的財產。生產的財產中有一大部分因爲足以使社會變爲畸形，必須歸公。故私有仍是財產的本質。用個人私有更足以表現個人的責任，因此遂形成個人主義的社會。個人主義的社會是民主政治的基礎。在此所謂個人主義是指以個人爲出發點，由於個人的自覺與人格的獨立而成，卽在社會主義的社會中亦必先以這樣的個人主義爲其根底。中國的家族共同責任制卻與此相違背，故今後要建立民主政治必須先除去這樣的家族共同責任的習慣法則。這就是我所謂的個人與家族之矛盾。這個矛盾在中國文化上頗成爲一個嚴重問題。於是我們又可以說今後的中國關於個人與家族之矛盾必是個人方面日益長，而家族方面日益消。再詳言之，卽中國今後必是把家族主義的色彩漸漸消除；把個人主義漸漸提高起來，正由於必須由個人主義方能走入社會主義。倘不明此理，而想由家族主義一直變爲社會主義，這卻是不可能的。以上所說共計有幾點，在幾點中有些是走入於可以樂觀的傾向，但仍存有悲觀的地方。例如西方帝國主義的勢力自行撤退，這便是最可樂觀的了。至於悲觀的地方雖亦不少，則有待於我們及後人之努力了。須知天下沒有不能克服的困難。

說到此，我們的問題又一轉而爲今後中國應如何了。先就軍隊言，以爲中國自有歷史以來，軍隊只是爲帝王打天下的。從來很少有替民族全體來抵抗外來的侵略者，卽偶有之，亦總是戰敗。其故乃是由於替君主打天下的軍隊與替國家拒外寇的軍隊在性質必有很大的不同。中國歷史上的軍隊既是前者，則當然對於後者不能盡其職了。卽以此次抗日而論，雖然一大半已走上了後者的路線，可惜仍不免還未達到理想的程度。至於要改革軍制恐怕必須先解決農民過剩的問題。解決農民問題當由改革田制入手。今專就軍事而言。今後世界局勢大變，恐怕不容易再有戰爭。社會學家諾維柯（J. Novicow）對於戰爭曾有預言：以爲戰爭必是愈來愈厲害，因爲愈來愈厲害，遂必致亦愈來愈稀少，最後因爲十分困難，遂致不敢輕易發動。證以原子炸彈之新發明，使我們覺得諾氏此種預言實爲有理。戰事愈烈，被害愈慘，則發動者必愈有戒心。故我以爲今後恐未必再有戰爭，即使有戰爭，以中國現在的軍備而論，又恐怕亦決不足以言單獨抵抗。所以中國今後自國的安全依然建立於國際組織之共同安全保障之上，即仍是托命於國際的安全保障理事會之手。從這一點來說，我們可以大膽主張中國沒有保留巨額軍隊之必要。換言之，即中國的軍隊既不能單獨作戰以抗侵略者，則其用處即至爲有限，不妨澈底裁兵，而改爲國民徵兵之義務教育，使每個公民皆有軍事知識，一旦有事即可聽從國際軍隊之指揮與調遣。至於在本國既決定實行民主政治，想從政治上得着一個永絕內戰之道，則決無軍隊分省駐紮之必要，即分軍區亦可不必。至於行政區域，恐怕原有的省似嫌過大。必須重新劃分，這與軍事無關，且不討論。今後必須把軍人的當兵觀念減除。詳言之，即軍人當以其軍事的學識而見重於社會，不必擁有軍隊，這就是把軍人與軍隊分爲兩事。軍人和科學家列入於一類中，使軍人專埋首於研究軍事學，而不必實際率領軍隊。於是軍人便與政治不發生直接關係。因爲軍人的地位既和科學家差不多，則決不會隨着政潮而生變化。總之，中國今後必把軍隊的性質完全改變，使其不爲任何個人爭地盤與打天下之用，不作擁護某一人某一派的工具。必須如此，中國方能上軌道，這是起碼的要求。

至於說到農民，首先須改革田制，尤其必須把不在田的地主完全廢除，這是所謂耕者有其田。不過這仍只是土地改革之先決問題而已。根本之圖猶在於用科學方法從事耕種，所謂集體農場正是取其便於施用這些科學的耕種法。所以此後的田制當以集體耕耘爲原則。須知集體耕耘仍可不廢私有，故對於農人自愛護其土地之心亦不致有何搖動。並且土地改革與鄉村自治有密切關係。鄉村所以能自治必須先去不在田的地主。日人長野朗的研究，中國土地的弊病大半在不在田的地主。佃農的負擔過重，鄉村自治的破壞，以及土地的吞併，無不由於這類在城市住的地主。至於在田間的地主則爲惡較少。這個實際調查甚足爲我們的主張一大助力。我主張鄉村自治仍酌採中國傳統辦法的「鄉約」的精神，亦就是把教育與政治打成一片。關於這一點，梁漱冥先生頗有所見；不過這種辦法卻只限於鄉村，至於鄉村以上則不適用。就選舉而言，鄉村自治的選舉在性質上可以與其他選舉很不相同。在鄉村可以適用福來特女士所提倡的鄰里組織的辦法（見 M. P. Follet, The New State），在中央與省會，以及縣城，這個方法就不能用了。用鄉約的精神把教化與自治合爲一件事，則農人與士類便能打成一片。這卻是一個很重要的事情。我在上文已曾提及，必須使士與農合作，與官分離，中國方有開明的前途。因此鄉村自治之重新建立極爲重要。此外我們再說到官，我以爲一部中國歷史不啻是一部官僚作惡史。中國到現在爲止，始終沒有形成經濟性質的資本主義，有之，只是政治性質的資本主義。這樣的資本主義和西方的資本主義根本上完全不同，所以不宜稱之爲資本主義，萬不得已，亦只有用一個怪名詞，曰：官僚的資本主義。因爲中國的壓榨階級只是官僚，其壓榨的方法亦只是政治力量，被壓榨的對象最後仍歸到農民。官僚除了使用壓榨外無法維持其生活。所以在西方資本主義的社會想掀起社會革命以推翻資本家，是最困難的事。同樣在中國，推翻資本家極易，而推翻官僚卻難如上青天。都是由於對生存而掙扎，爲了保全其地位，作殊死鬥，故不易推倒。須知中國的官僚和西方的資本家大不相同。資本家不能搖身一變，而官僚卻可應機而百變。官僚可以加入於革命中，而使革命爲之變質。中國最大的問題就是如何處理官僚。中國之所以不能變爲現代國家就由於現代國家式的文官制度無法建立。此無法建立之故就正因有這一大批官僚來作梗。這些官僚並沒有固定的身分，你實行一黨專政，他可鑽入黨中，你實行民主政治，他可以利用選舉。所以此後中國如對於官僚沒有一個極妥當的安頓辦法，前途仍是不容樂觀的。

再其次就是中國今後與國際之關係了。中國既爲國際安全保障理事會之一分子，則今後必須自己充實其能力，用以徹底擔負起來這個責任。不但是中國本身的安全是專靠着這個國際組織，並且還須在這個組織中能充分盡其義務。說雖如此，實際卻不很容易。中國雖有很多的人力，但沒有訓練，依然是無大用處。所以必須由國際組織中關於文化的部分定立一個統一的計劃來使中國人得受一定的相當訓練，用以擔當這個責任。根據此義，今後的中國必須變爲在國際組織中最能盡職的一個國家。要想在國際中盡職，則必須依照國際最需要的樣式來辦理。換言之，即中國今後必須把自己變爲最合乎國際所需要的那個樣子的一種國家。因此大家要明白，現在還有一些不知大體的人們在那裏高呼，國家至上，民族至上，其實這些呼號只爲少數人造機會，而與國家前途並無益處。一個國家的絕對主權在今天的國際組織上已早受了限制，所以今後的中國決不是中國人關了門自己要怎樣便怎樣的了。中國必須依照國際所定的模型以自己造成爲最合乎此模型的。這即是我所說的中國必須有充分的能力以擔當這個國際所規定的義務。能盡這樣的義務即立刻本身變爲一個很現代式的國家。這乃是於人有利，同時亦於己有利。我國今後在國際方面的出路必是如此。

以上所言，雖不免於拉雜，然卻都是關於中國將來應當如何之一問題。對於這個問題，除了上述各點以外，如要得一總結，則可說：中國必須走上漸進的「社會主義的民主主義」(socialistic democracy)之途。所謂漸進的乃是指採用平和手段而言。甚麼要主張用平和方法呢？著者研究中國歷史得到了一個教訓，就是任何激烈的改革其後必有反動，足以將改革抵消，使其仍復原位。反而倒是所餘留的影響或能經久一些。故我們可以說：只有平和的改革其効果比較經久些；愈激烈的改革其退消亦愈快。恐怕這個原則不限於在中國歷史得之，即在西洋歷史上亦可以得着。我希望熱心改革的政治家對於這個教訓要時時刻刻銘記在心上。至於其緣故可求之於社會學。我名此種倒退作用爲「文化的澀力或惰性」(cultural-inertia)，就是一種文化往往於激烈的改變以後不知不覺反而自己會退還到原樣，或與原樣差不太多。因爲文化之所以能歷久正是由於人們的習與性成，在西文謂之 habituation。文化本身就是這樣的一種東西，至於習慣之造成在心理學上就神經而言亦自有其說明。本書不欲涉及太廣，請即從略。總之，由文化的惰性遂使一切改革都有反動力，凡前進愈猛，則其後退亦因而愈速。證以中國歷史最爲顯明。秦的統一天下，廢封建而置郡縣，在歷史上可算一個很大的改革了。但不及二世即遭覆亡，漢與正代表這個反動的趨勢。王莽託古改制，亦不失爲一個激烈性的改革，其結果反釀成大亂。光武所以能成功亦就是順着當時反抗改革的潮流。此外，康有爲等變法的主張激起清室嚴防革命的反動，亦是一個例證。但從反面言之，每一次改革，其本身或終被推翻，但其所留下的殘餘勢力卻可發生很大的作用。即秦朝的廢封建而言，漢雖順着其反動的趨勢，利用之而代興，然卻不能完全恢復封建。即光武亦有許多的政治施設是沿襲王莽當時之舊制的。可見前進往往反在倒退之中。換言之，即表面上是倒退了，而暗中卻仍留有其以前的若干前進情形。所以我們應知激烈的改革不是完全無用的。不過我們不能希望其得到百分之百的効力，不妨說前進了百步，必須又倒退六七十步，然而最後卻仍不失為已進了三四十步。從這一點而論，著者不反對革命，但以為人類的真正進步卻不在於革命。

請接着一言革命。須知革命只是一種過程，有些人主張革命而偏偏革命不起來，有些人怕革命，怕作革命的對象，總是想法子以抵消之，殊不知往往愈想壓制革命，結果反使革命來得愈快。所以在此確有一個所謂主觀與客觀之距離。著者承認革命是有客觀性的。人們對於革命的了解無論如何總是為其主觀性所限制，所以主觀與客觀之間其距離無法縮至最短，致二者會合於一。既承認有此種距離，則勢必使我們亦得承認革命是不能事前預知的。馬克斯的預言未中，想即由於此故。至於事後，則又變為歷史家所研究的了。這一些話雖與討論中國之將來沒有直接關係，但卻亦可有些間接的幫助。即我們要希望中國有進步，不必以革命為劃期。不論是政治的革命，抑或是社會的革命，都不足為真正的進步。所以革命尚不足作為劃期之用。例如辛亥革命為民國成立之紀元，在表面上好像是一個更始的開端。須知這只是俗人的見解而已，而在實際上民國的情形和前清末年並沒有很顯著的不同。今後中國亦不會再有一個甚麼革命用以劃期，表明另外的進步。所以本人不贊成那些分階段的主張。這種主張是以為民主革命是現在的事，至於將來尚須有所謂社會革命。就上文所述，當知一切真正的進步反都在激烈的改革以後，而激烈的改革本身並沒有直接與我以何等好處。中國今後要希望有進步不必先尋得一個開始之端，須知隨時隨地都可以開始向前推動。

討論到此，本章亦應得有一個結論，本章目的在論中國之將來，但這個將來卻又必須由研究中國之過去而窺得之，即由中國過去是甚麼而推定中國將來必定怎樣。關於中國過去，已述之甚詳了，雖共分多點，然可歸納之，綜合以產生現在狀態，由現在而推定將來。有些是雖爲我們所不願意的，但仍沒有方法立刻剪除之，又有些是正合我們所希望的，當然要設法加強其作用。就是依這樣的分析，其中是有可樂觀的，亦有可悲觀的。在這樣的分析上便可指示我們一條出路，這條出路可以約而言之，是必須澈底實行民主主義。因爲民主主義和中國歷史上的傳統辦法完全相反。如果中國仍走歷史上的老路，則不僅中國永遠不能變爲現代國家，並且中國人亦永久得不着人生幸福。中國要變爲民主卻不是一件容易的事，就是因爲這樣的文明在中國歷史上沒有十分可靠的根基。就中尤以治者與被治者之關係一項來說，上文已詳述了，實在是始終立於對峙與相反的地位。須知治者與被治者如果沒有利害一致，不論其爲一部分的，抑或係完全的，則決不能走上民主主義之軌道。所以中國今後要實行民主政治不僅是一個政治上的制度之問題，乃確是涉及全部文化的一個問題，亦不僅是在歷史上另劃一個新紀元的事情，乃必是把中國從歷史的舊軌道中搬出而另外擺在一個新的軌道上。一班人只知高呼一二聲民主以爲就可了事。我則以爲民主二字愈成濫調，則必致離眞正實現民主愈遠。於是我們的問題便爲要實現民主必須先有一班人而是爲這樣的文明之托命者。倘使中國沒有這樣的人們，則縱有數千百萬高呼民主者亦必無濟於事，非徒無益，反而有害。我的答案在上文已略吐一二，就是必須把士加以特別訓練，使其與農合作。士與農合作一層上文既已說過，似無再述之必要。至於特別訓練一層卻須大加注意。因爲以往的教育對於做官與爲士並無分別，於是士所需要的道德完全爲官所需要的那一套勾當所掩了，以致養成許多的壞品行，例如取巧，規避，排擠他人（即忌材妒能）等等，乃做官的人從環境的需要上不得不學會的。往往心知正義而不敢挺身出以主張之，凡事先在心中打一個算盤，看一看是否與我有利。如其不然，便口頭說得天花亂墜，而實際卻決不去眞做。所以言行不相符乃是做官的人之唯一祕寶，亦正由做官的環境所逼迫而不得不如此。此風一開，幾致中國上流社會沒有人不是這樣的；倘有不然，反被人目爲怪物了。古語謂不誠無物，故士的道德訓練是第一必須誠，惟其是誠，故不求人知。理學家主張「常惺惺」，正是爲此，即「人不知而不慍」是也。不過這個仍是屬於心情一方面，即所謂「道德的情緒」(moral sontiment) 便是。須知道德行爲如果完全專靠這樣的情緒，是不十分固定的，所以必須另有客觀的標準而決定行爲。不僅在主觀的內心的一方面，我們承認這種情緒之培養是十分重要的，但卻不以爲只須有此情緒即一切都夠了。至於說到客觀上行爲之標準則又不能不求諸西方的道德哲學（即倫理學），因爲西方學者雖亦知道德學不能變爲科學，然總想努力使其科學化，雖稍稍近於科學亦覺得比較好些。根據此義，我在此願提出一些主張。我們對於行爲的決定可分幾方面來論。第一是主觀方面，就動機來說，似可仿照英國功利派邊沁（Bentham）的辦法，亦造成一個計算表。邊氏的表名爲快樂之計算(calculas of pleasures)，我們則必須改爲正當行爲之計算（calculas of righteousness）。可採取奧國學派曼依農(A. V. Meinong)的辦法，先分「爲」與「不爲」，然後再分「利己」，「不利己」，「利人」，「不利人」，與「損己」，「損人」等等項目，列成一個長表，按表可以決定行爲，例如損己而不利人，雖出自願，而亦是要不得的。又如利人又利己，則是最可取的。至於利人而損己亦未嘗不可爲，但不可責諸一班的普通人。還有利己而損人則乃是最要不得的了。這樣的表如果能製造出來實足以爲選擇行爲之助。不過這是關於倫理學上的事，言之太長，本書爲體裁所限，不能多述。第二是客觀方面，就應付社會上的人來說，必須能預知他人的行爲。按照通常的辦法是由於經驗，即一個人如果閱歷甚多且廣，則應付各方必可裕如。不過這樣是沒有科學的根據。故我主張應當建立所謂性格學，但向來性格學是屬於心理學範圍，至多亦不過是在社會心理學中。我則以爲必須使其純屬於社會學，把個人的行爲從社會的多種因素來加以預測，而尋到一個客觀的基礎。這樣並不是把心理的因素拋開了，乃正是採取綜合的態度。總之，舊式講道德，講修養，只注重於情緒，想由情緒而得一個意志的鍛鍊，這雖很好，卻並不夠用。倘能再加上以科學的倫理學，則兩全其美了。因此我主張以士階級來負擔這個維持道德之責任。因爲士人本身的道德是由於自願的，即所謂「自律的」是也。自律的一辭是指自己立一個規則用以拘束自己，同時這個規則又可爲人人所使用。這種自己拘束自己的發願心不可求之於普通的俗人，故一班的常人之道德標準是由他人代立的，一個社會不能完全都由這些常人組織之。此即士之所以爲不可缺的一種人了。而況今後中國眞要實行民主政治更是離不了選舉制度。須知選舉制度是一個需要有道德條件的制度，如果道德上某種條件不具備，則選舉制度必生困難。所以我以爲中國施行選舉制度之困難並不完全在於不識字的人太多，而亦確在於有所謂官僚階級之存在。在上文已說過，官與地主，巨商以外，洋行買辦是一個階級，這個階級乃是民主主義之障害。有人問我：何以中國的漢奸特別多？我以爲唯一的答案，是由於社會組織使然，即他們的生活根據只是做官，除了做官以外，無法另外得到生活。所以爲了生活只得在任何情形之下都得去做官。這個情形卻與民主的社會根本上相反。民主的定義，我在思想與社會一書中已說過，乃是人們自己治理自己之一種制度，在此制度中每一個人是治者，同時又是被治者，所以治者與被治者既是同一人，決不能爲固定的兩個階級。倘使有一批人們永遠爲治者，生活完全寄託在這個上，則民主政治即無由建立。故中國今後要建立民主主義必須首先排除這個障害。而排除這個障害並不容易，因爲必須經過一種革命，不拘是流血的，抑或是不流血的。而這種革命又必須由於先有一些人負擔起這樣的使命。換言之，即革命必須有革命者，只有被革命的對象是不行的。官僚是革命的對象，不必說了，但誰能起來作此革命呢？我的答案依然是士與農民。在上文已提到了，中國歷史本富於革命，故革命在中國不算一件稀奇的事，並且往往一度革命以後，其情形並不與革命以前有何大異。這乃是由於革命儘管時時而起，但官僚階級之存在與政治性的摧壓卻始終未變。可見今後的問題不在有無革命，如果像以往的樣子，縱使再有幾度的革命亦無濟於事。所以我說排除官僚與變更政治性的摧壓與剝削是一件很難的事了。

述到此，本章所說的大約已完。關於中國之過去與將來，至少我希望讀者可以得到一個輪廓。這個輪廓雖只可算是著者一人的獨自見解，然卻亦有若干部分已成爲人人所必具的常識了。希望讀者至少對於本章一口氣看完，不可斷章取義。

後序

本書是前作思想與社會寫完了以後而繼續寫的，經過了三四個月的時間，寫到第六章的末段尚未完竣，而日本投降了，於是乃把該章的尾段匆匆寫完，以致有許多地方本應詳述而都改爲簡略的提及。日本投降以後經過了一個煩悶的時期，著者竟被邀來重慶參加政治協商會議，原來的計劃是於第六章以後尙有第七章結論，現在因爲政治協商會議旣已開成，還有許多由此而生的未了事情，遂決定不再寫第七章結論，而以這個短短的後序代之。

當我在煩悶的時候，最使我不快的是我在本書上關於中國前途與世界大勢的推測在現狀演變上有被推翻之虞，不過後來卻使我覺得我的觀察還是大體上不差，須知有兩點，我們是可以把握的。即第一是世界必須平和；第二是中國必須民主。在中間的過渡中當然有許多的波折，但可斷言，凡想在世界再製造第三次大戰的人們最後必失敗。同時凡想在中國拒絕民主，或對於民主想打折扣的人們亦最後必失敗。先說世界平和這個問題罷，現在英美輿論，尤其以美國爲最，都感覺到聯合國憲章上的機構不足以眞正維持平和，遂有許多學者主張「世界政府」。這種建議雖有多種，內容亦不盡相同，然我在此短序中卻無詳述必要。我只以爲世界眞正平和終須到來，本不是一蹴而躋的。聯合國憲章應該讓他充分實施一下，然後再謀改進。人類的進步本是很慢的，然而這一次大戰已較前次歐戰稍有不同，至少對於戰爭之可怕性，與世界安全之不可分性，大家都有了覺悟。至於改進的辦法，著者根本上早就贊成世界政府之說，可惜詳說非此處所許，讀者務望見宥。現在且說中國問題，中國目前的問題固然是一個政治問題，然而卻同時亦是一個經濟問題。我在寫書的時候創造了一個名詞，曰：官僚資本主義，在當時自以爲這是我所獨想到的，乃到了重慶以後，和各方人士接觸，始知這個名詞早已流行了。不過我是從中國歷史上講，而他們卻只是指目前的現狀而言，於是我覺得我的所說足以補他們之不足。即現在官僚資本主義之形成正是由於歷史上本有這樣的趨勢，現在不過程度加深變本加厲而已，在性質上並不是一個新東西出現。因此我覺得剷除官僚資本主義不是像他們所說的那樣容易，乃是關於整個兒的經濟結構之改造。在那裏遂使我們不能不覺悟英美式的民主政治在中國是有問題的，卽因爲官僚資主的狀態一天不打倒，則英美式的民主政治一天無由實現。所以中國的經濟狀態是對於中國的民主化之一種阻礙。關於這一點我曾在重慶星五聚餐會上向各工商業人士說明中國很難走上英美式的自由主義資本主義的經濟路線。當時有人問我：能否走蘇聯的路，我的原意是計劃經濟可分原理與實況而言。就原理言，當然是共同的，但就實況言，各國有其特殊情形；各民族有其特殊需要。中國今後多多少少必須採取計劃經濟恐怕是不成問題的。所成爲問題的只是如何計劃：換言之，卽以何爲標準，以何爲目的，而定計劃。但又須知凡計劃經濟必先有統制，沒有統制不能實現計劃，雖則統制經濟與計劃經濟很有不同，因此我們又可斷言中國今後多多少少必須對於經濟採取一些統制的辦法。根據這一點意思，我在此處提出一個統制與自由之交界問題。這個問題恐怕是任何討論自由的書籍必須提到的。這乃是現代性的一個問題，在十八世紀便沒有這樣的問題。我對於這個問題的解答是：統制以不損害自由爲限；同時因統制反足以增長自由。所以經濟上的統制與文化上的自由主義在根本上並無衝突。我根據此義乃提出最少限制的統制之主張，並不是說只須有此種最少限度的統制卽足以達其目的，乃是說要統制這些限度是起碼必要的。同時這些限度中的統制決無害於自由。第一是金融的統制卽是所謂銀行收歸國有，第二是交通的統制，這不僅是鐵路與公路歸國家經營，乃必須是運輸視全國的需要而自由運用，決不是限制交通，乃反是幫助個人能力所不及的交通，像目前的現狀個人旅行都會受了限制，不是交通統制，乃竟是破壞人民的自由，所以交通統制與限制交通完全是兩件事，不可誤會。第三是勞力的統制，卽是人力供給的統制。人力供給與交通有密切關係，此地缺少勞工必須求之彼地，倘交通統制便可解決此種難題。交通統制亦與調節物價有關。凡此常識，旣爲人所共知，卽不必詳述了。第四是對外統制，卽是進出口貨的統制及外匯的統制，限制進口與出口乃是統制經濟的根本前提，此點如辦不到，則一切不必談了。所以我把這四項列爲最少限度的統制。總之，統制只是手段，而必須有目的。倘使目的在於官僚發財，則一切統制都變爲罪惡。所以在官僚資本主義未打倒以前，無法談經濟的統制。但設如官僚資本竟推倒了，我們還得要講統制，不可因噎而廢食。至於如何推翻官僚資本，這又是一個問題。關於這個問題我在第六章中已略有提及，故似乎不必再說。以上所陳各點都是補充的意思，補充我書中所言之不足而已。

民國三十五年三月十日自識

中華民國三十五年五月初版

理性與民主一冊

(31974-1)

定價國幣肆元伍角

印刷地點外另加運費

著作者 張東蓀

發行人 王雲五 上海河南路

印刷所 商務印書館印刷廠

發行所 商務印書館 各地